EUSTACE MULLINS

Nueva historia
de los JUDÍOS
& *El judío biológico*

*Ø*MNIA VERITAS®

EUSTACE CLARENCE MULLINS
(1923-2010)

NUEVA HISTORIA DE LOS JUDÍOS
EL JUDÍO BIOLÓGICO

NEW HISTORY OF JEWS
THE BIOLOGICAL JEW
1968 & 1992

Traducido del americano por Omnia Veritas Ltd.

© Omnia Veritas Ltd - 2022

Publicado por
OMNIA VERITAS LTD

www.omnia-veritas.com

Todos los derechos reservados. Ninguna parte de esta publicación puede ser reproducida por ningún medio sin la autorización previa del editor. El código de la propiedad intelectual prohíbe las copias o reproducciones para uso colectivo. Toda representación o reproducción total o parcial por cualquier medio, sin el consentimiento del editor, del autor o de sus derechohabientes, es ilegal y constituye una infracción sancionada por los artículos del Código de la Propiedad Intelectual.

SOBRE EL AUTOR	13
NUEVA HISTORIA DE LOS JUDÍOS	15
CAPÍTULO UNO	**17**
Los judíos y la civilización	17
CAPÍTULO DOS	**23**
El judío biológico	23
CAPÍTULO TRES	**32**
El origen de los judíos	32
CAPÍTULO CUATRO	**42**
Los judíos en la historia antigua	42
CAPÍTULO 5	**58**
Los judíos y la pasión de Jesucristo	58
CAPÍTULO 6	**65**
Los judíos y el asesinato ritual	65
CAPÍTULO 7	**84**
Judíos en Europa	84
CAPÍTULO 8	**117**
Los judíos y el comunismo	117
CAPÍTULO NUEVE	**141**
Los judíos y los Estados Unidos	141
CAPÍTULO DIEZ	**165**
Los judíos y nuestro futuro	165
EL JUDÍO BIOLÓGICO	**179**
PRÓLOGO	**181**
CAPÍTULO UNO	**184**
El parásito	184
La capacidad de modificar	*186*
Conocidos como los judíos	*187*
Otros aspectos biológicos	*188*
El enfoque científico	*189*
No comensalismo	*190*
Modificación del organismo	*191*
Viola la naturaleza	*192*
Parásitos temporales	*192*
Evolución y parásitos	*193*

Especialización entre parásitos *194*
Fases adultas del parásito *195*
Cambios pronunciados en la estructura ósea *198*
Artefactos culturales *198*
Odio *200*
Modificaciones adaptativas *200*
Fases reproductivas *201*
Reacciones de defensa *202*
Daño parasitario *202*
Otros parásitos *203*
Reacciones contra el parásito *204*
Conocimiento del parásito *205*
Siempre un enemigo *206*

CAPÍTULO DOS **208**

EL JUDÍO BIOLÓGICO 208

Una teoría tardía *209*
Importancia de la biología *211*
Patrón del parásito *211*
La inextricable influencia *212*
Cuerpos extraños *213*
Actitud del parásito *214*
El complejo anal *215*
Parásitos en muchos aspectos de la vida *216*
El caso Dreyfus *217*
Nuestros propios casos de Dreyfus *217*
Oportunistas gentiles *218*
Necesidad de control *219*
Agresión *220*
Presupuesto de parásitos *220*
Tendencia a la degeneración *221*
Símbolo de la victoria *222*
El patrón biológico *222*

CAPÍTULO TRES **224**

EL SHABEZ GOI 224

Las civilizaciones avanzadas *224*
Una definición *225*
Condenas y expulsiones *226*
Debilidad del huésped *227*
Limitado por ningún código *227*
Paradoja del parásito *228*
Trabajo duro *229*
La teoría del parasitismo biológico *229*
La función del gobierno *230*
¿Qué justicia? *231*
Influencia directa *232*

El mayor peligro 233
¿Qué es shabez goi?.. 234
Degeneración sexual 235
Suave y traicionero 236
Una vida sin esperanza 237
La alegría de una vida sana 238
Profunda alienación 239
Sufriendo intensamente 240
La tarea que tenemos por delante 240
No hay héroes 241
El informe Mullins 241
Presciencia... 247
Paralizado por parásitos... 248
Una economía atada de pies y manos 248
Tribunal Supremo 249
La escoria de la tierra.. 250
¿El final del camino?... 250
¿Se detendrán los comunistas? 251
El efecto ruinoso 253
Planificación de los disturbios 253
Influencia comunista 254
Destrucción masiva 255
Garantía de seguridad 256
Saqueo según el plan.. 257
Peticiones a los Estados Unidos 257
Programa de mestizaje 259
Un anuncio sale mal 259
Parálisis lenta 260
El papel de las iglesias.. 261
La administración de la Iglesia expuesta...................................... 262
Tontos desorientados 262
Los estudiantes están desinformados 263
Los estudiantes son engañados 263
El síndrome de MacLeish 264
Credulidad 265
¿Un despertar estudiantil?... 266
Esclavitud mental.. 266
Desastres en la industria editorial 267
¿Existe Buckley?.. 268
Las payasadas de Shabez goi 269
¿Por qué no?.. 270
Técnicas probadas 270
El tratamiento silencioso.. 271
Hijos de los shabez goi 272
Una reacción correcta 272
Viven en la oscuridad... 273
Aplaudir la traición 274
No hay libertad 274

    Es el dueño de todo. 275
    Una ley de la naturaleza 276
BIBLIOGRAFÍA **279**
OTROS TÍTULOS **281**

SOBRE EL AUTOR

En cuarenta años de investigación dedicada, **Eustace Mullins** ha recibido una considerable cantidad de devoluciones. Fue mantenido bajo la vigilancia diaria de agentes del FBI durante treinta y dos años; nunca se presentaron cargos en su contra. Es la única persona que ha sido despedida del personal de la Biblioteca del Congreso por razones políticas. Es el único escritor que ha tenido un libro quemado en Europa desde 1945.

Después de servir treinta y ocho meses en la Fuerza Aérea del Ejército de los Estados Unidos durante la Segunda Guerra Mundial, **Eustace Mullins** se educó en la Universidad de Washington y Lee, la Universidad Estatal de Ohio, la Universidad de Dakota del Norte y la Universidad de Nueva York. Posteriormente estudió arte en la Escuela de Bellas Artes, San Miguel de Allende, México, y en el Instituto de Arte Contemporáneo, Washington, D.C.

Mientras estudiaba en Washington, se le pidió que fuera al Hospital de Santa Isabel para hablar con el preso político más famoso del país, Ezra Pound. La figura literaria más destacada del siglo XX, Pound había visto a tres de sus alumnos recibir el Premio Nobel, mientras que se le negó debido a sus declaraciones como patriota nativo americano. **Eustace Mullins** no sólo se convirtió en su protegido más activo, sino que es la única persona que mantiene vivo el nombre de Ezra Pound hoy en día, gracias al trabajo del Instituto de Civilización Ezra Pound, fundado poco después de la muerte del poeta en Venecia.

Eustace Mullins (1923-2010) es considerado uno de los más grandes historiadores políticos del siglo XX.

NUEVA HISTORIA DE LOS JUDÍOS

CAPÍTULO 1

LOS JUDÍOS Y LA CIVILIZACIÓN

En toda la historia de la civilización, un problema particular de la humanidad ha permanecido constante. En todos los vastos registros de paz y guerras y rumores de guerras, un gran imperio tras otro ha tenido que enfrentarse con el mismo dilema... los judíos.

A pesar de la persistencia de este problema, y a pesar de la enorme cantidad de literatura sobre este tema, ningún escritor, ni a favor ni en contra, ha enfrentado nunca el dilema en su origen, a saber, ¿quiénes son los judíos y por qué están aquí?

Esta pregunta sólo puede ser respondida si el hombre hace uso de toda su inteligencia. Esta cuestión debe abordarse también al más alto nivel espiritual, con los motivos más profundos de la caridad cristiana y, sobre todo, con el mayor respeto por el hombre mismo, por lo que es, por sus raíces y por lo que está llegando a ser.

La historia del hombre es la historia de los conflictos, de las guerras entre ricos y pobres, de la explotación del hombre por el hombre y de las terribles masacres. Sin embargo, en este registro manchado de sangre, el erudito sólo encuentra a una persona que ha despertado los antagonismos más violentos, sin importar dónde se haya establecido. Sólo un pueblo ha irritado a sus naciones anfitrionas en cada parte del mundo civilizado hasta el punto de que el anfitrión se ha vuelto contra ellos y los ha matado o expulsado. Este pueblo se llama los judíos.

El problema ha sido malinterpretado porque en muchos países se encuentran antagonismos de grupo. Las masacres de los griegos por parte de los turcos ocurrieron esporádicamente durante miles de años, y el último de estos incidentes tuvo lugar hace sólo una generación y afectó la vida de muchos de los que viven hoy en día. Las masacres de los hugonotes en Francia hace varios cientos de años demostraron que las personas de la misma sangre, enfrentadas por diferencias religiosas, podían ser tan terribles como los conflictos entre grupos raciales diferentes. Sin embargo, después de estas masacres, el grupo siempre se dedicó de nuevo al negocio de la vida. O bien se conciliaron las diferencias, o bien el resto de las víctimas se fueron a vivir a otro lugar. En el caso de los hugonotes, los refugiados proporcionaron las acciones de las que procedían la mayoría de los principales pensadores de la Revolución Americana.

Sólo en un caso no podemos encontrar pruebas de reconciliación ni de que las víctimas hayan emigrado permanentemente a otros países. La historia de los judíos demuestra dos cosas: primero, que nunca ha habido una reconciliación entre ellos y sus anfitriones; segundo, que ninguna nación ha logrado impedirlos permanentemente. Aún más sorprendente es el hecho de que en todos los casos en que los judíos fueron expulsados de una nación, a menudo en condiciones de gran sufrimiento, en pocos años, ¡los judíos han regresado! Una vez más no se puede encontrar ningún paralelo en los registros históricos de otros grupos, esta extraña compulsión, esta increíble persistencia en poner la cabeza en la boca del león una y otra vez. Se ha sugerido que la explicación reside en una característica extraña y perversa de los judíos, su voluntad de soportar el sufrimiento, pero la idea del masoquismo de grupo no explica muchas otras facetas del problema judío.

En verdad, como las respuestas a muchos de los problemas del hombre, la solución al problema judío ha estado ante nosotros por más de dos mil años. Somos nosotros los que no hemos podido verlo porque nos hemos negado a afrontar este problema con honestidad. El problema judío es un aspecto esencial del cristianismo, y podemos resolverlo simplemente aceptando la solución que Cristo nos ofreció, y al hacerlo, renunciamos a su vida humana, hace unos dos mil años. La historia de Cristo es la historia de la humanidad, la experiencia emocionante de encontrar la redención, la salvación del alma. El judío representa todas las tentaciones de la existencia animal que se pretende que trascendamos durante nuestra estancia en la tierra. Debido al judío, la salvación se convierte en una elección consciente, en lugar de una decisión involuntaria o accidental. Sin el judío y los males que encarna, el hombre no podría tener la opción puesta ante él en blanco y negro. Tendría la excusa de que no entendía la elección que se le había pedido. Con la presencia del judío, no se puede inventar tal excusa. En el mundo civilizado, en algún momento de su vida, todo hombre se enfrenta a la tentación suprema, es llevado a la cima del monte por Satanás, los placeres y deleites de la existencia física se extienden ante él, y Satanás dice: "Todo esto, y más, será tuyo si me obedeces."

Una mayoría de los que mandan riqueza y poder en el mundo civilizado de hoy son los que han aceptado la oferta de Satanás, que han renunciado a la posibilidad de la salvación de sus almas por medio de Jesucristo. Estos hombres trabajan para el judío. Winston Churchill como la herramienta indefensa de Bernard Baruch, Franklin D. Roosevelt como el vasallo deforme de Bella Mosckowitz, Stalin como el instrumento demoníaco de Kaganovich, todos ellos hombres que habían sido llevados a la cima de la montaña, mostraron los fabulosos esplendores y riquezas del éxito terrenal, y pidieron obedecer a Satanás. Estos hombres estuvieron de acuerdo, y debido a su acuerdo, millones de personas murieron violentamente, grandes guerras se extendieron por todo el mundo como una plaga virulenta, y una bomba judía explotó que amenazó la vida de todos los seres humanos en la tierra.

Churchill y Roosevelt y Stalin están muertos, pero su herencia de terror judío está con nosotros hoy. *¡Todo el poder a los judíos!* Este fue el pacto satánico que Roosevelt y Churchill firmaron, y por ello, cada uno de estos hombres murió maldiciendo a los judíos, enfrentándose a la condenación eterna. Todo eran cenizas en sus bocas, y se enfrentaron a la eternidad con la terrible comprensión de que para unas pocas jóvenes y algunas botellas de whisky, habían vendido a sus pueblos como esclavos de los judíos.

Para aquellos que conocen la historia de la humanidad, no hay nada nuevo o chocante en esto. Durante cinco mil años, los líderes políticos han estado escuchando los halagos de los judíos, y todos y cada uno de ellos han destruido sus naciones en este mismo arrecife. En las publicaciones de los propios judíos descubrimos hechos tan poco conocidos como la sorprendente revelación de que Julio César, el amo del mundo civilizado, fue asesinado por sus propios senadores porque había vendido el pueblo romano a los judíos. Durante semanas, los judíos se reunieron para llorar en el lugar donde había sido asesinado, así como ellos se reunieron para llorar por Roosevelt, por Churchill, por John F. Kennedy. A lo largo de la historia, esta sórdida historia se repite una y otra vez, y a lo largo de la historia, para los líderes y para los dirigidos, el mensaje de Jesucristo sigue siendo el mismo:"Apártate de Satanás y sígueme".

A pesar de la simplicidad de este mensaje, de estas siete palabras mágicas que le ofrecen todo a la humanidad, millones de personas han sido incapaces de entenderlo y han muerto sin salvación. ¿Por qué es esto? En primer lugar, los judíos han sobrevivido porque son maestros en la confusión de los problemas. Después de la crucifixión de Cristo, cuando Su mensaje de salvación comenzó a atraer a miles de seguidores, los judíos hicieron un movimiento típico. En vez de oponerse a Él, trataron de apoderarse de Él. Ellos proclamaron al mundo que Cristo era un judío, por lo tanto, uno puede llegar a ser cristiano simplemente haciendo lo que los judíos le ordenaron que hiciera.

Al hacer esto, los judíos ignoraron a Isaías, 5;20, "¡Ay de los que llaman al mal bueno y al bien malo; que ponen tinieblas por luz, y luz por tinieblas; que ponen amargo por dulce, y dulce por amargo! "Increíblemente, millones de personas fueron engañadas por esta estratagema de los judíos. A pesar de todos los registros que probaban que Jesucristo en Su forma física era un gentil de ojos azules y cabello de lino de Galilea, miles de ministros cristianos dicen a sus congregaciones:"Adoremos a Cristo el judío". No sólo es la última blasfemia contra nuestro Salvador, sino que también viola todos los cánones del sentido común. Si Cristo era un judío tan bueno, ¿por qué exigieron los judíos que fuera crucificado? ¿Por qué los Ancianos de Sión, reunidos en secreto en la Sinagoga de Satanás, planearon provocar Su muerte física? Sorprendentemente, no hay un solo ministro cristiano en los Estados Unidos que esté dispuesto a presentarse ante su congregación y plantear esta pregunta.

En vez de eso, algunos ministros cristianos hoy están dirigiendo el programa para judaizar al pueblo.

Algunos líderes religiosos se reúnen en solemne cónclave para absolver a los judíos de toda complicidad en la crucifixión de Jesucristo. Los judíos están adelantando millones de dólares para lograr este fin. En efecto, esta convocatoria de líderes religiosos proclamaría al mundo que el Libro Sagrado, el propio registro de Dios, es una mentira! ¿Qué significa esto? El significado es claro. Los sacerdotes también son seres humanos. Ellos también pueden ser conducidos a la cima del monte por Satanás. En última instancia, ningún intermediario puede enfrentarse al cálculo del individuo, que debe encontrarse con Dios cara a cara. La verdadera función de los sacerdotes es enfatizar para nosotros el mensaje de Cristo, la oferta de redención de nuestras almas.

Los registros pueden ser alterados o destruidos, los hombres pueden ser persuadidos a seguir a dioses falsos, pero en un solo lugar la verdad nunca puede ser falsificada, y eso es en el alma. En consecuencia, aquellos que escuchan el tono inarticulado del corazón, aquellos que siguen el precepto de no mentirse a sí mismos, pueden hacer la elección correcta, la elección que la presencia del judío en la tierra ha simplificado para nosotros. Podemos vivir la vida como una mentira judía, y morir sin salvación, o podemos abrazar la verdad de Jesucristo y elevarnos a la gloria en Sus brazos.

Es este conocimiento de la redención el que ha inspirado a los grandes artistas, músicos y filósofos de nuestra civilización. En los altos pasajes de la música de Johann Sebastian Bach, en las pinturas de cientos de artistas del Renacimiento, en los escritos de muchos filósofos cristianos, el esplendor de la forma de vida cristiana se ha hecho evidente para nosotros. Pero aquí también, el judío no ha fallado a la hora de enfrentarse a la competencia. Ha inundado el mundo del arte con manchitas sin sentido, en algunos casos hechas por perros y monos, como la máxima expresión del desprecio judío por la credulidad de los gentiles; ha convertido el mundo de la música en los cacofónicos chillidos de los cuernos de los automóviles y los golpes de tambores sin sentido; ha convertido el mundo de la escritura en repetitivos cuentos de libertinaje humano.

Podemos preguntarnos... ¿cómo puede el judío hacer esto, cómo puede cometer tales atrocidades de la sensibilidad humana? La respuesta es que la vida judía sólo puede ser de odio y venganza, porque, por su propia naturaleza, no puede aceptar la oferta de Cristo de redención del alma. Es un animal gruñón, condenado para siempre a la esfera terrenal. Se le niega el cielo. Esta es la verdadera tragedia del judío.

Los jóvenes de hoy, con la cabeza fija en esta marea de inmundicia judía, tienen dificultades para escuchar el mensaje de Jesucristo.

Pero, como dijo el gran poeta Lord Byron, la adversidad mentirosa es el camino hacia la verdad. Para aquellos jóvenes que pueden mantener la cabeza en alto en este tiempo de degradación universal, que todavía pueden escuchar el mensaje de Jesucristo, las recompensas son grandes. Y para aquellos cuyos corazones aún no están abiertos a Jesucristo, este libro ha sido escrito. Es la historia fáctica de los judíos, y si, después de leerla, uno todavía puede negar a Cristo, entonces uno está realmente perdido.

CAPÍTULO 2

EL JUDÍO BIOLÓGICO

Ya nos hemos referido al papel del judío en la civilización y a la presencia de la Sinagoga de Satanás. Pero el hombre, como ser filosófico, como criatura de Dios, si se quiere, ocupa en la tierra un cuerpo biológico. ¿Cuál es la relación biológica entre el gentil y el judío? Declaramos, sin temor a la contradicción, que ningún escritor se ha enfrentado nunca a este problema judío en su origen. ¿Por qué es esto? La respuesta es clara. Ningún escritor ha sido capaz de enfrentar el problema judío honestamente debido a una reacción emocional o biológica a favor o en contra de los judíos. Lógicamente, debe haber una explicación del conflicto entre judíos y gentiles durante miles de años, y lógicamente, un escritor debe ser capaz de escribir sobre ello. Sin embargo, ningún escritor gentil ha sido capaz de lidiar con este problema. Ningún escritor judío ha sido capaz de escribir lógicamente sobre los judíos, pero esto no les ha impedido escribir cientos de libros sobre el tema.

Curiosamente, cada libro escrito por un judío para explicar el antisemitismo da la misma respuesta: "A los gentiles no les gustamos por nuestra religión. Desde el principio de los tiempos, esta es la única respuesta que los judíos han podido ofrecer al problema del antisemitismo. ¿No es extraño que un pueblo tan inteligente e ingenioso, que ha logrado sobrevivir durante miles de años en entornos hostiles, pueda ofrecer una respuesta tan ilógica?

Supongamos que pudiéramos reunir a mil gentiles a los que no les gustaban los judíos y que estarían dispuestos a declarar públicamente que no les gustaban los judíos. Le preguntamos a cada uno de ellos - ¿Qué sabes de la religión judía? Y cada uno de ellos tendría que responder, no sé nada sobre la religión judía. Lo único que los gentiles saben sobre la práctica judía de la religión es que se reúnen en sinagogas. En vista de esta falta de conocimiento, ¿cómo podría cualquier gentil odiar a los judíos a causa de su religión? Si los gentiles pudieran leer el libro sagrado judío, su Talmud, y averiguar algo sobre la religión judía, realmente se volverían antisemitas, porque este libro está lleno de nombres viles para Jesucristo, descripciones de ritos sexuales extraños, y fórmulas para maldecir a los gentiles. En consecuencia, los judíos durante siglos han tenido la regla de que cualquier gentil que descubriera el contenido del Talmud, o que poseyera una copia del mismo, debe ser asesinado instantáneamente.

La verdadera razón del antijudismo entre los gentiles se explica en la Biblia, en numerosas referencias a los judíos. Así, pues, Ezequiel, 36, versículos 31-32:

Y os acordaréis de vuestros malos caminos, y de vuestras obras que no *fueron* buenas, y os aborreceréis a vosotros mismos delante de vuestras iniquidades y de vuestras abominaciones. "No lo hago por vosotros -dijo el Señor Dios, que se os conozca-; avergonzaos y confundíos por vuestros propios caminos, casa de Israel."

El antisemitismo, entonces, a través de la historia ha sido la reacción de los gentiles a las acciones de los judíos en su medio. ¿Quiénes son los judíos y qué hacen viviendo en medio de los gentiles? Para este conocimiento, debemos volver a los hechos biológicos. Los judíos son un pueblo parasitario cuyos miembros deambulan por el mundo civilizado, buscando cualquier lugar donde puedan establecerse en medio de una comunidad establecida, y donde puedan permanecer y prosperar a expensas de los demás.

Como pueblo parasitario, los judíos sólo pueden sobrevivir viviendo del trabajo de otros.... No traen nada consigo, y existen apropiándose de la propiedad de sus anfitriones. Tal vez los recuerdos de nuestros lectores no sean demasiado cortos. Tal vez recuerden 1948, cuando, según nos dicen, valientes pioneros judíos salieron al desierto y fundaron el Estado de Israel. Al menos, así es como lo dicen. Pero, de hecho, ¿no invadieron los judíos un país árabe pacífico y, con la ayuda de millones de dólares en armas de banqueros judíos en muchos países, tomaron las ciudades, granjas y negocios de una nación árabe trabajadora? El origen mismo de la única nación judía en la historia del mundo identifica a este pueblo como una tribu de bandidos.

Ya que los judíos no traen nada consigo, ¿cómo es que las naciones anfitrionas les permiten quedarse? ¿Por qué dejan que los judíos se apropien de sus bienes, e incluso de sus vidas? En realidad, el judío trae algo con él. Aporta su ingenio y su determinación de permanecer en el país anfitrión, a pesar de todos los esfuerzos por desalojarlo. Usando su ingenio, el judío pretende ofrecer algo que el pueblo anfitrión quiere o necesita. El judío ofrece conexiones comerciales con tierras extranjeras, información sobre enemigos o enemigos potenciales; o aparece como un comediante o un mago que ofrece entretenimiento; o aparece como un ser oculto, ofreciendo nuevos caminos al cielo y pasaportes garantizados al paraíso. Si el anfitrión necesita dinero, le ofrece eso, o la promesa de dinero. En cualquier caso, si se permite que el judío permanezca, aunque sea por un corto tiempo, hunde sus tentáculos en el pueblo anfitrión, y pronto es imposible desalojarlo.

Cuando el pueblo anfitrión recobra el sentido y se da cuenta de que ha permitido que un parásito peligroso entre en su ser y amenace su salud y prosperidad continuas, ¿se detiene el pueblo anfitrión a analizar el problema con calma? Por supuesto que no. El huésped reacciona biológicamente. A través de la naturaleza, uno puede ver a los animales y a los peces corriendo erráticamente, lanzándose al aire, y haciendo giros salvajes. En muchos casos, se trata de huéspedes que intentan expulsar a los parásitos.

Entre los humanos, el huésped actúa no menos desesperadamente y sin pensar. La primera reacción de la comunidad gentil hacia el judío es el pánico. Luego viene la ira, y finalmente, la violencia. El pánico se produce cuando la comunidad descubre que alberga a una cantidad peligrosa y desconocida, lo que obviamente significa que no es buena. La ira sigue - la comunidad atacará a este parásito y lo expulsará. Luego se produce la violencia, el tradicional pogrom contra el judío. Como dice el judío:"¡Oh, gewalt! Esta es una de las frases más antiguas del yiddish, que traduce:"Oh, violencia. "

El judío sabe cuando entra en la comunidad gentil que tarde o temprano su presencia allí provocará violencia. En consecuencia, está preparado para ello. La comunidad gentil ataca a los judíos, pero hace poco daño real. Algunos judíos son alquitranados y emplumados, algunos de sus edificios son quemados. A los judíos no les importa. Saben que los gentiles tendrán que pagar por esto.

Ahora los líderes gentiles le dicen a su comunidad que los judíos han aprendido la lección. Se comportarán. Los gentiles se establecen una vez más en una existencia tranquila. Pero el pogrom ha sido valioso para los judíos. Les ha revelado a quién deben temer entre los gentiles, los líderes naturales que pueden responder a una amenaza de este tipo. Los judíos no han sido sacudidos en absoluto por el levantamiento contra ellos. Ahora pueden hacerse cargo de la comunidad. El parásito ha extendido sus tentáculos demasiado profundamente en la comunidad para ser removido por una turba enfurecida, unos pocos edificios quemados o un trasero quemado.

El parásito comienza a socavar y destruir sigilosamente a los líderes naturales de la comunidad gentil, aquellos que lideraron el pogrom. Estos líderes de repente se dan cuenta de que su fortuna está desapareciendo. Se descubren documentos que prueban que su propiedad pertenece a otra persona. Sus hijas son libertinas y se van a otras ciudades. Sus reputaciones están arruinadas, y la comunidad gentil se vuelve contra ellos. Ahora surgen nuevos líderes entre los gentiles. Sin excepción, estos son hombres que de repente tienen buena fortuna, y sin excepción, su buena fortuna puede ser rastreada hasta los judíos.

Cualquiera que se atreva a oponerse a los nuevos líderes comparte el destino de los arruinados. Sus propiedades son confiscadas, sus familias separadas, la comunidad está convencida de que son hombres malvados y peligrosos, y son expulsados. Así, el pueblo anfitrión, privado de sus leales líderes nativos, se encuentra ahora bajo el férreo control de hombres que a su vez deben responder ante los judíos. Así que ha ocurrido en una nación tras otra, a lo largo de los siglos, y cuando ocurrió en Rusia, a la enfermedad judía se le dio un nuevo nombre, Comunismo.

Si los nuevos líderes en algún momento experimentan un cambio de corazón, sus corazones pronto se detienen por completo, porque los judíos siempre están preparados contra una posible deserción. Esto rara vez sucede, porque los judíos nunca permiten que nadie se eleve a una posición de liderazgo entre los gentiles que no tienen un Panamá. Ahora, un Panamá no se refiere a un sombrero, sino a un canal. Aunque el Canal de Panamá no es generalmente considerado como un punto de inflexión en la historia de Estados Unidos, en realidad lo es, ya que el Canal de Panamá marca el éxito final de los judíos en la obtención del dominio sobre los líderes políticos de Estados Unidos. Por medio de sobornos, por valor de cuarenta millones de dólares, pagados del Tesoro de los Estados Unidos, por supuesto, y entregados a los políticos de Washington, los judíos tenían a estos hombres, y a través de ellos, al pueblo estadounidense, a su merced.

Los judíos guardaban registros de estos sobornos, y desde entonces, los políticos no han podido negarles nada. En consecuencia, se dice que cada político estadounidense prominente de los últimos cincuenta años tiene su Panamá. Es decir, no se permite que ningún estadounidense ascienda a una posición de liderazgo político a menos que tenga algún escándalo financiero, algún Panamá, en su pasado, que los judíos puedan usar para ponerlo a prueba en cualquier momento. Por esta razón, la mayoría de los políticos estadounidenses en las últimas cinco décadas han sido ejemplos clásicos del tema de Rags to Riches. Lejos de ilustrar la leyenda de Horatio Alger de trabajo duro e integridad, sin embargo, cada una de estas carreras de riqueza repentina proviene del saqueo del público hasta con la connivencia de los judíos.

Ya hemos señalado que el pueblo anfitrión, en unos cinco mil años, nunca ha sido capaz de expulsar a los parásitos judíos a través de las reacciones biológicas comunes de pánico, ira y violencia. Debido a su incapacidad para desalojar a los parásitos, en todos los casos, la comunidad gentil se había convertido en payaso de un oscuro camino al olvido. Los registros están ahí para que cualquiera los vea. A pesar de la falsificación de la historia a gran escala, a pesar de la quema de bibliotecas durante miles de años, los judíos no han sido capaces de erradicar los registros de sus fechorías. La mayoría de los registros que han sobrevivido se clasifican ahora como "libros raros" y se ocultan al público en archivos especiales. Estos registros se ponen a disposición de los becarios aprobados por los judíos, de quienes se puede depender para que no revelen lo que averigüen. Aún así, conocemos la historia de los judíos.

Sabemos que Babilonia fue una gran civilización, que Babilonia se convirtió en el anfitrión de una considerable comunidad judía, y que Babilonia fue destruida. Sabemos que Egipto fue una gran civilización, que Egipto se convirtió en el anfitrión de una importante comunidad judía, y que Egipto fue destruido. Sabemos que Roma fue una gran civilización, que Roma se convirtió en la sede de una importante comunidad judía, y que Roma fue destruida. Sabemos que Inglaterra tuvo un gran imperio, que Inglaterra se convirtió en el anfitrión de una importante comunidad judía, y que el Imperio Británico desapareció en pocas décadas. Se trate o no de una simple coincidencia que reaparece a lo largo de la historia de la humanidad, debemos recordar que los Estados Unidos tienen una comunidad judía considerable.

¿Por qué es que los judíos destruyen una nación gentil una vez que obtienen el control de ella? Esto también es un proceso natural. No se puede esperar que el parásito pueda administrar con éxito los asuntos del huésped, incluso si así lo desea. El judío no desea hacerlo porque su primera preocupación es su propia seguridad. Debe permanecer unido al anfitrión, y todo lo demás, incluyendo el futuro del anfitrión, es sacrificado a este objetivo. A pesar de que ejerce un completo dominio sobre el anfitrión, el parásito judío nunca puede sentirse seguro.

Su propia salud depende enteramente de la hueste gentil, y por esta razón, el judío desarrolla un odio terrible e irracional hacia la hueste. El Libro Sagrado Judío, el Talmud, está lleno de imprecaciones salvajes contra los gentiles y contra el Cristo que ofreció guiarlos a la salvación, y salvarlos del judío. Estas expresiones son tan viles que cuando la comunidad gentil se entera de ellas, se levantan contra los judíos.

Sin embargo, estas expresiones de odio son manifestaciones biológicas, más que odio genuino. El judío odia al gentil porque el huésped es todo lo que el parásito nunca podrá ser; es autosuficiente, capaz de defenderse de los enemigos físicos a través de la fuerza en lugar de la astucia, y capaz de aceptar la salvación del alma. El judío no puede ser nada de eso. Por lo tanto, cada reunión judía expresa desprecio por el ganado gentil, los *gentiles*. El judío considera al pueblo gentil como ganado en el campo, para ser sacrificado para la cosecha. Y si son bestias en el campo, ¿qué es el judío sino una mosca comedora de estiércol que se posa en el lomo del ganado? Esto también lo sabe el judío, y si desprecia y odia al ganado gentil, tiene aún mayor desprecio y odio hacia los de su propia especie. Ningún gentil puede entender lo que es la grosería hasta que oye a los judíos dirigirse unos a otros. Cuando un rabino fue derribado recientemente mientras celebraba servicios en un templo de Detroit, no fue un gentil antisemita quien hizo el acto, sino otro judío incapaz de soportar la vista de los suyos.

El judío, entonces, mira a su anfitrión gentil con una terrible mezcla de sentimientos de odio, envidia y desprecio. Él se siente así, y sin embargo sabe que su propio bienestar depende del anfitrión. Esto establece una extraña dicotomía en la mente judía que a menudo resulta en esquizofrenia violenta, es decir, una personalidad dividida y una locura desesperada. Por un lado, el judío quiere destruir el odioso cuerpo gentil del que depende; por otro lado, sabe que es un suicidio para él hacerlo. Debido a esta esquizofrenia en el judío que se ha convertido en dueño del destino gentil, él conduce a la comunidad gentil a aventuras salvajes. A menudo trae gran prosperidad, pero sólo por poco tiempo, y a través de desperdicios temerarios, tales como la destrucción intencional de recursos naturales, aventuras suicidas en guerras extranjeras, y la corrupción de los jóvenes para que no puedan criar familias sanas.

Y siempre los judíos están discutiendo con los enemigos de la hueste gentil, sin desviarse nunca de su patrón de subversión y traición. Cuando Ciro y sus ejércitos llegaron a las puertas de Babilonia, fueron los judíos quienes le abrieron las puertas. En un solo día, se convirtió en Ciro el Grande, y Persia se convirtió en el amo del mundo. Por supuesto que Cyrus estaba agradecido. Extendió todos los privilegios a los judíos. Desgraciadamente, no pasó mucho tiempo antes de que la araña tejiera su telaraña en las polvorientas ruinas del palacio de Ciro.

Los judíos tenían una comunidad próspera y próspera en Babilonia, y vivieron allí durante cientos de años. Sin embargo, destruyeron ansiosamente Babilonia debido a la oportunidad de hacer un trato con los persas. No sólo eso, sino que en su ansiedad por ocultar el registro de su traición, destruyeron todas las bibliotecas de Babilonia, y desde entonces, han fulminado contra los babilonios con todo el odio del que son capaces. La puta de Babilonia ¿Quién no ha oído esa frase? Sin embargo, los eruditos clásicos nos dicen que los babilonios eran un pueblo sobrio y decente, dedicado a las artes y a una vida llena de gracia. Sin embargo, los judíos han podido inculcar en el mundo su versión distorsionada de una nación que sólo vive para la depravación.

En toda la historia registrada, sólo había una civilización que los judíos no podían destruir. Por eso, le han dado el tratamiento de silencio. Pocos graduados universitarios estadounidenses con un título de doctorado podrían decirle lo que era el Imperio Bizantino. Era el Imperio de Roma del Este, establecido por los líderes romanos después de que los judíos habían destruido Roma. Este imperio funcionó en Constantinopla durante mil doscientos años, la duración más larga de cualquier imperio en la historia del mundo. A lo largo de la historia de Bizancio, como se conocía, por edicto imperial, a ningún judío se le permitió ocupar ningún cargo en el Imperio, ni se le permitió educar a los jóvenes. El Imperio Bizantino finalmente cayó ante los turcos después de doce siglos de prosperidad, y los judíos han intentado borrar todos los rastros de su historia.

Sin embargo, sus edictos contra los judíos no fueron crueles; de hecho, los judíos vivieron sin ser molestados y prósperamente en el imperio a lo largo de su historia, pero sólo aquí no se produjo el círculo vicioso de huéspedes y parásitos. Era una civilización cristiana, y los judíos no podían ejercer ninguna influencia. Los sacerdotes ortodoxos tampoco desconcertaron a sus congregaciones con ninguna mentira viciosa acerca de que Cristo era judío. No es de extrañar que los judíos quieran erradicar la memoria de tal cultura. Fue Ezra Pound quien inició un estudio de la civilización bizantina y quien le recordó al mundo esta tierra felizmente no judía. De los bizantinos, Pound derivó su fórmula no violenta para controlar a los judíos. "La respuesta al problema judío es simple", dijo. "Mantenlos fuera de la banca, fuera de la educación, fuera del gobierno. "

Y así de simple es. No hay necesidad de matar a los judíos. De hecho, todos los pogromos de la historia han jugado a su favor, y en muchos casos han sido hábilmente instigados por ellos. Sacar a los judíos de la banca y no pueden controlar la vida económica de la comunidad. Saca a los judíos de la educación y no pueden pervertir las mentes de los jóvenes a sus doctrinas subversivas. Saca a los judíos del gobierno y no pueden traicionar a la nación.

CAPÍTULO 3

EL ORIGEN DE LOS JUDÍOS

A pesar de los miles de trabajos académicos escritos sobre la Biblia y sobre la historia antigua, el origen de los judíos permanece envuelto en misterio. Como veremos, esto no es un accidente. El reverendo A. H. Sayce, un destacado erudito bíblico, escribió en 1897:"El historiador de los hebreos se encuentra desde el principio con una extraña dificultad. ¿Quiénes fueron los hebreos cuya historia se propone escribir? "

Los judíos nunca se han preocupado por la oscuridad que rodea el misterio de sus orígenes. Ellos simplemente nos han informado que son el Pueblo Escogido de Dios, un pueblo muy especial, en verdad. También reclaman el registro histórico más largo de todos los pueblos de la tierra. Algunos historiadores, como Dubnow, hacen afirmaciones arrolladoras, como "Toda la historia es historia judía". Estos historiadores modernos nos piden que ignoremos las grandes civilizaciones de China, Egipto, India, Grecia y Roma, porque estas civilizaciones no eran importantes. Sólo la gran civilización de los judíos es importante, dicen estos historiadores.

Sería más fácil para nosotros aceptar esta afirmación si alguna vez hubiera existido una civilización judía. Tenemos el arte de la impresión de China, las bellas artes y la filosofía de Grecia, la ley de Roma. ¿Qué obtuvimos de los judíos? Han hecho todo lo posible para evitar que nos enteremos, pero una vez que conocemos el verdadero origen de los judíos, sabemos lo que nos han traído, y esto ya no es un secreto.

Aunque los judíos aparecen y reaparecen en las historias de otras naciones durante cinco mil años, nunca pudieron o quisieron establecer una nación propia. Este es un triste récord para una raza tan distinguida, e increíble cuando uno considera que eran el pueblo favorito de Dios. De hecho, ningún otro pueblo tiene un historial tan patético de civilización. Incluso los pigmeos africanos desarrollaron una civilización propia.

La mayoría de los registros de los judíos son una mezcla tal de hechos y ficción que se convierte en una cuestión de trabajo detectivesco para encontrar la verdad. La *Historia de los Judíos* de Josef Kastein es aceptada como la historia más confiable de este pueblo que fue escrita por uno de los suyos. Un judío alemán, Kastein acortó su nombre de Katzenstein y pasó gran parte de su vida como erudito bíblico. Sin embargo, escribe en su Historia de los Judíos, página 130,

Las diez tribus, el primer gran cuerpo de judíos en ser llevado en cautiverio, desaparecieron sin dejar rastro."

Los historiadores no suelen escribir con tanta naturalidad sobre un pueblo que desapareció sin dejar rastro. La mayoría de los historiadores trabajan a partir de material original, pero Kastein nos arroja una de las muchas tradiciones orales de los judíos, que sólo pueden ser aceptadas sin evidencia de ningún tipo.

El origen de los judíos se revela por el origen de su nombre tribal. La palabra"judío" era desconocida en la historia antigua. Los judíos eran entonces conocidos como hebreos, y la palabra hebrea nos dice todo acerca de este pueblo que necesitamos conocer. La Enciclopedia Británica define al hebreo como originario de la palabra aramea, *Ibhray,* pero extrañamente, no ofrece ninguna indicación de lo que significa la palabra. La mayoría de las referencias, como el Diccionario Internacional Webster, 1952, dan la definición aceptada del hebreo. Webster dice que el hebreo deriva del arameo *Ebri,* que a su vez deriva de la palabra hebrea *Ibhri,* lit. "uno que es del otro lado del río. 1. Miembro de un grupo de tribus de la rama norte de los semitas, incluidos los israelitas. ''

Eso está bastante claro. Hebreo significa "uno que es del otro lado del río". "Los ríos eran a menudo las fronteras de las naciones antiguas, y uno del otro lado del río significaba, simplemente, un extraterrestre. En todos los países del mundo antiguo, los hebreos eran conocidos como alienígenas. La palabra también, en el uso popular, significaba "alguien en quien no se debe confiar hasta que se haya identificado. "El hebreo en toda la literatura antigua se escribía como "Habiru". Esta palabra aparece con frecuencia en la Biblia y en la literatura egipcia. En la Biblia, Habiru se usa indistintamente con "sagaz", que significa "degollador". En toda la literatura egipcia, dondequiera que aparezca la palabra Habiru, está escrita con la palabra "sagaz" escrita al lado. Así, los egipcios siempre escribieron de los judíos como "los bandidos asesinos del otro lado del río". Durante cinco mil años, los escribas egipcios identificaron a los judíos de esta manera. Significativamente, no se hace referencia a ellos *excepto* por estos dos caracteres. El gran erudito egipcio, C. J. Gadd, señaló en su libro, The Fall of Nineveh, Londres, 1923,

"Habiru está escrito con un ideograma... sa-gaz... que significa 'asesinos'."

En la Biblia, dondequiera que aparezca la palabra Habiru, que significa los hebreos, se usa para referirse a bandidos o asesinos. Así, en Isaías I:23, "Tus príncipes son rebeldes, y compañeros de ladrones", la palabra para ladrones aquí es Habiru. Proverbios XXVIII: 24, "El que roba a su padre o a su madre, y dice: "No *es* transgresión; el mismo es compañero de un destructor", sa-gaz se usa aquí como destructor, pero la palabra destructor también aparece a veces en la Biblia como Habiru. Oseas VI: 9, "Y como las tropas de ladrones esperan a un hombre, así la compañía de sacerdotes mata por el camino por consentimiento; porque cometen lascivia." La palabra para ladrones en este versículo es Habiru.

En su *Historia de los judíos*, Kastein identifica a muchos de los grandes nombres de la historia judía como bandidos. Menciona a Profita como uno de los salvadores del pueblo judío, y en la página 21, dice: "Profita era un jefe de ladrones de Galaad, cuyos compañeros de tribu lo echaron."

De nuevo, Kastein, página 31: "En el momento de la muerte de Saúl, encontramos a David como líder de una banda de botas libres, viviendo en Siclag. Al oír que el trono estaba vacío, David se apresuró a ir a Hebrón en Judá. Nadie lo había convocado, pero él presentó su reclamo a la realeza, declarando que Samuel lo había designado en secreto. Demasiado para uno de los grandes nombres de la historia judía, un usurpador que partió la tribu judía en dos y preparó el camino para su caída. Kastein también nos dice, en la página 34, que "Shelmo, Salomón el Pacífica, inauguró su gobierno cometiendo tres asesinatos que despejaron su camino y se deshicieron de su único hermano, y lo hizo sin el más mínimo reparo de conciencia."

El hecho es que tanto Salomón como David, que eran bandidos sanguinarios, eran típicos líderes judíos. Los judíos han sido parte de la historia desde los albores de la civilización, simplemente porque el crimen ha sido parte de la historia desde los albores de la civilización. No es casualidad que los judíos fueran conocidos por primera vez en Palestina, ya que ésta era la encrucijada de todas las rutas comerciales, tanto marítimas como terrestres, del mundo antiguo. Inevitablemente, las ricas caravanas estaban plagadas de piratas y bandidos, que podían hacer su huida a una de las muchas calas del mar, o a las impenetrables montañas, aprovechando los escondites naturales de la zona que se ha denominado "el centro físico de los movimientos de la historia a partir de la cual ha crecido el mundo."

El registro de los hebreos está en gran desacuerdo con las afirmaciones judías de "una gran cultura". Pero todas las reivindicaciones judías de la cultura carecen por completo de fundamento. El Libro del Horizonte del Cristianismo, una obra de referencia estándar, dice, página 10,

Los judíos comenzaron como una aglomeración de pequeñas tribus que más tarde alcanzaron la independencia sólo en el intervalo entre el surgimiento y la caída de grandes imperios. No han legado ningún monumento que atestigüe su magnificencia. No hay tumbas de reyes hebreos con capillas de oro y carros tachonados de joyas. La arqueología palestina no ha desenterrado ninguna estatua de David ni de Salomón, sino sólo tinajas como la que Rebeca usó para regar los camellos de los siervos de Abraham.

El Instituto Oriental de Chicago contiene una de las colecciones definitivas de bellas artes del mundo, especializada en las culturas egipcia, siria y otras del Cercano Oriente, en la zona que los judíos reivindican como su origen. Uno esperaría encontrar la contribución judía a la civilización bien representada aquí. Después de caminar por vastas salas llenas de grandes obras de arte, espléndidas estatuas, joyas exquisitas y otros artefactos de las tumbas de los conquistadores egipcios y asirios, llegamos a la exposición judía. Aquí hay un estuche de vidrio lleno de pedazos rotos de vasijas de barro, crudos, sin decorar, y utensilios sin esmaltar que podrían haber llegado hasta nosotros desde la Edad de Piedra. Esta es la gran cultura judía de la que tanto hemos oído hablar. Es todo lo que tienen para ofrecer.

El hecho es que los judíos eran conocidos sólo como destructores en el mundo antiguo. No produjeron arte, no fundaron dinastías, no construyeron grandes ciudades y, sólo de pueblos antiguos, no tenían talento para las cosas más finas de la vida civilizada. ¿No está esto en desacuerdo con la afirmación judía de que ellos, y sólo ellos, son los únicos portadores de antorchas de la civilización?

También es un hecho que los judíos, que no siempre fueron bandidos exitosos, se ganaban la vida precariamente en Palestina, y a menudo estaban al borde de la inanición. Su dieta consistía principalmente en tortas de cebada gruesa, y la historia de Esaú, que vendió su derecho de nacimiento por un montón de hierba, es típica de su pobreza. El potaje era simplemente un tazón de sopa de lentejas, pero Esaú estaba contento de vender su derecho de nacimiento por él.

El historiador Arnold Toynbee definió a los judíos para siempre hace unos años, cuando los describió como un pueblo "fósil". Se refería a que eran un pueblo que no se había desarrollado desde la Edad de Piedra, como nos demuestran sus primitivas vasijas de barro. No podían dominar la agricultura, la ganadería, la arquitectura ni ninguna de las artes civilizadas.

Kastein dice de su gente, página 7,

Ellos (los judíos) primero hicieron su aparición en la parte baja del Éufrates, luego viajaron hacia el norte a Mesopotamia, y siguieron la ruta usada por todos los grupos de gente en ese tiempo y en esa parte del mundo.... el camino vía Siria a Canaán y al desierto más allá; cuando el hambre condujo, incluso penetraron en Egipto. Las naciones con las que se encontraron los llamaban "gente del otro lado" del río. El hebreo para el otro lado es *'eber'*. Los que venían del otro lado eran 'Ibrim', o, en inglés, hebreos.

"Algunos (de los judíos) permanecieron dentro de los confines de Canaán, otros se establecieron a lo largo de la gran carretera militar del Este, y en los desiertos y desiertos vecinos, donde llevaron una existencia nómada, mientras que una sección más pequeña, impulsada por el hambre, finalmente logró llegar a Egipto, donde los faraones los tomaron bajo su protección."

Puede parecer extraño para algunos lectores que los judíos permanezcan en los desiertos y en los páramos, o que prefieran hacerlo, pero tales áreas son el hábitat natural de los bandidos. Sólo tenemos que recordar que los forajidos del Oeste americano siempre huían al desierto o a las inexploradas cumbres de las montañas. Para continuar con Kastein, "Todo estaba calculado para hacer que estas bandas de emigrantes a Egipto se desintegraran en ese país, o para ser engullidos en otras ramas de la raza semítica que también habían emigrado allí.... Sin embargo, no se produjo ninguna desintegración."

Aunque las distinciones raciales no se mantenían en Egipto, sólo los judíos se mantenían separados. Pronto alcanzaron altas posiciones en la tierra de los faraones, y simultáneamente, como iba a suceder en tantos otros países, el imperio comenzó a desintegrarse. Bandas de bandidos en los puestos avanzados del imperio se volvieron más atrevidos; parecían saber exactamente cuándo atacar, y cuál de los pueblos estaba mal vigilado. Al mismo tiempo, el imperio comenzó a decaer desde dentro. Su liderazgo se volvió apático, y la moral del pueblo se debilitó.

Una de las grandes fuentes de la historia de este período son las Cartas del Cuéntale a El Amarna, escritas por el gobernador de una provincia periférica. El descubrimiento y la traducción de estas cartas abrió una nueva era de la egiptología. También reveló el efecto destructivo de los judíos. Estas cartas están llenas de ruegos de ayuda y dirigidas a un Faraón aparentemente sordo. Describen las incursiones de los Habiru y la imposibilidad de seguir defendiendo los pueblos fronterizos. Tal vez el Faraón nunca recibió las cartas; tal vez estaba demasiado ocupado escuchando a su Primer Ministro judío, quien le estaba interpretando sus sueños. No sabemos exactamente qué pasó, pero sí sabemos que el imperio cayó. Esto, en la Carta No. 76, el gobernador dice: "He aquí, él (Abdi-Ashirta, un cacique bandolero Habiru), ha reunido ahora toda la *gaz amelut* contra Sigata y Ambi."

El gobernador quiso decir que una gran alianza de bandidos y asesinos estaba amenazando al imperio. Amelut gaz era sinónimo en egipcio antiguo de amu y sa-gaz, y amu era la palabra con la que los egipcios se referían a menudo a los hebreos. Amelut gaz quería decir, 'los bandidos judíos'. Sayce nos dice que "el equivalente egipcio del hebreo es amu."

Una parte considerable de la literatura egipcia trata de la angustia social de este período, cuando los judíos estaban socavando la mayor civilización conocida por el hombre hasta ese momento. Así, tenemos "Amonestaciones de un sabio egipcio de un papiro hierático en Leiden", traducido y publicado por Alan H. Gardiner en 1909. Gardiner traduce:

"Egipto estaba en apuros; el sistema social se había desorganizado; la violencia llenaba la tierra. Los invasores se aprovecharon de la población indefensa; los ricos fueron despojados de todo y durmieron al aire libre, y los pobres tomaron sus posesiones. No se trata de una mera perturbación local, sino de un gran y abrumador desastre nacional. El Faraón estaba extrañamente inactivo."

Otra fuente, el famoso Papiro de Ipuwer, dice: "Las ciudades están destruidas.... años de ruido. El ruido no tiene fin. Los peces en los lagos y ríos mueren, y los gusanos, insectos y reptiles se multiplican."

Qué extraño suceso! No se describen batallas; el imperio no fue atacado desde fuera. La descripción es extrañamente parecida a la de las Revoluciones Comunistas francesa y rusa... los ricos fueron despojados de todo y durmieron a la intemperie. También hay paralelismos con la América moderna... los peces en los lagos y ríos mueren... el ruido no tiene fin.

Una de las grandes fuentes de la egiptología es la Historia de Egipto de Manetón. Describe la caída del imperio de la siguiente manera:

"Un pueblo de origen indigno de Oriente, que tuvo la audacia de invadir el país, que dominó por la fuerza principal, sin dificultades ni siquiera una batalla."

Aunque increíble, esto sucedió una y otra vez en el mundo antiguo. ¿Cómo le sucedió al imperio más poderoso jamás conocido? Ya ha ocurrido en Babilonia. Los judíos allanaron el camino para los conquistadores. Estos conquistadores de Egipto fueron los Hyksos, o Reyes de los pastores, que ganaron Egipto sin batalla y mantuvieron una dictadura de hierro sobre el pueblo durante 511 años. Algunos eruditos creen que los hicsos eran los judíos, porque la palabra egipcia amu se usa ocasionalmente para referirse a los hicsos, aunque en la mayoría de los papiros se refiere a los judíos. Esta confusión existía incluso entre algunos de los últimos historiadores egipcios del período hicsó, y se produjo porque los judíos, que habían abierto las puertas de la tierra a los conquistadores, se convirtieron en una minoría favorecida durante su gobierno. Manetón dice: "Los hicsos eran conocidos como los protectores de los judíos."

Durante este período de 511 años, los judíos fueron príncipes en Egipto, tomando lo que querían de los egipcios esclavizados, e incurriendo en su enemistad por su vil arrogancia sobre la población traicionada. Por fin, los líderes nativos de los egipcios lideraron una revuelta exitosa y expulsaron a los hicsos para siempre. Manetón escribe que después de que los hicsos fueron expulsados, los egipcios castigaron a los judíos por su traición, y los esclavizaron de por vida en trabajos forzados.

Esto nos lleva al período de Moisés, cuando los judíos se quejaban de su duro destino en Egipto. Antes de traicionar a la nación a los hicsos, habían gozado de toda libertad en Egipto, y era natural que fueran castigados por su traición. En lugar de soportar esta esclavitud, pidieron al Faraón que les permitiera regresar a Palestina y reanudar su vida de bandidaje nómada. Pero el indignado pueblo egipcio exigió que cumplieran su castigo, y el Faraón se vio obligado a aceptar. Ahora los judíos usaban todos los medios para obtener su libertad, trayendo plagas sobre el pueblo egipcio a través del uso de venenos y contaminando el agua. Finalmente se les permitió salir de Egipto.

Aunque estos son los hechos de la estancia judía en Egipto, un sórdido registro de traición y destrucción, estos hechos están relacionados aquí por primera vez en inglés, aunque estas fuentes se conocen desde hace siglos. El verdadero origen de los judíos, y la definición de Habiru y sa-gaz como describe la naturaleza de este pueblo, han sido conocidos desde hace mucho tiempo por los estudiosos de la Biblia. ¿Por qué no mencionaron deliberadamente el hecho de que en todo el mundo antiguo, los judíos eran conocidos y temidos como asesinos y bandidos? En primer lugar, creyeron la mentira judía de que Cristo era judío. Si publicaran sus hallazgos sobre el origen de los judíos, estarían identificando a Cristo como descendiente de forajidos sedientos de sangre. Obviamente, esto no puede ser cierto. En consecuencia, omitieron todas las referencias a Habiru y sa-gaz en sus obras. Literalmente, miles de eruditos han ocultado esta información vital en los miles de libros publicados sobre la historia antigua durante los siglos pasados. Ahora debemos reevaluar toda la historia de las primeras civilizaciones a la luz de lo que sabemos sobre los judíos.

Otra área en la que los eruditos y las universidades han sido muy negligentes es su increíble glorificación del idioma hebreo. Se nos ha dicho que el hebreo es uno de los grandes idiomas de todos los tiempos; que en él se escribió gran parte de la gran literatura del mundo, y que es un lenguaje formulado para expresar los sentimientos más nobles. Sin embargo, sólo tenemos que abrir la Enciclopedia Británica para descubrir que el hebreo es una lengua muy limitada con sólo unas 500 palabras básicas, muy parecidas al inglés básico que se dio a conocer durante la Segunda Guerra Mundial. Además, según la Britannica, el hebreo no es realmente una lengua, sino una combinación de otras lenguas del Cercano Oriente. El *Britannica* dice, "Una lengua compuesta de los pueblos semíticos; compuesta de arameo, cananeo, arcádico y asirio-babilonia."

En pocas palabras, el hebreo era simplemente el yiddish del mundo antiguo, una jerga políglota que los judíos utilizaban en sus actividades del hampa. Así otra mentira judía es explotada. Y la gran literatura supuestamente escrita en esta lengua es otro mito, sin base alguna. Los Evangelios del nuevo Testamento, como nos dicen la mayoría de los eruditos bíblicos, fueron escritos en griego, en vez de en hebreo. Los escritores judíos admiten que la mayoría de los escritos "hebreos" fueron tomados libremente de fuentes babilónicas y egipcias. Los Salmos, supuestamente una serie de grandes poemas hebreos, fueron tomados palabra por palabra de los Himnos al Sol de Eknatón, escritos 600 años antes en Egipto. Horace Meyer Kallen, profesor de la Jewish New School of Social Research, dice que el Libro de Job fue levantado físicamente de una obra de teatro griega temprana y oscura. Velikovsky admite que hay "muchos paralelismos" entre los Himnos Védicos y los Libros de Joel e Isaías. El Decálogo fue tomado totalmente del Libro de los Muertos de Egipto. Y así sucesivamente, a lo largo de toda la lista de "grandes escritos judíos". Sin embargo, los estudiantes de nuestras universidades no saben nada de todo esto. Aceptan sin lugar a dudas las declaraciones de sus profesores (que hoy en día son en su mayoría judíos), el mito de la gran lengua hebrea y la gran literatura hebrea. El hecho es que los judíos, que carecían por completo de talento creativo de cualquier tipo, robaron la literatura de la misma manera que robaron todo lo demás de los pueblos que los toleraban.

CAPÍTULO 4

LOS JUDÍOS EN LA HISTORIA ANTIGUA

Ya hemos visto cómo los judíos debilitaron y destruyeron la civilización de Egipto, pero ¿cuál fue el proceso? Era la consecuencia biológica de un parásito enquistado, el crecimiento, el extranjero judío, que se había adherido a la nación egipcia y que procedió a hacer todo lo posible para destruir a su huésped, a pesar de que estaba obteniendo todo su sustento de su huésped. Este proceso fue repetido por los judíos en cada una de las antiguas civilizaciones.

En el Antiguo Testamento, los judíos tratan de justificar su estado de desamparados señalando que Dios estaba disgustado con ellos, y luego los envió a vagar por la tierra debido a su propia maldad. Este tema se repite muchas veces en la Biblia. (biblos griegos, o libro). Los versos de Ezequiel XXXVI: 17-20 son típicos:

> "Hijo del Hombre, cuando la casa de Israel habitó en su propia tierra, la contaminaron por su propio camino y por sus obras; su camino estaba delante de mí como la inmundicia de una mujer apartada. Por tanto, derramé mi furor sobre ellos por la sangre que habían derramado sobre la tierra, y por sus ídolos con que la habían contaminado. Y los esparcí entre las naciones, y fueron dispersados por las tierras; según su camino y según sus obras los juzgué. Y cuando entraron a las naciones adonde habían ido, profanaron mi santo nombre, cuando les dijeron: Este *es* el pueblo de Jehová, y han salido de su tierra."

Así pues, Dios afirma que es una blasfemia que los judíos afirmen ser "el pueblo del Señor", y considerando su historial, es una afirmación fantástica. También afirma que fueron expulsados por la acusación de sangre, de derramar sangre ante los ídolos contaminados, la antigua costumbre conocida como "asesinato ritual". Aunque la cólera de Dios se da aquí como la razón de la Dispersión Judía, es notable que la acusación de sangre, que siempre fue hecha cuando fueron expulsados de una nación, también es usada. A este respecto, no debemos ignorar la predilección judía por seguir su más íntima compulsión por extenderse por el mundo civilizado, y es aún más extraño que ningún historiador o filósofo de los tiempos modernos haya considerado oportuno comentar sobre este fenómeno mundial, que ha tenido un efecto devastador en todas las culturas que han sido envenenadas por ellos. Un importante empresario, J. J. Cavanagh, ha comparado la dispersión de los judíos con los efectos fisiológicos del cáncer.

"Los judíos", dijo en un discurso a un grupo empresarial de Chicago,"pueden ser mejor entendidos como una enfermedad de la civilización". Pueden compararse con la propagación del cáncer en todo el sistema humano. Así como los judíos se extendieron por el mundo civilizado, siguiendo las rutas comerciales, así también las células cancerosas se extendieron por todo el cuerpo, viajando a través de las arterias y venas a cada parte del sistema. Y así como los judíos se reúnen en áreas críticas del mundo y comienzan a multiplicarse, y estrangulan y envenenan a comunidades y naciones enteras, así las células cancerosas se reúnen y multiplican y destruyen los órganos del cuerpo, y finalmente, el cuerpo mismo. Muchos historiadores del mundo antiguo notaron el fenómeno judío y lo comentaron, pero la mayoría de estas obras han sido destruidas desde entonces. Entre los pocos comentarios sobre los judíos que han sobrevivido a la destrucción judía de bibliotecas se encuentran los de Filón y Estrabón. Philo, un importante historiador, escribió que "las comunidades judías se han extendido por todos los continentes e islas."

Los comentarios de Estrabón sobre los judíos, escritos en la época del emperador Augusto de Roma, son aún más reveladores. Escribió: "Había cuatro clases en el estado de Cirene. El primero estaba formado por ciudadanos, el segundo por granjeros, el tercero por extranjeros residentes y el cuarto por judíos. Este pueblo ya ha llegado a todas las ciudades, y no es fácil encontrar un lugar en el mundo habitable que no haya recibido a esta nación y en el que no haya hecho sentir su poder."

La observación de Strabo es probablemente el comentario más esclarecedor sobre el problema judío en el mundo antiguo. Se ocupa de señalar que los judíos ocupaban un estatus inferior al de los extranjeros residentes; en otras palabras, eran un grupo de extranjeros residentes que se consideraban tan peligrosos que se los consideraba como un grupo en sí mismos. Los judíos ya eran conocidos como los destructores de las naciones, y se les permitía ejercer poco o nada de poder político, pero aún así lograban hacer sentir su poder, como señala Strabo. Lo hicieron a través de su comercio de piedras preciosas y oro, y a través de sus conexiones internacionales como banqueros, y como vallas para bienes robados. El préstamo de dinero era una empresa básica de este pueblo, porque les daba poder sobre los aristócratas derrochadores, que luego podían ser utilizados para esclavizar al pueblo con fines judíos.

Aunque los judíos tendían a asentarse en las ciudades más grandes, fueron encontrados en los puestos avanzados más remotos del imperio. El reverendo Chas. H. H. Wright, en su libro *Light from Egyptian Papyri*, Londres 1908, página 3, dice,

"No muchos años después de la destrucción de Jerusalén por Nabucodonosor, una colonia de judíos se dirigió a Assuan, la frontera sur de Egipto. Allí adquirieron para sí mismos casas y campos. Algunos de ellos siguieron traficando como prestamistas, y se podría decir que incluso como banqueros. Esto se demuestra en el papiro marcado con una L, en el que se registra debidamente una negociación regular para un préstamo de dinero. Se estipularon cuidadosamente los intereses que debían pagarse mensualmente por el dinero así prestado. Cinco testigos firmaron el documento. En esos papiros se menciona la Casa de Yahu (Jehová), y un altar sobre el cual se ofrecían sacrificios diariamente."

Así, los judíos, hace miles de años, estaban llevando a cabo actividades de préstamo de dinero en la remota provincia de Aesuan, y estas actividades eran parte integral de la vida económica y religiosa de la comunidad judía. En aquellos días, los judíos adoraban abiertamente a Baal, su Dios de Oro, pero las orgías que practicaban ante su altar eran tan viles y obscenas que la religión judía se vio forzada a pasar a la clandestinidad debido al resentimiento popular. Los ídolos de Baal fueron derretidos, y los judíos lo rebautizaron Yahu, o Jehová, y ocultaron muchas de sus observaciones religiosas en su honor.

A pesar de las afirmaciones de los judíos de haber sido la civilización más importante del mundo antiguo, de hecho la tribu judía de Palestina recibió poca atención en los registros antiguos. En la página 54, Kastein dice, en La Historia de los Judíos:

"El pequeño Estado insignificante de Palestina era vasallo de Asiria y, por su pequeñez, se dejó a sus propios recursos. Alrededor de ella habían surgido poderes colosales que deseaban el imperio."

¿Cómo se puede reconciliar al historiador de los judíos, Kastein, con su definición de Palestina como "un pequeño estado insignificante", con los eruditos y profesores de nuestras universidades modernas que dicen a sus estudiantes que los judíos tenían la mayor civilización jamás conocida por el hombre? El hecho es que nunca ha habido una civilización judía. Sólo ha habido infecciones de civilizaciones sanas por crecimientos de parásitos judíos, infecciones que siempre han resultado fatales para sus anfitriones.

Típico fue el destino de Babilonia. Nabucodonosor, el gobernante más poderoso del mundo antiguo, había recibido muchas quejas sobre los bandidos judíos que operaban en Palestina y que marchaban contra ellos. Los ejércitos babilónicos persiguieron a los judíos implacablemente en los desiertos y zonas salvajes hasta que los mataron o capturaron a todos ellos. Esto ocurrió en el año 586 a.C. Como era costumbre en esa época, Nabucodonosor se llevó a los sobrevivientes a casa con él como esclavos. Estos 30.000 judíos cautivos se establecieron en el Imperio Babilónico y se les permitió formar sus propios asentamientos. El historiador judío Gerson Cohen, escribe que "Muchas localidades de Babilonia tenían una población exclusivamente judía."

En menos de cinco décadas, Babilonia ya no existía. A pesar de la libertad de la que disfrutaban, los judíos comenzaron a tramar el derrocamiento del imperio. En ese momento, Ciro, líder de los persas, deseaba atacar Babilonia y apoderarse de sus riquezas, pero sabía que su ejército no era lo suficientemente fuerte. Los emisarios judíos vinieron a él y le declararon que estaban dispuestos a abrirle las puertas. Al principio, Ciro sospechaba que era una trampa, y se dice que había matado al primer mensajero judío de este tipo, pero más tarde los judíos lo convencieron de que eran sinceros. Le pidieron a cambio que les devolviera sus tierras en Palestina.

En el año 539 a.C., el ejército de Ciro apareció ante Babilonia. En la página 65, *La historia de los judíos*, dice Kastein, "La conquista de Babilonia se logró sin dificultad; la ciudad cayó sin lucha." ¡Qué coincidencia! Eso es exactamente lo que Manetón escribió sobre la caída de Egipto ante los invasores hicsos. No hubo batalla. Aunque la historia antigua está llena de relatos de largas y desesperadas batallas entre naciones y asedios de ciudades que duraron muchos años, cuando una ciudad tenía una importante comunidad judía, estas batallas no parecían tener lugar. Sin duda los judíos no deseaban ver sus casas y negocios dañados por un ataque.

Kastein continúa en la página 65, *La historia de los judíos*, "Los judíos recibieron a Ciro con los brazos abiertos." Aquí hay otro tema que se repite a lo largo de la historia de los judíos. En todas las naciones que caen sin lucha, los judíos se apresuran a dar la bienvenida a los invasores. Kastein nos dice que Ciro permitió a los judíos regresar a su propio país, pero muchos de ellos prefirieron quedarse en Babilonia. Bajo la protección de Ciro, se permitió a los judíos despojar a los nativos de Babilonia, y las riquezas que Ciro no llevó a Persia pasaron a ser propiedad de los judíos. En consecuencia, los judíos formaron una clase dominante rica y poderosa en Babilonia, y dedicaron su tiempo y dinero a formular una ética judía, que fue escrita como el Talmud babilónico. En la edición inglesa, publicada en Londres en 1935 como el Talmud Soncino, el rabino Hertz dice, página XXI,

"Cuando llegamos a la Gemara babilónica, estamos tratando con lo que la mayoría de la gente entiende cuando habla o escribe sobre el Talmud. Su lugar de nacimiento, Babilonia, fue un centro judío autónomo durante un período más largo que cualquier otra tierra; es decir, desde poco después de 586 antes de la era cristiana hasta el año 1040 después de la era cristiana - 1626 años."

Nótese que el rabino Hertz afirma con orgullo que después de ser conquistada por Ciro, Babilonia se convirtió en un centro judío autónomo o autogobernado. Ninguna declaración podría ser más reveladora del papel desempeñado por los judíos en la traición de la nación a Ciro.

Los judíos no sólo se apoderaron del Imperio Babilónico, sino que también se fueron a casa con Ciro y formaron grandes colonias en Persia. Max Radin, en *Los judíos entre griegos y romanos*, dice la página 61,

"La virtual autonomía del período persa permitió el desarrollo de una clase dominante bien organizada de sacerdotes, los Soferim o Escribas, hombres eruditos en la ley, que no tenían funciones sacerdotales definidas."

Lo que Radin no nos dice es que estos escribas no eran sacerdotes, eran los gobernantes de la comunidad judía autónoma. Fueron los escribas de este tipo los que se reunieron para condenar a Jesucristo a ser crucificado.

La influencia de los judíos en el Imperio Persa pronto hizo que siguiera el camino de las civilizaciones anteriores. Uno de los libros más cortos de la Biblia es el Libro de Ester, el más judío de los libros, y el único en el que no se menciona a Dios. La historia de Ester dio lugar a la ceremonia religiosa más importante de los judíos, la fiesta de Purim, que celebra la victoria de los judíos sobre los gentiles, cuando Ester logró ejecutar a Amán. En ese momento, Asuero era Rey de Persia, y su primer ministro era un gentil concienzudo y trabajador llamado Amán. Amán se había preocupado por el creciente poder e insolencia de los judíos persas. Así Esther III; 8-9:

"Amán le dijo al rey Asuero: Hay un cierto pueblo esparcido y dispersado entre el pueblo en todas las provincias de tu reino; y sus leyes son diferentes de las de todo pueblo; ni guardan las leyes del rey; por lo tanto, no es conveniente que el rey las sufra. Si así lo desea el Rey, que quede escrito que serán destruidos."

Esta petición le pareció bastante razonable al rey Asuero, y autorizó a Amán a prepararse para un día en el futuro cercano en que el problema judío pudiera ser resuelto. Sin que ellos lo supieran, la esposa favorita del rey, Ester, era una judía secreta llamada Hadassah. Ella era la sobrina de un líder judío llamado Mardoqueo, y él la había hecho entrar de contrabando en el palacio para darle sus encantos al Rey, y así la ramera judía se convirtió en Reina.

Los judíos pronto se enteraron del plan del rey Asuero, y Mardoqueo corrió al palacio, donde informó a Ester del peligro de los judíos. Ester se acercó audazmente al Rey, le dijo que era judía, y lo desafió a cumplir la petición de Amán. El Rey no pudo resistirse a sus encantos, y accedió a hacer todo lo que ella le pidiera. Ester sólo pidió que se completara la horca que Aman estaba construyendo para colgar a Mardoqueo y a los otros conspiradores judíos, y luego que el Rey colgara a Aman allí.

El Rey estuvo de acuerdo, y cuando Amán fue colgado, Ester obligó al Rey a inaugurar un reino de terror contra sus súbditos gentiles. Ester VIII:7, "Entonces el Rey Asuero dijo a Ester la Reina y a Mardoqueo, el judío: He aquí, yo he dado a Ester la casa de Amán, y a él lo han colgado en la horca, porque impuso sus manos sobre los judíos."

Los judíos hicieron más demandas, y de nuevo el Rey estuvo de acuerdo, porque no pudo negarle nada a Ester. Ester VIII; 11: "Donde el Rey concedió a los judíos que *estaban* en cada ciudad, que se reunieran y defendieran su vida, que destruyeran, mataran y hicieran perecer todo el poder del pueblo y de la provincia que los asaltara, *tanto a los* pequeños como a las mujeres, y que *tomaran* como presa el botín de ellos."

Este versículo revela la sed de sangre innata de los judíos, en su demanda de que se les permita masacrar a mujeres y niños que no les han hecho ningún daño. La acción de Aman contra ellos había sido planeada como un programa gubernamental, pero el contraataque judío se convirtió en una salvaje matanza de los inocentes. La masacre comienza, como se describe en Ester VIII: 17. "Y en cada provincia, y en cada ciudad, dondequiera que viniera el mandamiento del Rey y su decreto, los judíos tenían gozo y alegría, una fiesta y *un* buen día. Y muchos de los habitantes de la tierra se convirtieron en judíos, porque el temor de los judíos cayó sobre ellos."

A petición de Ester, el rey Asuero ahorcó a los diez hijos de Amán, pues su único crimen fue que Amán había sido su padre, y su casa y sus bienes fueron entregados a los parientes de Ester. Las masacres de los gentiles se llevaron a cabo en todo el imperio persa, y el derramamiento de sangre de los líderes nativos debilitó tanto a la nación que poco después el imperio fue fácilmente conquistado por Alejandro Magno. Debido a que Amán había echado la suerte, o Pur, para atacar a los judíos, los judíos victoriosos tomaron el nombre de Purim, o Día del Lote, para celebrar su victoria sobre los gentiles. El último versículo de Ester describe su feliz comunidad judía; Ester X: 3, "Porque Mardoqueo el judío *estaba* al lado del rey Asuero, y era grande entre los judíos, y aceptó a la multitud de sus hermanos, buscando la riqueza de su pueblo, y hablando paz a toda su descendencia."

Las civilizaciones de Egipto, Babilonia y Persia habían caído debido a la subversión judía. La siguiente nación que soportó el mayor peso del parasitismo judío fue Grecia. En toda la historia, no hay dos pueblos que hayan sido más diametralmente opuestos que los judíos y los griegos, y los judíos siempre han odiado mucho la cultura griega. Los griegos representaban el refinamiento del caballero civilizado y del individuo, mientras que el judío seguía siendo un miembro brutal, terrenal, no creativo, inartista y sin nombre de una tribu de bandidos.

Ralph Marcus escribe, en *Grandes Ideas del Pueblo Judío*, página 103,

"Sabemos por los recientes descubrimientos arquitectónicos que las ciudades helenísticas en las fronteras de Judea eran ricas en arquitectura y arte griego."

La cultura griega se extendió hasta el borde del desierto, y se detuvo donde comenzaron los bandidos judíos.

En su *Historia de los Judíos*, dice Kastein, página 92,

Los griegos habían tenido una vasta experiencia en este mundo, su imaginación había sido fértil y habían creado mucho.... que, en estas circunstancias, debían caer en un pueblo impregnado de una certeza tranquila y a veces estancada y bucólica en lo que se refiere a sus posesiones espirituales, bárbaros sin escultura ni crianza, que necesariamente teñían su desprecio con una ira impotente. El resultado inevitablemente lógico de esta actitud por parte de los griegos fue el crecimiento del antisemitismo, del odio hacia los judíos."

Así pues, Kastein atribuye el antisemitismo a los judíos, pero no dice nada del odio de los judíos hacia la cultura griega. En la página 88 de su *Historia de los judíos*, da una razón más plausible para el antisemitismo:

"Judea paralizó el ataque griego mientras que los judíos alejandrinos provocaron la desintegración de la civilización helénica."

Esta es la admisión más sorprendente que un historiador judío ha hecho jamás sobre el impacto destructivo de los judíos. Alejandría fue el centro intelectual del imperio griego tardío, y su biblioteca fue la más grande del mundo. Fue aquí, como dice Kastein, donde los judíos provocaron la desintegración de la civilización helénica. Más tarde quemaron la gran biblioteca, porque contenía cientos de referencias históricas de las actividades destructivas de los judíos.

Con la civilización griega en declive, los judíos comenzaron a infectar Roma. Desde el comienzo mismo de la influencia judía en el imperio, los romanos eran conscientes del peligro, pero parecían impotentes para contrarrestar el efecto insidioso de los judíos. El historiador romano Diodoro escribió: "Los judíos, solos de todos los pueblos, se niegan totalmente a tratar con cualquier otro pueblo, y consideran a todos los hombres como enemigos."

Esto no fue del todo exacto. Los judíos consideraban a todos los demás hombres como una especie aparte de ellos mismos, en lo que parecen estar en lo cierto. También consideraban a otros hombres como bestias ignorantes que podían ser utilizadas como ganado y sacrificadas para el beneficio de los judíos. El erudito romano Williamson comenta al respecto,

"La separación no fue entre razas; fue entre aquellos que dieron su lealtad a la Ley de Moisés y aquellos que la rechazaron... un hombre de cualquier raza podría ser aceptado (por los judíos). Lo único esencial era la aceptación de la circuncisión, por lo que los romanos los despreciaban."

Así, pues, uno encuentra que los judíos no excluían de su pandilla a nadie que pudiera aceptar la bárbara ley de Moisés, ojo por ojo y diente por diente. Como un submundo internacional, el judío necesitaba una señal irrefutable de reconocimiento, una contraseña física que identificara de inmediato a quienes estaban con él. Esta identificación, en la que los judíos siempre han insistido por esta misma razón, era la de la circuncisión. No sólo identificaba a los judíos activos, sino que también identificaba a los gentiles a quienes los judíos habían esclavizado; era la insignia de la judería.

Consecuentemente, cuando los judíos subieron al poder en el Imperio Romano, y comenzaron a poseer muchos esclavos, lo primero que hicieron fue circuncidar a sus esclavos gentiles como la insignia de la posesión. Esta circuncisión de los gentiles despertó a los romanos contra ellos. En el año 315 d.C., el emperador Constantino emitió el primer edicto contra los judíos, a quienes describió como 'esa secta vergonzosa'. Este edicto prohibía a los judíos circuncidar a sus esclavos gentiles, y también limitaba el autogobierno judío al prohibirles castigar a los miembros de su propia raza. Hasta este punto, los judíos se habían considerado por encima de la ley romana y tenían sus propios tribunales. Los judíos que se rebelaron contra el gobierno de los Ancianos fueron severamente castigados. Ante esta intrusión en su gobierno, los judíos se volvieron contra

Constantino y lo obligaron a abandonar Roma. Fue a Constantinopla, donde estableció el Imperio Bizantino.

Uno de los más grandes historiadores de la antigua Roma fue Tácito.

Escribió sobre los judíos,

"Las costumbres de los judíos son viles y abominables y deben su persistencia a su depravación. Los judíos son extremadamente leales unos a otros, siempre dispuestos a mostrar compasión, pero hacia cualquier otro pueblo sólo sienten odio y enemistad. Como raza, son propensos a la lujuria; entre ellos nada es ilegal."

Como muestran los comentarios de Tácito, los romanos eran muy conscientes de la naturaleza de los judíos como grupo criminal e inmoral. ¿Por qué entonces los romanos, un pueblo orgulloso y ambicioso, eran incapaces de resistir el efecto insidioso de los judíos? La respuesta, curiosamente, está en la naturaleza romana. Una raza fuerte, los romanos habían conquistado el mundo, incluyendo el desierto de Palestina. Pero Roma no tenía defensa contra los judíos, que habían formado su habitual comunidad parasitaria en el corazón de Roma. Los romanos intentaron una y otra vez deshacerse de ellos. Cada vez, los judíos volvían. Roma era el centro de la riqueza del mundo. Era imposible mantener a los judíos alejados de tanta riqueza. Los historiadores se refieren a la expulsión de los judíos por el emperador Tiberio como el "primer ejemplo conocido de intolerancia religiosa en los asuntos internacionales". Este es también el primer ejemplo conocido de la adaptación judía de su excusa favorita para sí mismos, 'intolerancia religiosa'.

El historiador romano Valerio Máximo escribió en el 139 a.C. que el pretor de Roma obligó a los judíos a regresar a su patria porque habían intentado corromper la moral romana. El historiador romano Marcus dice que Emperorrajan saludó muy cordialmente a una delegación judía en Roma, 'ya que la emperatriz Poltina se ha ganado su apoyo'. ¿No es esta la historia de Ester una vez más? Como la mayoría de las historias sobre judíos, los mismos temas se repiten una y otra vez a lo largo de cinco mil años de historia registrada.

En un papiro encontrado en Oxyhynchus, Egipto, un romano llamado Hermaiscus es juzgado por traición, aparentemente porque, como Amán en el Imperio Persa, protestó contra el creciente poder de los judíos. El papiro afirma que en su defensa, Hermaisco dijo al emperador Trajano: "Me angustia ver que su gabinete y su consejo privado están llenos de judíos." Por supuesto que fue ejecutado, habiendo pronunciado su propia sentencia de muerte con esta atrevida declaración. ¿Cuántos otros gentiles han muerto por ofensas similares en los últimos siglos?

Los eruditos e historiadores han ofrecido muchas razones para la caída del Imperio Romano. Una de las principales teorías es que "la caída de Roma fue el resultado de una disolución gradual de los viejos valores". Esta teoría no dice quién disolvió estos valores, pero el registro habla por sí mismo. Otra teoría es que los bárbaros arrasaron Roma. Es cierto, esto pasó, pero ¿por qué? ¿Por qué el mejor ejército del mundo perdió su voluntad de luchar y permitió que tribus desnudas tomaran Roma sin luchar? Es la misma historia que encontramos en la caída de Egipto, en la caída de Babilonia, en la caída de Persia.

Y aquí también, como en el caso de las civilizaciones anteriores, encontramos que la comunidad parasitaria de judíos había desarrollado un terrible odio patológico hacia su anfitrión gentil. En su *Historia de los judíos*, dice Kastein, página 192;

"Para los judíos, Roma constituía la quintaesencia de todo lo que era odioso y debía ser barrido de la faz de la tierra. Odiaban a Roma y su aparato, armas y piernas, con un odio inhumano. Es cierto, Roma tenía piernas, leyes, como los judíos. Pero en su propia semejanza ponen su diferencia; porque las leyes romanas eran simplemente la aplicación práctica de las armas, las armas pero sin las armas, las piernas eran fórmulas vacías."

En este extraordinario párrafo, Kastein admite el sentimiento que el parásito judío siempre siente por el anfitrión gentil, "un odio inhumano". Tan terrible es este odio que lo más importante para el judío es enmascarar sus sentimientos. En consecuencia, siempre aparece llevando una rama de olivo. Su primera palabra es "Shalom *o* Paz". Es esta necesidad de ocultar sus verdaderos sentimientos lo que lleva al judío a conducir sus asuntos y sus reuniones en secreto.

Ya hemos visto cómo el judío sigue odiando a la gente que ha destruido. Siglos después de que Babilonia ya no esté, el judío fulmina de nuevo 'la puta de Babilonia'. Pero de todas las naciones, el judío odiaba más a Roma, y aún hoy, el epíteto favorito del judío para su oponente es "fascista". ¿Qué significa la palabra "fascista"? Se refiere a los fasces, o varas unidas entre sí, que el jurista romano llevaba para aplicar su castigo al malhechor. Significa simplemente el imperio de la ley, es decir, la ley gentil, en oposición a la sanguinaria ley judía de Moisés. Sin embargo, no hay una universidad en el mundo actual donde el estudiante pueda aprender esta definición simple y precisa del fascismo. Los profesores judíos les dicen a los estudiantes que una "bestia de Facist" es la cosa más terrible y malvada que cualquiera puede ser, pero nunca más lo explican.

Pocos historiadores hacen referencia al papel desempeñado por los judíos en la caída de Roma, y aún menos dan alguna indicación del poder que los judíos lograron en el imperio. Sólo en los libros publicados por los propios judíos se descubren estos hechos poco conocidos. Y aquí también se encuentran los hechos sobre el asesinato de Julio César. ¿Cómo sucedió esto? En primer lugar, los romanos habían hecho un intento tras otro para sacar a los judíos de Roma, pero siempre volvían. En su libro, *Judíos de la antigua Roma*, Harry J. León, de la Universidad de Texas, dice en la página 3,

> "El pretor Hispano obligó a los judíos, que intentaron contaminar a los romanos, a volver a sus casas."

Este libro, publicado por la Sociedad Judía de Publicaciones, continúa en la página 5,

> "Según Filón (Legatio 23.155), el núcleo de la comunidad judía de Roma estaba constituido principalmente por prisioneros de guerra esclavizados. Rescatados por sus compañeros judíos o liberados por sus dueños, quienes deben haberlos encontrado intratables como esclavos debido a su insistencia en observar sus leyes alimenticias, abstenerse de

trabajar en sábado y practicar sus exóticos ritos religiosos.... para el año 59 d.c. los judíos de la ciudad ya eran un elemento formidable en la política romana."

El políticamente ambicioso Julio César reconoció el poder de los judíos, que provenía de un hecho incontrovertible: Roma estaba formada por muchos grupos políticos y sectas opuestos. Para ganar, el político necesitaba el apoyo de un grupo que lo apoyara firmemente, y así influir en otros grupos para que lo apoyaran. Al igual que en nuestras democracias actuales, este grupo eran los judíos. Garantizarían su apoyo a cualquier político que a su vez hiciera lo que le pidiera.

Cuando César descubrió esta simple verdad, buscó a los judíos y se ganó su apoyo. En la página 8 de *Judíos de la antigua Roma*, León dice,

"Los judíos de los Populares, el partido liberal-demócrata o popular, apoyaron a César y emitió veredictos a su favor."

Las cosas no han cambiado mucho en dos mil años. Todavía tenemos el partido liberal-demócrata en todos los países, y siempre representa la ambición de los judíos.

Con los judíos detrás, César pronto se convirtió en el dictador de Roma y en el gobernante indiscutible del mundo. Alarmado por su creciente sumisión a los judíos, un grupo de senadores leales, encabezado por Bruto, un antiguo amigo de César en su período prejudío, decidió asesinarlo. En la página 9, León dice,

"A cambio del apoyo que había recibido de los judíos, César les mostró claramente su favor, y sus decretos a favor de ellos, que, afortunadamente, fueron registrados por Josefo, han sido llamados la Carta Magna de los judíos. César los eximió del servicio militar obligatorio, les permitió enviar cargamentos de oro al Templo de Jerusalén y reconoció la autoridad de los tribunales judíos especiales."

Así encontramos que César hizo de los judíos un grupo privilegiado que estaba por encima de las leyes de Roma. El tráfico, en oro entre naciones, era la piedra angular del poder internacional judío hace dos mil años, tal como lo es hoy. Se llevó a cabo bajo el pretexto de ser una ocupación "religiosa", y si entendemos que la religión de los judíos era y es oro, esta era una descripción exacta. El Templo Judío en Jerusalén seguía siendo la sede de Baal, el Ternero de Oro, aunque ahora se le llamaba Jehová. Varios senadores romanos trataron de prohibir el tráfico de oro, sólo para ser derrocados por el poder judío,

En la página 10, de *Judíos de la antigua Roma*, León dice: "Durante muchas noches después del asesinato de César, grupos de judíos vinieron a llorar en el lugar de su pira funeraria."

En este caso tampoco ha cambiado nada. Vimos a los judíos llorando en el funeral de Roosevelt, en el funeral de Kennedy, en el funeral de Churchill, Siempre estarán llorando cuando un político que se ha comprometido con las maquinaciones de la judería mundial encuentre su fin.

León afirma que el emperador Augusto, que heredó el imperio después de la caída de los generales de César entre ellos, restauró los privilegios especiales de los judíos. Esto probablemente explica por qué emergió más fuerte que las otras facciones que dividieron Roma después de la muerte de César. A medida que la decadencia judía continuó, el imperio se debilitó rápidamente. Después de la muerte de Domiciano en el 96 d.C., los emperadores de Roma ya no eran de nacimiento romano; de ahí en adelante, todos eran extranjeros.

El poder de los judíos era tal que ningún político romano se atrevía a atacarlos. León cita el discurso de Cicerón en octubre del 59 ante un jurado romano. Cicerón defendía a Lucio Valerio Flaco, aristócrata romano y ex gobernador de Asia. Flaccus había tratado de imponer la prohibición de los envíos judíos de oro, con el resultado de que los judíos de Roma lo sacaron de su cargo y lo llevaron de nuevo a enfrentar una falsa acusación de malversación de fondos. dijo Cicerón,

> "Llegamos ahora a la calumnia que involucra al oro, el oro judío. Esta es obviamente la razón por la que el presente caso está siendo juzgado cerca de los Pasos Aurelianos. Es debido a esta acusación en particular que usted ha buscado este lugar, Laelius (el fiscal), y esa multitud (refiriéndose a la ruidosa multitud de judíos que Laelius había reunido para crear una conmoción en el juicio). Ustedes saben cuán grande es el

grupo (los judíos) y cuán influyentes son en la política. Bajaré la voz y hablaré lo suficientemente fuerte como para que el jurado me escuche; porque hay muchas personas que incitarán a esos judíos contra mí y contra todo buen romano, y no tengo la intención de facilitarles las cosas. Como el oro se exportaba regularmente cada año en nombre de los judíos de Italia y de todas nuestras provincias a Jerusalén, Flaco emitió un edicto que prohibía su exportación desde Asia. ¿Quién está ahí, señores del jurado, que no puede elogiar sinceramente esta acción? La exportación de oro había sido prohibida por el Senado en muchas ocasiones anteriores, y más estrictamente durante mi consulado. Además, que Flaccus se opusiera a esta bárbara superstición judía era prueba de su fuerte carácter, que defendiera a la República negando frecuentemente la agresividad de las turbas judías en las reuniones políticas era una prueba de su alto sentido de la responsabilidad."

Este discurso de Cicerón es una de las pocas revelaciones de la subversión judía que sobrevivió a la quema de bibliotecas. El gran cónsul de Roma, Cicerón, tuvo que bajar la voz para no agitar a los judíos. Un aristócrata romano, Flaccus, fue removido de su cargo y arrastrado de vuelta a Roma para enfrentar una falsa acusación. Por qué? Porque había intentado hacer cumplir la ley romana que prohibía el tráfico judío de oro. El resultado de este juicio fue que Flaccus fue absuelto del cargo de malversación de fondos, pero se eliminó la prohibición del Senado sobre el envío de oro. Así los judíos ganaron su objetivo, y Flaco tuvo la suerte de escapar con su vida después de haberse opuesto a ellos.

Ante este poder de los judíos, los aristócratas romanos ya no eran capaces de mantener el orden en el imperio, y Roma cayó ante los bárbaros.

CAPÍTULO 5

LOS JUDÍOS Y LA PASIÓN DE JESUCRISTO

Como muchas civilizaciones habían caído presas de los judíos, ¿qué recurso tenía la humanidad? Sólo hubo una respuesta, y esa respuesta fue y es Jesucristo. La misión de Cristo era lograr un completo renacimiento espiritual de todos los pueblos, y sólo un pueblo en la tierra se mostró sordo a su mensaje. Esa gente son los judíos.

Los profetas del mundo antiguo eran muy conscientes de los efectos destructivos de las comunidades parasitarias judías. Juan denunció a los fariseos como "una generación de víboras" (Mateo III: 17). Jesús llamó a los judíos "la sinagoga de Satanás", y les dijo que era muy consciente de que habían nacido del diablo". La Pasión de Jesucristo es el momento más grande en la historia de la humanidad. Hoy, frente a la destrucción mundial de la bomba judía, nos damos cuenta de que es el único camino de salvación, como lo era hace dos mil años. ¿Y cuál es esa pasión? Es, en primer lugar, la voluntad en el propio corazón de renunciar al mal en uno mismo; en segundo lugar, criticar el mal en los demás; y en tercer lugar, llevar a los demás el mensaje de Jesucristo tal como lo trajo al mundo, no contaminado por las distorsiones que los propagandistas judíos le han añadido para servir a sus propios propósitos.

En Su presencia física, Jesucristo era un nativo rubio de ojos azules de Galilea, nacido de José y María. El erudito bíblico Williamson afirma que los judíos formaban sólo una minúscula porción de la población galilea, y que rara vez se los veía en la provincia. Williamson también dice que "la región era totalmente helenística en simpatía", lo que significa que los habitantes de Galilea, la familia y los amigos de Jesús, preferían la cultura griega y se oponían a la barbarie judía. Jesús habló arameo a la gente, con acento galileo. Todos estos hechos son conocidos por los eruditos cristianos, pero insisten en confundir a la gente con la terrible mentira y blasfemia judía de que "Cristo era judío". ¿Por qué estos autodenominados "cristianos" hacen esto? Tales hombres en realidad no creen en nada, pero encuentran que la religión es un buen negocio, y que vender mentiras judías es el negocio más rentable de todos.

Incluso han inventado una nueva palabra para describir toda la cultura occidental. La llaman civilización "judeocristiana", y ningún erudito puede obtener un puesto universitario hoy en día a menos que escriba artículos que elogien la cultura pluralista "judeocristiana".

¿Qué significa "cultura judeocristiana"? Significa dos fuerzas diametralmente opuestas. Es como decir "cultura blanco-negro" o "cultura asiático-europea". Y sobre todo, significa cultura "maligno-bueno", con el judaísmo representando el mal y el cristiano, quedando en segundo lugar, significando el bien. Esta es la palabra clave con la que los propagandistas judíos profesionales de nuestras iglesias y universidades se identifican entre sí. Rara vez o nunca mencionan el nombre de Jesucristo, excepto en una burla a un "predicador andrajoso" o a un "revolucionario itinerante".

¿Por qué estos autodenominados cristianos odian tanto a Jesucristo? Porque Él los conocía y los nombró para siempre.

Él dijo: Mateo VI: 24-25,

"Nadie puede servir a dos señores, porque o aborrecerá al uno y amará al otro, o se aferrará al uno y despreciará al otro. No podéis servir a Dios y a las riquezas."

Estos ministros llamados "cristianos" en sus limusinas con chófer sólo pueden servir a un amo, y le sirven voluntariamente. El nombre de su amo es Mammon. Les dicen a sus congregaciones que Cristo era judío, y que vivimos en una cultura judeocristiana, y que las palabras de Jesucristo nunca cruzan sus labios.

Cuando Jesús decidió salir y predicar a los judíos, el diablo se apresuró a disuadirlo de su misión. Mateo IV: 8-11,

"Y el diablo lo lleva a un monte muy alto, y le muestra todos los reinos del mundo, y la gloria de ellos; y le dice: Todas estas cosas te daré, si te postrarás y me adoras. Entonces Jesús le dijo: Vete de aquí, Satanás, porque escrito está: Al Señor tu Dios adorarás, y a él sólo servirás. Entonces el diablo lo dejó, y he aquí que vinieron ángeles y le servían."

Habiendo despreciado al diablo, Jesús fue a las ciudades y predicó contra la sinagoga de Satanás, los fariseos y los escribas que formaban parte de los ancianos de Sión, y cuyas vidas estaban dedicadas al mal. Dijo: Mateo XXIII: 13,

"Pero ¡ay de vosotros, escribas y fariseos, hipócritas! porque cerráis el reino de los cielos a los hombres, porque no entráis por *vosotros mismos,* ni dejáis entrar a los que entráis."

Jesús continuó criticando la hipocresía judía, diciendo: Mateo XXIII: 27-28,

"¡Ay de vosotros, escribas y fariseos, hipócritas! Porque sois semejantes a sepulcros blanqueados, que en verdad parecen hermosos por fuera, pero que por dentro están llenos de huesos de muertos y de toda inmundicia. Así también vosotros, por fuera, parecéis justos a los hombres, pero por dentro estáis llenos de hipocresía e iniquidad."

Cuando los ancianos de Sión oyeron que Jesús estaba predicando estas palabras a las multitudes, se encontraron y planearon matarlo. San Juan VII: 1, "Después de estas cosas anduvo Jesús en Galilea; porque no quiso andar en judería, porque los judíos querían matarle." Los judíos buscaban matarlo. ¿Cómo puede alguien creer que Cristo era judío, después de leer estas palabras en la Biblia?

Jesús fue al templo de los judíos, y volcó sus mesas de dinero, porque el templo no era más que su bolsa de valores, y su religión era el oro. Comerciaban ante el ídolo de Baal, el becerro de oro. Jesús entró en el templo y predicó a los escribas y fariseos, que estaban asombrados de su valentía. Por fin, los Ancianos de Sión no pudieron resistir más de esto, y, conspirando en secreto, resolvieron presentar una queja al gobernante romano y hacer que ejecutaran a Jesús.

Jesús sabía que todo esto estaba sucediendo, y estaba orando en el Huerto de Getsemaní cuando los soldados vinieron a llevárselo. Cuando fue llevado ante los Ancianos de Sión, dijo: Lucas XXII: 53,

"Cuando estaba cada día con vosotros en el templo, no extendisteis manos contra mí; pero esta es vuestra hora y el poder de las tinieblas."

Con estas palabras comienza la Pasión de Jesucristo, los momentos más grandes en el alma del hombre. *Esta es tu hora, y el poder de las tinieblas,* dijo a los judíos, y así podemos decir cada uno de nosotros, en este tiempo terrible de crisis y de poder judío, esta es tu hora, y el poder de las tinieblas. Pero la luz de Cristo resplandecerá de nuevo, y las tinieblas pasarán.

Jesús fue juzgado tres veces, porque había tres poderes temporales en Palestina. Aunque los romanos gobernaron a través del rey Herodes, a quien Kastein describe en la página 114, como "un bestial y trágico mestizo judío", y a través de un gobernador romano, Poncio Pilato, el poder real en Palestina fue ejercido por dos grupos rivales de rabinos judíos. Un conjunto, dirigido por Ananías, fue respaldado por los romanos, y el segundo, dirigido por Caifás, fue respaldado por los judíos. Jesús fue probado ante cada uno de ellos para que tanto los romanos como los judíos quedaran satisfechos.

El Nuevo Testamento describe la aparición de Jesús ante Caifás, jefe del sanedrín judío, o tribunal sacerdotal. Marcos XIV:56,

"Y los jefes de los sacerdotes y todo el concilio buscaron testimonio contra Jesús para matarlo, y no lo encontraron. Porque muchos dan falso testimonio contra Él, pero su testimonio no fue acordado en conjunto."

Los judíos eran unos mentirosos tan fantásticos que sus mentiras entraban en conflicto entre sí, por lo que ninguno de ellos podía ser utilizado para testificar. En consecuencia, los ancianos judíos de Sión decidieron persuadir a Jesús para que testificara en su contra. Marca XIV: 61-65,

"El sumo sacerdote le preguntó de nuevo, y le dijo: ¿Eres tú el Cristo, el Hijo del Bendito? Y Jesús dijo: Yo soy; y veréis al Hijo del Hombre sentado a la diestra del poder y viniendo en las nubes del Cielo. Entonces el sumo sacerdote rasgó sus vestidos, y dijo: ¿Qué más necesitamos? Habéis oído blasfemar; ¿qué pensáis? Y todos ellos lo condenaron a Él a ser culpable de muerte. Y algunos comenzaron a escupirle, y a cubrirle el rostro, y a abofetearle, y a decirle: Profetiza; y los siervos le hirieron con las palmas de sus manos."

Así vemos a los judíos escupiendo sobre Cristo, y burlándose de Él, porque estaban muy contentos de que ahora pudieran hacer que lo mataran. Cuando fue juzgado ante Poncio Pilato, una formalidad porque los procedimientos de la corte judía no tenían validez legal, Pilato ignoró los dos primeros cargos, conmoviendo al pueblo y prohibiendo al pueblo rendir tributo a César. La tercera acusación, que Cristo afirmó ser rey, la encontró inofensiva, porque Cristo no reclamó la realeza en el sentido romano del término. Por eso encontró a Cristo inocente, pero para no provocar la ira de los líderes judíos, envió a su prisionero a Herodes. Herodes lo envió de regreso, y Pilato declaró a Jesús inocente por tercera vez y lavó sus ataduras del asunto. Los judíos exigieron que Cristo fuera crucificado, y Pilato fue forzado a ceder a sus demandas. Esta escena se describe en Mateo XXVII: 20 26,

"Pero los jefes de los sacerdotes y los ancianos persuadieron a la multitud de que pidieran a Barrabás y destruyeran a Jesús. Respondió el gobernador y les dijo: "¿Qué de los dos queréis que os suelte? Ellos dijeron, Barrabás. Pilato les dijo: ¿Qué haré con Jesús, que se llama Cristo? *Todos* le dicen: "Que sea crucificado". Y el gobernador dijo: ¿Qué mal ha hecho? Pero ellos gritaban cada vez más, diciendo: "Que sea crucificado". Cuando Pilato vio que no podía vencer nada, sino *que* más bien se hacía un tumulto, tomó agua y *se* lavó las manos delante de la multitud, diciendo: "Yo soy inocente de la sangre de este justo; vedlo. Entonces respondió todo el pueblo, y dijo: Su sangre *sea* sobre nosotros, y sobre nuestros hijos. Entonces les soltó a Barrabás, y después de azotar a Jesús, *lo* entregó para que fuese crucificado."

La multitud de judíos que gritaban, incitados por los Ancianos de Sión, estaban decididos a que Jesús muriera, aunque fuera inocente. Y los judíos asumieron alegremente la culpabilidad de la sangre por la crucifixión de Cristo. A pesar del gasto de millones de dólares de los judíos en los últimos años para sobornar a los líderes cristianos para que llamen mentira a la Biblia y se vendan por treinta monedas de plata, estas palabras siguen siendo ciertas. Es un hecho triste que gran parte de la iglesia cristiana de hoy ha caído en manos de estos Judas modernos.

Después de la crucifixión, cuando Jesús resucitó, los judíos también hicieron todo para negar que había resucitado. Mateo XXVIII: 11-16,

"Y cuando se fueron, he aquí que algunos de los centinelas entraron en la ciudad, y dieron a conocer a los sumos sacerdotes todas las cosas que se habían hecho. Y reunidos con los ancianos, y habiendo tomado consejo, dieron mucho dinero a los soldados, diciendo: Decid: Sus discípulos vinieron de noche, y lo robaron mientras dormíamos. Y si esto llega a oídos del gobernador, lo persuadiremos y te protegeremos. Así que tomaron el dinero e hicieron lo que se les había enseñado; y esta frase es muy común entre los judíos hasta el día de hoy."

Comentarios de Schaffs sobre el Nuevo Testamento, una obra estándar, Scribner's, 1879, dice de este pasaje,

"Haber tomado consejo se refiere a una reunión del Sanedrín para discutir este alarmante desarrollo. "dieron mucho dinero", es decir, más de lo que habían pagado a Judas por traicionar a Cristo. Esta es la profundidad más baja de su malicia (la de los judíos)."

Schaff también señala que los soldados corrieron el riesgo de ser condenados a muerte al declarar que habían dormido en sus puestos. Para contrarrestar este peligro, los judíos prometieron sobornar a Pilato si intentaba hacer de ello un problema.

Después de la Resurrección, los judíos continuaron su malvado trabajo, pero la retribución no tardó en llegar. Los bandidos judíos atacaron a un esclavo de César en el camino alto, a unas once millas de Jerusalén, y le robaron todo su equipaje. Los romanos decidieron poner fin a este bandolerismo, y comenzaron una campaña contra los judíos que terminó cuando Tito destruyó el templo en el año 70 d.C. Josefo describe a los judíos de ese período en su libro, *La Guerra Judía*,

"Por un lado, una pequeña minoría de revolucionarios, insurgentes, bandidos y asesinos, dirigidos por tiranos malvados y gángsteres sin escrúpulos; por el otro, los propietarios y la burguesía."

Así eran los judíos en el tiempo de Jesús, bandidos y asesinos, dirigidos por gángsteres sin escrúpulos. Josefo afirma que la guerra judía comenzó como una guerra civil entre los judíos, y que los romanos, al intentar restaurar el orden, lo encontraron imposible y tuvieron que aniquilarlos a todos. Cuando el palacio de Agripa fue quemado por los bandidos, destruyendo todos los registros fiscales, el emperador romano dio la orden de acabar con los judíos en Palestina.

CAPÍTULO 6

LOS JUDÍOS Y EL ASESINATO RITUAL

En los albores de la civilización, el rito de la sangre, en el que la sangre humana se bebe del cuerpo de una víctima muerta, era conocido por muchas tribus. Sin embargo, sólo un pueblo, que nunca ha progresado más allá de la Edad de Piedra, ha seguido practicando el rito de la sangre y el asesinato ritual. Esta gente son los judíos. Ya hemos notado que Arnold Toynbee, un notable erudito, ha llamado a los judíos "un pueblo fósil". Al hacerlo, debe haber sido consciente del hecho de que todavía practican el asesinato ritual y el consumo de sangre humana. Como erudito, no podía dejar de notar los muchos incidentes comprobados de esta práctica de los judíos, ya que cientos de ejemplos de asesinatos rituales cometidos por los judíos se citan en los libros católicos oficiales, en toda la literatura europea y en las actas de los tribunales de todas las naciones europeas.

Es el historiador oficial de los judíos, Kastein, en su *Historia de los judíos*, quien da la razón subyacente de esta costumbre bárbara. En la página 173, dice,

"Según el punto de vista judío primitivo, la sangre era el asiento del alma"

Así que no era el corazón el que era el asiento del alma, según los judíos de la edad de piedra, sino la sangre misma. Creían que bebiendo la sangre de una víctima cristiana que era perfecta en todos los sentidos, podían superar sus deficiencias físicas y llegar a ser tan poderosos como los seres civilizados inteligentes entre los que habían formado sus comunidades parasitarias. Debido a esta creencia, se sabe que los judíos han practicado el beber sangre desde que aparecieron por primera vez en la historia. La gente civilizada encuentra esta práctica tan abominable que no puede creerla, a pesar de los cientos de páginas de evidencia contra los judíos que se encuentran en los registros de la corte. Los registros históricos de cinco mil años han proporcionado pruebas irrefutables de la culpabilidad sanguínea de los judíos.

A medida que otras personas se civilizaban, el rito de la sangre se convirtió en un rito simbólico, y una forma simbólica de sangre, generalmente vino, se bebía durante el ritual, mientras que la práctica bárbara de matar a una víctima se abandonaba por completo. Sólo un grupo, el culto judío, ha seguido practicando el rito de la sangre en los tiempos modernos. Las autoridades del rito de la sangre, como el célebre erudito católico James D. Bulger, afirman que los judíos practican el rito de beber sangre porque son un pueblo parasitario que debe participar de la sangre del huésped gentil si quiere continuar sobreviviendo. Bulger también afirma que beber sangre es un rito de magia negra que permite a los rabinos judíos predecir el futuro mientras la sangre de su víctima gentil corre por sus venas.

Por lo tanto, los líderes judíos de vez en cuando atraen a un niño gentil, preferiblemente varón, y de seis a ocho años de edad. Según el ritual judío, el niño gentil debe estar perfectamente formado, ser inteligente y sin imperfecciones. También debe ser más joven que la edad de la pubertad, porque los judíos creen que la sangre se vuelve impura después del comienzo de la pubertad. Cuando el niño es atraído a la sinagoga o, si los judíos están bajo observación, a algún otro lugar secreto de reunión, el niño secuestrado es atado a una mesa, despojado, y su cuerpo perforado con afilados cuchillos rituales en los mismos lugares por donde los clavos entraron al cuerpo de Cristo en la cruz.

Mientras la sangre se drena en copas, los líderes judíos levantan las copas y beben de ellas, mientras que el niño gentil muere lentamente en una atmósfera de horror no aliviado. Los judíos maldicen a Cristo y a todos los gentiles, y celebran su victoria simbólica sobre los gentiles mientras continúan bebiendo la sangre del niño moribundo. Sólo realizando este rito, como creen los judíos, pueden continuar sobreviviendo y prosperando entre la hueste gentil.

Aunque todos los judíos conocen el rito de la sangre y su importancia para el culto judío, sólo los líderes judíos más importantes, los rabinos y los miembros más ricos de la comunidad judía, pueden participar en el rito de beber sangre. Kastein declara, en la página. 173, que los judíos ordinarios tienen prohibido participar en el rito. Una razón de ello es el hecho de que la práctica del asesinato ritual está llena de peligros para toda la comunidad judía. La mayoría de los levantamientos contra los judíos durante los últimos dos mil años han tenido su origen en el descubrimiento de esta práctica y en los intentos de los gentiles de castigar a los judíos por asesinar a niños gentiles.

La razón principal por la que este crimen es tan a menudo descubierto es que el cuerpo desnudo y perforado del niño gentil, una vez que ha sido drenado de sangre, debe ser arrojado en un montón de basura. El rito judío prohíbe el entierro del cuerpo, aunque esto ocultaría toda la evidencia de su crimen. El Talmud, el Libro Sagrado de los Judíos, define a todos los gentiles como bestias, y por la ley judía, el entierro de las bestias está prohibido. Por lo tanto, los judíos tratan de ocultar su crimen tirando el cadáver del niño asesinado en un pozo abandonado, donde puede que no se descubra, o escondiéndolo de alguna manera que no constituya un entierro. En muchos casos, el cuerpo es descubierto, y luego los judíos son atacados por los gentiles, o se gastan miles de dólares en sobornar a testigos y funcionarios, e intentan incriminar a algún gentil como un "asesino sexual". El soborno y la intimidación de funcionarios públicos y periodistas es siempre el primer paso en esta campaña. En los Estados Unidos, dado que muchos de ellos son judíos, no es necesario el soborno, ya que todo judío sabe que es su primer deber ocultar la evidencia del asesinato ritual. También es costumbre que los judíos paguen a los padres del niño asesinado con una gran suma de dinero, lo que en muchos casos significa que no lo procesarán.

Hay tantos miles de ejemplos bien probados de asesinatos de niños judíos que sólo necesitamos citar unos pocos. En *Excavaciones en Gezer*, el arqueólogo R. A. S. Macalister señala que los cuerpos de los niños sacrificados se encuentran en todos los estratos de los restos judíos desde los primeros tiempos. En el libro de Macalister se publican fotografías de los cuerpos de los niños, aunque el libro en sí, como la mayoría de las obras que atestiguan la naturaleza criminal de los judíos, es ahora casi inalcanzable. Está clasificado como un libro raro, y la mayoría de los libreros raros son judíos.

En la Biblia, Isaías LVII, 3-5 dice el profeta,

"Pero acérquense aquí, hijos de la hechicera, simiente del adúltero y de la ramera". ¿Contra quién se lucen? ¿Contra quién hacéis una boca ancha, y sacáis la lengua? ¿No sois hijos de la transgresión, simiente de falsedad? ¿Incendiándoos de ídolos bajo cada árbol verde, matando a los niños en los valles bajo la hendidura de las rocas?"

Con la frase "hijos de la hechicera", Isaías llama la atención sobre el hecho de que el asesinato ritual judío es un rito de magia negra.

Es costumbre que el rabino, mientras bebe sangre, invoque la presencia de Satanás, que entonces presumiblemente cumplirá los deseos de los judíos. Los bebedores de sangre también juran obediencia eterna a Satanás durante el rito de la sangre.

Isaías también llama la atención sobre el hecho de que aquí los niños son asesinados 'bajo la hendidura de las rocas'. Esto se refiere a la prohibición judía de enterrar al niño gentil asesinado, y de esconder el cuerpo en las rocas con la esperanza de que los gentiles no descubran su crimen.

En la *Enciclopedia de Literatura Bíblica*, publicada en 1895 Rev. J. Kitto dice de los judíos,

"Sus altares humeaban con sangre humana desde el tiempo de Abraham hasta la caída de los reinos de Judá e Israel".

La Enciclopedia Judía, Vol. VIII, página 653, publicada en 1904, dice,

"El hecho, por lo tanto, ahora generalmente aceptado por los eruditos críticos, es que en los últimos días del reino, se ofrecieron sacrificios humanos a Yhwh (Yahu, o Jehová), como Rey o Consejero de la Nación, y que los Profetas lo desaprobaron."

Yahu también es intercambiable con Baal, el ídolo de oro, y Satanás, quien se cree que fue un dios menor de los judíos, y un instrumento de Baal. Los dos temas de la historia judía son la sangre y el oro, y toda práctica de los judíos está inextricablemente ligada a estos dos factores.

Jesús denunció a los judíos como asesinos rituales, y también se preocupó por proteger a los niños pequeños de ellos. "Dejad que los niños vengan a mí", para salvarlos de los judíos. También dice, San Juan VIII:

"Vosotros sois de vuestro padre el diablo, y haréis los deseos de vuestro padre; él fue homicida desde el principio."

Este pasaje se refiere a los deseos de sangre de Satanás y los judíos. Como ha sido habitual a lo largo de la historia judía, siempre que un gentil los critica por su práctica del asesinato ritual, los judíos oficialmente resuelven matarlo, y alteran esta acusación, los jesuitas de Sión se reúnen y deciden crucificar a Jesús.

Entre los propios judíos, el rito de la sangre es parte integral de la ceremonia de circuncidar a los varones judíos. Según la Enciclopedia Judía, Vol. VI, página 99, al realizar la circuncisión, el mohel, o circuncidador, "toma un poco de vino en la boca y aplica sus labios a la parte involucrada en la operación y ejerce succión, después de lo cual expulsa la mezcla de vino y sangre en un recipiente provisto".

Lo que la Enciclopedia Judía no nos dice es que esta mezcla de vino y sangre es entonces tomada por el rabino, como un gran manjar. Ninguna otra persona en el mundo hoy en día realiza un rito de sangre tan extraño, excepto, quizás, algunos nativos de la Edad de Piedra en las selvas más profundas del Congo o de Nueva Guinea.

La conexión entre el asesinato ritual judío y la práctica de la magia negra es abordada por Bernard Lazare. Un judío, Bernard Lazare escribió un libro, *Antisemitismo*, en Francia, que trata de examinar este fenómeno. En la edición de 1934, Vol. II, página 215, dice sobre el asesinato ritual,

"A esta creencia general se añaden las sospechas, a menudo justificadas, contra los judíos adictos a las prácticas mágicas. En realidad, en la Edad Media, el judío era considerado por el pueblo como el mago *por excelencia;* en el Talmud se encuentran muchas fórmulas de exorcismo, y la demonología talmúdica y cabalística es muy complicada. Ahora, uno sabe la posición que la sangre siempre ocupa en la operación de la hechicería. En la magia caldea tuvo una gran importancia... Ahora es muy probable, incluso cierto, que los magos judíos hayan sacrificado niños; de ahí el origen de la leyenda del sacrificio ritual."

Así, Lazare trata de absolver a los judíos de la acusación de asesinato ritual diciendo que eran culpables, pero que se hizo por motivos de brujería, más que como un elemento clave en la práctica de la religión judía. Aparentemente no ha leído la Biblia, ni ha notado las denuncias de Isaías de los judíos como hechiceros y asesinos de niños. Por supuesto que los judíos mataron a niños durante sus ritos de brujería, como admite Lazare, pero estos horrores fueron cometidos como ritos esenciales de la religión judía.

El Dr. Eric Bischoff, un famoso erudito alemán, ha encontrado la autorización explícita de la práctica del asesinato ritual judío en el *Thikunne Zohar*, Edición Berdiwetsch, 88b, un libro de ritual cabalístico, como sigue,

"Además, hay un mandamiento relativo a la matanza de extraños, que son como las bestias. Esta matanza tiene que hacerse con el método legal (judío). Aquellos que no se adscriben a la ley religiosa judía deben ser ofrecidos como sacrificios al Dios Alto."

Los asesinatos de niños cristianos por parte de los judíos generalmente ocurren durante las fiestas importantes, Purim, un mes antes de la Pascua, y la Pascua, en Pascua. La ley judía prescribe que la víctima gentil en Purim, una fiesta judía descrita en un capítulo anterior como la victoria judía sobre los gentiles, puede ser un adulto. También si no se puede obtener una víctima gentil, se puede usar sangre seca de una víctima anterior. Sin embargo, la ley judía es muy específica en el sentido de que la víctima en la Pascua debe ser un niño blanco menor de siete años de edad, que debe ser sangrado blanco, coronado con espinas, torturado, golpeado, apuñalado, y finalmente dado el último golpe al ser herido en el costado, la daga prescrita para estar en las bandas de un rabino, en una re-representación completa de la crucifixión de Cristo. Esta ceremonia vengativa asegura a los judíos que aunque algunos de los gentiles sean alertados de la naturaleza de este pueblo, como Cristo habló en contra de ellos, los judíos siempre ganarán asesinando al crítico. En consecuencia, muchos críticos de los judíos son asesinados en estas terribles ceremonias. En los Estados Unidos, quizás la víctima más famosa del asesinato ritual judío fue el hijo de Charles Lindbergh, el 1 de marzo de 1932, durante la celebración anual judía.

El hijo de Lindbergh fue elegido porque el mismo Lindbergh era la persona más lógica para guiar a los gentiles contra los judíos. Su hijo fue asesinado como advertencia para que rechazara este servicio. El padre de Lindbergh, un congresista, había liderado la lucha contra Paul Warburg de Kuhn, Loeb Co. cuando Warburg logró que el Congreso aprobara la Ley de la Reserva Federal. El anciano Lindbergh había publicado un libro que fue quemado por agentes federales durante la Primera Guerra Mundial, a pesar de que era un congresista en ese momento. Era muy consciente de la naturaleza del problema judío. Ahora que su hijo era un hombre mundialmente famoso, después de su hazaña de volar solo a través del Atlántico, los judíos temían que pudiera ser persuadido de dirigir una revuelta gentil contra su poder. Ya estaban planeando la Segunda Guerra Mundial, en la que Alemania iba a ser la víctima del sacrificio, y ahora trajeron a un alemán casi analfabeto, Gerhart Hauptmann, y lo condenaron por el asesinato. Simbólicamente, Hauptmann, al igual que Cristo, también era carpintero, una profesión que lo convirtió en una víctima lógica para los judíos. La defensa de Hauptmann fue que un judío llamado Isidor Fisch lo había contratado para hacer algunos trabajos de carpintería, y le había pagado con las cuentas que resultaron ser del dinero del rescate de Lindbergh. Aunque se probó la existencia de Fisch, no pudo ser localizado durante el juicio. Este tribunal era como el que había condenado a Jesús, pues sólo aceptaba pruebas que los judíos permitían que se presentaran. En realidad, por supuesto, no se puede creer nada que se acepte como prueba en un tribunal estadounidense, debido a la facilidad de los judíos para fabricar pruebas y a la prevalencia de abogados y jueces judíos en todos los tribunales estadounidenses.

Aunque se podrían citar miles de páginas que autentifican los famosos asesinatos rituales de niños cometidos por los judíos, sólo mencionaremos dos. En Lincoln, Inglaterra, se encuentra una de las catedrales góticas más magníficas del mundo, sus arcos en alto son una maravilla de la ingeniería y el arte. A los turistas se les dice que fue construido para conmemorar a un niño local llamado Hugh de Lincoln, pero no se les dice por qué fue martirizado, o por quién. Sin embargo, la historia es bien conocida, y fue contada por muchos escritores prominentes, incluyendo al gran poeta Chaucer, quien contó la historia de Hugh O'Lincoln en su poema, The Prioress' Tale.

San Hugh fue asesinado por los judíos en Lincoln en el año 1255, y la gente del pueblo decidió erigir una gran catedral que serviría de advertencia a todos los padres gentiles para que protegieran a sus hijos de los judíos. El cuerpo de Hugh había sido encontrado en un pozo en la propiedad de un judío llamado Copinus. El propio rey Enrique III dirigió la investigación, como prueba de su imparcialidad. Se negó a permitir que se mostrara misericordia a Copinus, después de que se hubieran reunido las pruebas en su contra, y Copinus fue ejecutado, pero los otros judíos involucrados en el acto escaparon al castigo. Ahora se dice a los turistas que nunca existió un niño como Hugh, y la historia ha sido borrada de las guías de la catedral.

Muchos profesores de inglés también han retirado a Chaucer de sus cursos porque expuso este crimen judío.

Muchas otras iglesias europeas fueron erigidas para conmemorar a las víctimas del asesinato ritual judío, unas cuatrocientas sólo en Europa. Muchos de estos niños fueron elevados a la santidad debido a sus sufrimientos a manos de los judíos. Uno de ellos era San Simón de Trento. Citamos su historia de un libro parroquial católico oficial, *La vida de los santos* del Padre Alban Butler,

"En el año 1472, cuando los judíos de Trento se reunieron en su sinagoga el martes de la Semana Santa, para deliberar sobre los preparativos de la próxima fiesta de la Pascua, que cayó ese año el jueves siguiente, llegaron a la resolución de sacrificar a su odio inveterado por el nombre cristiano, algún niño cristiano el viernes siguiente o el Viernes Santo. Un médico judío se comprometió a procurar un niño con ese horrible propósito. Y mientras los cristianos estaban en la oficina de Tenebrae el miércoles por la tarde, encontró a un niño llamado Simón, de unos dos años de edad, a quien por medio de caricias y mostrándole un pedazo de dinero, engañó desde la puerta de una casa, cuyo amo y señora se habían ido a la iglesia, y se lo llevó. El jueves por la noche los principales judíos se encerraron en una cámara contigua a su sinagoga, y *a medianoche* comenzaron su cruel carnicería de esta víctima inocente. (Ed. nota, ¿No dijo Cristo a los judíos:'Esta es vuestra hora y el poder de las tinieblas')? Después de haber detenido su boca con un delantal para evitar que gritara, le hicieron varias incisiones en el cuerpo, acumulando su sangre en una palangana. Algunos, mientras tanto, sostenían sus brazos extendidos en forma de cruz; otros sostenían sus piernas. Al estar el niño medio muerto, lo levantaron, y mientras dos de ellos lo sostenían por los brazos, los demás le atravesaron el cuerpo por todos lados con sus lápices y punzones. Cuando vieron que el niño había muerto, cantaron a su alrededor: `De la misma manera tratamos a Jesús, el Dios de los cristianos; que nuestros enemigos se confundan para siempre. Los magistrados y los padres buscaban estrictamente al niño perdido, los judíos lo escondieron primero en un granero de heno, luego en un sótano y finalmente lo arrojaron a un río. Pero Dios confundió todos sus esfuerzos por impedir que se descubriera el hecho, que se les había demostrado, con sus diversas circunstancias, que fueron condenados a muerte, ya que los principales protagonistas de la tragedia fueron quebrados sobre la rueda y quemados. La sinagoga fue destruida y se construyó una capilla en el lugar donde el niño fue martirizado. Dios honró a esta víctima inocente con muchos milagros. Las reliquias yacen en una tumba majestuosa en la iglesia de San Pedro en Trento; y el nombre aparece en el Martirologio."

Durante esta ceremonia, los judíos identifican a Cristo como el Dios de los cristianos; no lo reclaman como judío, como lo hacen muchos de nuestros llamados líderes religiosos cristianos. Además, no podían ocultar el cuerpo y ocultar su crimen, porque el Talmud prohíbe el entierro de una "bestia" gentil. Como en muchos de estos casos de asesinato ritual, un médico judío obtuvo a la víctima gentil, porque los médicos judíos tienen muchas oportunidades de robar a los niños gentiles. En la actualidad hay muchos hospitales judíos en los Estados Unidos, que son propiedad de médicos y enfermeras judíos y son operados por ellos. Los padres que colocan a sus hijos en estas instituciones para enfermedades menores se quedan atónitos cuando se les dice, uno o dos días después, que el niño ha fallecido repentinamente. En muchos de estos casos, el niño ha sido trasladado a una sinagoga y asesinado por el ritual prescrito. El cuerpo incruento de la víctima es entregado a los padres. Este procedimiento también obedece a la prohibición judía de enterrar a un gentil, ya que los judíos simplemente permiten que los padres se encarguen del entierro.

Por lo tanto, corresponde a los padres estadounidenses evitar dejar a sus hijos sin vigilancia en presencia de un médico judío o internarlos en un hospital dirigido por judíos. Cualquier padre debería pensárselo dos veces antes de abandonar a un niño indefenso a un pueblo que tiene una historia de cinco mil años de asesinar a niños en circunstancias tan horribles. Y cualquier padre debe poder visualizar el horror del hermoso y perfectamente formado cuerpo del niño sobre el cual han prodigado tal cuidado amoroso, siendo despojado y puesto como payaso sobre una mesa mientras los judíos, sus ojos llenos de sed de sangre y odio hacia los gentiles, se reúnen alrededor del niño y perforan su carne, y beben su sangre, e invocan maldiciones sobre el nombre de Jesucristo. ¿Puede cualquier padre realmente desear poner a su hijo en tal peligro y hacer que muera en circunstancias tan terribles?

En los Estados Unidos, los judíos han podido practicar con impunidad el asesinato ritual de niños gentiles, porque controlan la prensa y porque ocupan altos cargos públicos. Un importante oficial de la policía ha estimado que cuatro mil niños desaparecen en los Estados Unidos cada año. No hay duda de que la mayoría de ellos son víctimas del asesinato ritual judío. La costumbre se ha vuelto tan común en este país que los judíos pueden enviar grandes cantidades de la sangre de los niños a Israel para su uso en sus ceremonias allí. Uno de los problemas de la patria judía en Israel ha sido la escasez de niños gentiles que pudieran ser utilizados en la ceremonia ritual, y los Estados Unidos, que también ha suministrado la mayor parte del dinero a Israel, también ha suministrado gran parte de la sangre necesaria para los niños.

Debido a que la mayoría de estos niños provienen de familias pobres, nunca se menciona su desaparición en la prensa. Sólo en raras ocasiones los judíos se atreven a llevarse al hijo de una figura pública bien conocida, como hicieron en el caso Lindbergh, y luego lo hacen con un propósito político específico, y como parte de una política más amplia.

Debido al terror que golpea a la comunidad judía cuando el cuerpo de un niño gentil es encontrado asesinado en la manera ritual, y la protesta pública de los gentiles, muchos gentiles han encontrado fama y fortuna repentina al pujar con los judíos en estos casos. Típico fue el caso de Jan Masaryk, el Presidente de Checoslovaquia. Masaryk era un oscuro abogado cuando el cuerpo de Agnez Hruza fue encontrado en Bohemia en 1899. Un judío llamado Hilsner confesó el asesinato e implicó a otros dos judíos. Sin embargo, se ordenó un nuevo juicio. El Dr. Bua, abogado de la madre de la niña asesinada, que buscaba justicia en este caso, pronunció un discurso en la Dieta Bohemia, o Parlamento, el 28 de diciembre de 1899, acusando al Gobierno de haber mostrado una extrema parcialidad hacia los judíos en este caso. Un segundo cuerpo fue encontrado, el de Maria Klima, quien también había sido asesinada con un cuchillo ritual que fue encontrado en posesión de Hilsner.

El abogado defensor de Hilsner en este juicio fue Jan Masaryk. En la Conferencia de Paz de Versalles, veinte años más tarde, los judíos mostraron su gratitud haciendo una nueva nación, Checoslovaquia, y nombrando a Masaryk Presidente, con el título de fundador de Checoslovaquia. A lo largo de su vida, Masaryk fue una herramienta ansiosa y voluntaria de los líderes judíos.

En los Estados Unidos, muchos gentiles han encontrado grandes sumas de dinero repentinamente disponibles para propósitos de campaña, después de haber ayudado a silenciar algún nuevo escándalo de asesinato ritual judío. El camino a la mansión del Gobernador, al Senado y a la Casa Blanca se ha facilitado mágicamente cuando el candidato demuestra que está dispuesto a encubrir a los judíos en sus asesinatos de niños gentiles.

El director de la Oficina Federal de Investigaciones, J. Edgar Hoover, lleva a cabo anualmente una campaña de intimidación advirtiendo a los niños de los Estados Unidos que nunca hablen con extraños o que se suban a un coche extraño. No se sabe generalmente que Hoover tiene que hacer esto debido a la prevalencia del asesinato ritual judío. La campaña de Hoover está ostensiblemente dirigida a los abusadores de niños, aunque sólo una docena de estos casos se denuncian anualmente en todo el país.

La verdadera razón detrás de la campaña de Hoover es que los líderes judíos temen la imprudencia de algunos de los judíos menores, que tratan de apoderarse de los niños gentiles con fines rituales sin cubrir sus huellas. Por lo tanto, J. Edgar Hoover gasta cientos de miles de dólares anuales del dinero de los contribuyentes para advertir a los niños contra todos los extraños, aunque sólo debería advertirles contra los judíos. No se atreve a revelar el verdadero propósito de esta campaña, cuyo único objetivo es evitar que los niños caigan en manos de asesinos judíos no autorizados. Esto no sólo hace que el niño americano sea criado en una atmósfera de miedo y horror, de modo que se le enseña a desconfiar de todos los adultos, y causa mucha neurosis en la vida adulta, sino que también se niega a enfrentar el verdadero problema, el sabor de los judíos por la sangre gentil...

Algunos periodistas suponen que J. Edgar Hoover realiza esta tarea anual, y muchos otros favores, para los judíos porque está agradecido a la Liga Antidifamación por haber escrito para él un libro llamado *Masters of Deceit (Maestros del Engaño)*, y por haber vendido cientos de miles de copias para él. El libro fue escrito por un comunista judío llamado Jay Liebstein, que afirma tener información personal chocante sobre el Gran Engañador.

La verdadera razón por la que Hoover usa al FBI para acosar a todos los gentiles que saben la verdad sobre los judíos puede ser que Liebstein lo tenga en su poder.

Debido a que la ciudad de Chicago es un centro de poder financiero judío, y está completamente controlada por los judíos, algunos de los casos más flagrantes de asesinatos rituales de niños gentiles han ocurrido allí en años recientes. Se dice que Chicago se ha convertido en uno de los centros mundiales de suministro de sangre infantil utilizada en los ritos judíos. El Jefe de Policía recientemente admitió que trescientos niños gentiles desaparecen cada *mes* en Chicago, pero él afirma que todos ellos son "fugitivos". Es extraño que estas fugitivas nunca aparezcan, ni en Chicago ni en ningún otro lugar. En octubre de 1955, la erupción de los casos de asesinatos rituales estaba en su apogeo cuando se descubrieron los cuerpos de dos chicos Schuessler, un chico Peterson y las dos chicas Grimes.

Los oficiales de policía inmediatamente etiquetaron estos asesinatos como "crímenes sexuales", como los judíos les habían enseñado a hacer. Se hicieron esfuerzos frenéticos para llevar a la silla eléctrica a varios gentiles pobres y mal educados, pero no se pudo fabricar ninguna evidencia en su contra que pudiera sostenerse en la corte, y fueron liberados. Como en la prueba de Cristo, las mentiras de los judíos estaban en conflicto entre sí.

Aunque estos asesinatos ocurrieron en el corazón de una gran ciudad, NINGUNA PIEZA HA SIDO DESCUBIERTA EN ESTOS CASOS! O mejor dicho, deberíamos decir que nunca se anunció ninguna pista al público. Aunque cientos de policías y detectives trabajaron día y noche, debido al horror público por estos crímenes, nunca se admitió que se hubiera encontrado nada. Hubo muchos cargos de que había habido un encubrimiento, y que los funcionarios de Chicago habían destruido u ocultado todas las pruebas que se descubrieron.

Debido a este interés público, la prensa de Chicago publicó muchas historias sobre estos asesinatos, que fueron vistos al mismo tiempo como típicos asesinatos rituales judíos. En estos casos, los cuerpos habían sido despojados y arrojados a montones de basura. Los patólogos estuvieron de acuerdo en que ninguno de ellos había sido abusado sexualmente. Sin embargo, había muchos pinchazos extraños en los cuerpos, que no se podían explicar. El *Daily News* publicó una edición de la tarde en la que un diagrama del cuerpo del niño Peterson mostraba marcas de punción en cada uno de los lugares donde el cuerpo de Cristo había sido herido en la cruz. En diez minutos, la edición había sido sacada de los quioscos y llevada rápidamente al edificio de Noticias, donde fue quemada. Sin embargo, ocho copias de este número fueron obtenidas por la Sra. Lyrl Clark Van Hyning, la valiente editora de una revista patriótica llamada *Women's Voice*. Cuando llamó a la oficina de prensa para preguntar por qué la edición había sido retirada de las gradas, le dijeron que había habido quejas al respecto, y que era probable que causara "disturbios raciales". Durante todo este episodio, la Sra. Van Hyning publicó la verdad sobre los asesinatos. Los informes policiales mostraron que los cuerpos de las niñas Grimes presentaban heridas desconcertantes en el pecho, que eran demasiado superficiales como para causar la muerte. Además, no se pudo llegar a un acuerdo sobre la causa de la muerte. Incluso se decía que habían muerto de miedo! En realidad, como la Sra. Van Hyning señaló en su artículo, murieron por una causa muy simple, la pérdida de sangre, porque el News ya había publicado el extraño hecho de que no había sangre en sus cuerpos, cuando fueron encontrados.

Una copia de la obra definitiva de Arnold Leese, *Jewish Ritual Murder*, fue enviada a Arnold Schuessler, padre de los niños asesinados. Lo leyó y empezó a hacer preguntas a la policía. El sheriff judío de Chicago, Lohman, había asignado a un diputado judío, Horowitz, para que se quedara con los Schuessler día y noche en caso de que plantearan la cuestión del asesinato ritual. Cuando el Sr. Schuessler le preguntó a Horowitz si sus hijos habían sido asesinados por su sangre, en una ceremonia religiosa judía, el judío lo acusó inmediatamente de asesinar a sus propios hijos. Fue llevado a la comisaría de policía y se le dio un caso de detector de mentiras, lo que lo absolvió completamente. En lugar de liberarlo, la policía lo entregó a un judío llamado Dr. Steinfeld. Fue llevado a un "sanatorio" operado por Steinfeld en la cercana ciudad de Des Plaines, Ill. El Sr. Schuessler fue tratado con descargas eléctricas y murió esa misma tarde.

Se llevó a cabo una investigación y el Dr. Steinfeld fue forzado a testificar. Afirmó que el Sr. Schuessler había estado sufriendo de "alucinaciones", pero se negó a describir estas visiones. También se negó a dar más información, y era obvio para el Dr. Thomas McCarron, el forense de la ciudad de Chicago, que Steinfeld estaba ocultando la verdad. McCarron denunció a Steinfeld y dijo a los periódicos que el caso era muy extraño. A los pacientes nunca se les administraron tratamientos de choque inmediatamente después de ser ingresados en un sanatorio. McCarron sabía que Schuessler había sido asesinado, pero no podía hacer nada al respecto, y las autoridades municipales le ordenaron que no dijera nada más sobre el caso. Durante unos días, hubo un peligro muy real de que él también fuera asesinado. Desde entonces se ha negado a discutir el caso con nadie.

El Dr. McCarron conocía la siniestra historia de Steinfeld. Durante la Segunda Guerra Mundial, el Dr. Steinfeld había sido condenado por dar drogas especiales a niños judíos en el área de Chicago, lo que causó que sus corazones revolotearan. Fueron eximidos del servicio militar como 4-F. Steinfeld recibió $2000 por cada uno de estos casos. Después de la guerra, Steinfeld abrió su sanatorio en Des Plaines, que se convirtió en el centro de producción del asesinato ritual judío en el Medio Oeste. Es irónico que el Sr. Schuessler, supuestamente protegido por la policía, haya sido asesinado en el mismo lugar en que fueron asesinados sus hijos, y que su asesinato, al igual que el de sus hijos, no haya sido vengado, excepto por un hecho posterior. Varios patriotas fueron a Des Plaines la tarde siguiente y distribuyeron quinientas copias de un folleto acusando al Dr. Steinfeld del asesinato del Sr. Schuessler, y acusándolo de operar un centro de asesinato ritual judío. Uno de estos panfletos fue entregado al jefe de policía, pero no se hizo nada. Los distribuidores de estos panfletos podrían haber sido arrestados y acusados de difamación criminal, con una posible sentencia de diez años; sin embargo, Steinfeld se negó a presentar cargos contra ellos. Pocos días después, voló a Suiza, y se anunció que estaba tomando una "cura de reposo". Al día siguiente, su cuerpo fue encontrado golpeando en un armario en su habitación de hotel. El veredicto fue "suicidio", aunque pudo haber sido reacio. Por extraño que parezca, ningún periódico de Chicago publicó la noticia de la muerte de este conocido personaje local.

Unas semanas más tarde, Arnold Leese, que había estado preparando un libro sobre el caso Schuessler como ejemplo clásico de asesinato ritual judío, murió repentinamente. Durante la larga investigación se le habían enviado por correo aéreo copias de todas las cuentas de los periódicos sobre el caso, unas cien páginas de recortes de periódicos, pero no se encontraron en sus efectos después de su muerte. Mientras tanto, el columnista judío del *Sun-Times*, Irv Kupcinet, cuya hija murió como drogadicta en una casa de Hollywood, recaudó 100.000 dólares entre la comunidad judía y se los presentó a la Sra. Schuessler. El diputado judío había seguido con ella, y unos días después, la Sra. Schuessler le reveló a un reportero que había tomado todo el dinero y se había ido a Las Vegas. El sheriff Lohman también se fue de Chicago, recibiendo una sinecura de 20.000 dólares como criminólogo consultor en la Universidad de California.[1] El puesto había sido dotado por un destacado banquero judío. Los casos de Schuessler y Grimes siguen marcados como "sin resolver" en Chicago.

Es el deber de todo padre estadounidense cuyo hijo desaparece, hacer todo lo posible para encontrarlo. Sin embargo, muchas familias pobres con demasiados hijos para alimentar dan

---

[1] Unas semanas después de que una edición anterior de este libro hubiera sido distribuida en California, en la que se relataba la historia de los asesinatos de Schuessler en su totalidad, se añadió otro nombre a la lista de los que habían muerto. Joeph Lohman murió repentinamente en Los Ángeles de causas desconocidas. La nota necrológica, extrañamente, no mencionaba el término de Lohman como Sheriff del Condado de Cook, pero lo identificaba incorrectamente como 'un ex Tesorero del Estado de Illinois'!

por sentado que un niño ha salido al mundo para hacer su propio camino, y no son conscientes de la probabilidad de que el niño haya sido asesinado por los judíos por su sangre. En consecuencia, no se hace ningún esfuerzo para investigar estos crímenes judíos, a pesar de que han estado ocurriendo durante muchos siglos. Es necesario que usemos todas las armas para armarnos contra los judíos y observar la divinidad de Nuestro Señor y Salvador Jesucristo, en cuyo Nombre nos espera la salvación.

Otra horrible participación de una agencia oficial estadounidense en la práctica generalizada del asesinato ritual judío fue silenciada recientemente. Un subjefe de la Agencia Central de Inteligencia se suicidó en Washington. El veredicto fue "exceso de trabajo", ocultando así una terrible tragedia. Este funcionario había estado fuera del trabajo durante tres meses, tras una crisis nerviosa. Había sufrido un ataque de remordimiento al descubrir que había sido responsable inadvertidamente del asesinato de muchos niños gentiles en las ceremonias religiosas judías. Este hombre, un gentil, se había hecho conocido por su talento especial en una agencia que era sesenta por ciento judía. La mayoría de los agentes judíos viajaban por el mundo con cuentas de gastos ilimitadas, alojándose en los mejores hoteles, a la James Bond, mientras realizaban misiones de espionaje para Israel, en las que el contribuyente estadounidense pagaba la factura.

El talento especial del gentil era un regalo para recoger niños que pudieran ser usados como homosexuales para el placer de los oficiales extranjeros. Al menos, eso es lo que le habían dicho, y no veía razón para sospechar lo contrario, ya que el uso de niños en el espionaje internacional era una vieja historia, y la mayoría de los gobiernos los emplearon en un momento u otro para chantajear a funcionarios de alto rango de otros gobiernos. En las primeras horas de la tarde, este oficial de la CIA se paseaba por el centro de la ciudad hasta que veía a un muchacho guapo. Iniciaba una conversación, y si el niño no estaba comprometido de otra manera, lo llevaba a una habitación de hotel, donde lo entregaba a otro agente. Este funcionario de la CIA se iría, después de prometerle al muchacho una suma de dinero, generalmente unos veinte dólares.

Durante el período de 1947 a 1952, este funcionario de la CIA recogió de esta manera a ochenta y seis muchachos en las calles de París y Viena. No oyó nada más de ninguno de ellos, aunque debió parecer extraño que no volviera a ver a ninguno de ellos después de dejarlos en la habitación del hotel. En 1963, un agente judío en la sede de la CIA en Washington, que se había enterado de la antigua especialidad de este funcionario, le preguntó si podía recoger a un niño para él. Para entonces, el gentil había subido mucho más alto en la jerarquía de la CIA, y se negó, diciendo que ya no tenía que seguir participando en tales actividades. El judío entonces lo asombró diciendo que como ya tenía ochenta y seis asesinatos en su conciencia, uno más no le haría daño. No podía creer que el gentil no supiera que cada uno de estos muchachos había sido utilizado como víctima de un asesinato ritual judío, y le describió toda la ceremonia. El judío terminó amenazándolo, diciendo que si el gentil no le conseguía un niño para una ceremonia planeada para la fiesta de Pascua que se acercaba, quedaría expuesto. El gentil se fue a casa esa noche, y se desmayó con una crisis nerviosa completa, de la cual nunca se recuperó. Unos meses después, se suicidó.

Sin embargo, la mayoría de los gentiles que ayudan a los judíos a cometer asesinatos rituales, encubriéndolos en los departamentos de policía, en los periódicos y en las oficinas del gobierno, no son tan aprensivos. Se ha estimado que al menos un tercio de todos los funcionarios en los Estados Unidos son muy conscientes de la prevalencia del asesinato ritual judío de niños, y que su continuidad en el cargo depende de la ayuda y la complicidad de los judíos en la práctica de estos crímenes.

Durante una conversación con el Padre Bulger en 1956, se le dijo a este escritor que había estado trabajando toda su vida en un libro que iba a ser la obra definitiva sobre el asesinato ritual judío. El Padre Bulger proporcionó mucha de la información contenida aquí. Sin embargo, sus superiores le habían prohibido la publicación de su propio libro. En años anteriores, la mayor parte de la información sobre este tipo de delitos se había publicado en enciclopedias católicas y en obras parroquiales oficiales, pero se habían prohibido otros escritos sobre el tema del asesinato ritual judío debido a la presión judía sobre el Vaticano.

El Padre Bulger le dijo a este escritor que según sus cálculos, seis millones de niños gentiles habían sido clonados hasta la muerte de la manera ritual por los judíos desde la crucifixión de Cristo. Estos seis millones de víctimas no sólo no han sido vengados, sino que cada uno de ellos, merecedores de ser elevados a la santidad por sus sufrimientos a manos de los judíos, ha muerto sin que la sociedad gentil haga el más mínimo esfuerzo para proteger a otros niños gentiles de ser víctimas de la misma manera. El padre James E. Bulger dijo: "Los deseos de sangre de los judíos y su odio a Jesucristo se combinan en esta horrible ceremonia." No sólo seis millones de almas inocentes han sido asesinadas hasta la muerte en asesinatos rituales por los judíos, sino que cada uno de nosotros debe preguntarse: "¿Qué clase de cristiano, qué clase de ser humano soy, si no hago nada para proteger a los niños de tan horrible sacrificio en una sociedad supuestamente cristiana y moderna?"

CAPÍTULO 7

JUDÍOS EN EUROPA

Después de la caída de Roma, los judíos se dispersaron por el mundo civilizado, pululando a lo largo de las rutas comerciales que los ejércitos de Roma les habían abierto. En cada ciudad que tenía contacto con el resto del mundo, se encontraba una entidad judía, firmemente enquistada como un crecimiento parasitario que la hueste gentil odiaba y temía, y que frecuentemente trataba de expulsar, en una reacción biológica característica.

Estos esfuerzos resultaron inútiles, ya que los judíos siempre volvían. Para fines de seguridad colectiva, los judíos se apiñaban en pequeñas y estrechas zonas residenciales, que se llamaban ghettos. En los últimos años, con el típico descaro, los judíos han afirmado que fueron forzados a vivir en los guetos debido al prejuicio que sus anfitriones exhibían contra ellos, pero todo erudito judío de renombre está de acuerdo en que fueron los mismos judíos quienes insistieron en vivir en un área separada, probablemente para ocultar sus malas costumbres a los gentiles.

Debido a que Europa era el centro de la riqueza del mundo, los judíos se reunieron allí en gran número. Todas las naciones europeas hicieron repetidos esfuerzos para expulsarlas, y la historia de la Edad Media es una crónica de protestas gentiles contra los judíos. El erudito Williamson escribió sobre este problema,

"¿Por qué había tanto odio? ¿Por qué los judíos, de país en país, de edad en edad, han sido odiados y despreciados, llevados a ghettos, campos de concentración y cámaras de tortura, acusados de crímenes monstruosos y cargados con la responsabilidad de las perplejidades de las naciones? ¿Han merecido estas cosas o han sido víctimas de malentendidos, prejuicios o envidias? Tal pregunta está más allá del alcance de este libro, pero exige una respuesta."

De hecho, esta pregunta exige una respuesta, pero ningún erudito gentil se atreve a responderla. Como hemos visto, la única respuesta que los judíos pueden ofrecer es que a los gentiles no les gustan por su religión. ¿Cuáles son los hechos?

Los judíos han afirmado que durante la Edad Media, los gobernantes de Europa adoptaron la práctica viciosa de permitir que los judíos acumularan grandes riquezas, y luego inspiraron pogromos en su contra, para que los gobernantes pudieran apoderarse de ellas. Incluso si esta afirmación fuera cierta, todavía nos enfrentamos a la pregunta, ¿cómo se las arreglaron los judíos para acumular grandes fortunas en un país tras otro, en un tiempo muy corto? Por supuesto, los judíos no desean discutir este aspecto del problema.

Los hechos son muy diferentes. Es cierto que en un país tras otro, la comunidad judía se hizo con la mayor parte de la riqueza monetaria en poco tiempo. El oro, las joyas y otros objetos de gran valor parecían ser introducidos en pequeños guetos judíos como si fueran atraídos por algún imán invisible, los gentiles pronto descubrieron que no tenían suficiente dinero para llevar a cabo sus actividades diarias. En todos los casos, no fue el gobernante quien protestó contra los opresores judíos; fueron los trabajadores.

El gobernante encontró a los judíos útiles para él de muchas maneras. Los usaba para conseguir préstamos, para espiar en el extranjero, para hacer tratos con otras naciones y, lo más importante de todo, para recaudar impuestos. Debido a su avaricia, su crueldad y su falta de compasión humana, el judío se convirtió en el recaudador de impuestos ideal. A través de los siglos, ha sido el judío quien ha exigido la libra de carne para el gobierno, con, por supuesto, unas cuantas onzas para el judío. A medida que Estados Unidos se ha acercado a convertirse en una dictadura judía, los más recientes Comisionados de Rentas Internas han sido los judíos Morris Caplin y Sheldon Cohen. Por lo tanto, el gobernante tenía muchas razones para proteger a los judíos y permitirles permanecer en su país. Pero en todos los casos, el pueblo estaría al borde de la revolución cuando los judíos los oprimieran y asesinaran a sus hijos, y el gobernante tendría que aceptar su expulsión. Tan pronto como los judíos fueron expulsados, empezaron a conspirar para volver. Se reunieron con los agentes del gobernante en otros países, o enviaron a sus propios agentes de vuelta para hacer promesas fantásticas al gobernante o a sus herederos. ¿Por qué esta desesperación por volver a donde eran odiados y despreciados? El parásito judío no podría existir a menos que se alimentara de la hueste gentil, tanto simbólicamente, en la vida diaria, como en la realidad, bebiendo la sangre de los niños gentiles.

El gobernante europeo siempre se alegró de recibir de vuelta a sus judíos y los readmitiría. Una vez más, el círculo vicioso de huéspedes y parásitos comenzaba, cuando los recaudadores de impuestos judíos oprimían despiadadamente al pueblo, y los rabinos tomaban a los niños gentiles y los asesinaban por su sangre. Como siempre, los judíos se reunían en su sinagoga de Satanás y conspiraban contra el pueblo trabajador, invocando maldiciones contra el nombre de Jesucristo. Como peones de los aristócratas, los judíos siempre fueron enemigos de la democracia. El eminente historiador Charles Beard ha estimado que la democracia habría llegado a Europa trescientos años antes, de no haber sido por los judíos. Los aristócratas eran demasiado endogámicos y estaban manchados de demencia hereditaria para gobernar sin sus viciosos supervisores judíos.

La afinidad entre los judíos y los aristócratas es fácil de explicar. Al igual que los judíos, los aristócratas europeos eran una pequeña comunidad internacional, estrechamente consanguínea durante siglos, con fuertes lazos que trascienden las fronteras geográficas. En 1914, el Rey de Inglaterra, el Zar de Rusia y el Kaiser de Alemania eran los tres primos. Los aristócratas y los judíos siempre han tenido el mismo propósito, oprimir brutalmente y explotar al pueblo trabajador. De hecho, el continente americano se estableció únicamente por el deseo de los trabajadores europeos de escapar a la explotación de los judíos.

Los siglos durante los cuales la alianza de judíos y aristócratas mantuvo a Europa en esclavitud han sido denominados "la Edad Media" por los historiadores. Debido a la intriga judía, las naciones estaban periódicamente involucradas en guerras sin sentido que resultaron en grandes pérdidas de vidas y grandes ganancias para los judíos. Federico el Grande, considerado el monarca más ilustrado que ha gobernado en Europa, escribió sobre esta época,

"El estudio de la historia lleva a pensar que desde Constantino hasta la fecha de la Reforma, todo el mundo estaba loco."

Y así fue, gobernada por aristócratas locos y judíos esquizofrénicos. No sólo los judíos eran esquizofrénicos debido a su forma de vida antinatural, que existía en la hueste gentil, sino que los aristócratas mostraban una fuerte tensión de locura hereditaria. Esto puede haber sido debido a la contaminación racial, porque los aristócratas se casaron con judíos y negros en un proceso de autodegradación que comenzó con la caída del Imperio Romano.

El resultado se mostró muy claramente en los muchos aristócratas europeos que tenían la nariz ancha, el pelo rizado y la piel gris y apagada. También eran famosos por su crueldad sin sentido.

Muchos aristócratas europeos eran más judíos en apariencia que los judíos. Como alemán de nacimiento, Federico el Grande estaba libre de esta mancha racial, y le disgustaba el hecho de que tantos de sus compañeros monarcas mostraran fuertes rastros de sangre judía y negra. La aristocracia de España, Italia y Francia era particularmente judía en su fisonomía. En los últimos cincuenta años, en la monarquía inglesa ha aparecido una fuerte cepa judía, de modo que Isabel la Reina se parece mucho a la reina del cine yiddish, Elizabeth Taylor.

Una y otra vez, los reyes de Inglaterra, enfrentando la revolución si se negaban, fueron forzados a expulsar a los judíos en respuesta a las demandas del pueblo trabajador. En octubre de 1290, dieciséis mil judíos abordaron embarcaciones, dejando Inglaterra para vivir con sus compañeros parásitos en Francia, Flandes, Alemania y España. Fueron mantenidos fuera de

Inglaterra durante trescientos años, y durante este período, Inglaterra se convirtió en la nación más grande del mundo.

Los judíos finalmente lograron regresar, financiando una revolución para un fanático llamado Oliver Cromwell. Con fondos ilimitados a su disposición, Cromwell contrató tropas y se apoderó del país. Decapitó al Rey, Carlos I, y comenzó una campaña de extorsión despiadada y crimen contra el pueblo de Inglaterra. Ostensiblemente, el partido de Cromwell era cristiano, y se llamaba los puritanos, pero de hecho, fue judío desde sus inicios, financiado con dinero judío con el propósito de recuperar un punto de apoyo en Inglaterra. Todo su precepto era judío, y sus seguidores adoraban a los judíos como el Pueblo Elegido de Dios. El teniente de Cromwell, el mayor Gordon, presentó una resolución ante el Parlamento en la que se prohibía el uso del inglés y que, en adelante, el hebreo debía ser el idioma del país. La resolución fracasó por sólo cuatro votos, ya que cuatro de los miembros que habían aceptado previamente la medida fueron golpeados por la conciencia y votaron en contra. Como resultado, este libro está siendo escrito en inglés en vez de en hebreo. Tan cruel fue la opresión de los cristianos por parte de Cromwell y su grupo judío que el pueblo inglés se rebeló y restauró al rey Carlos II al trono. Lo primero que exigieron fue que expulsara a los judíos, a quienes Cromwell había traído de vuelta al país. Carlos II era un derrochador disoluto que sólo se preocupaba por la compañía de las prostitutas. Necesitaba dinero para sus orgías sexuales, y necesitaba que los judíos le ayudaran a recaudar el dinero. Se negó a expulsar a los judíos, y permanecieron en Inglaterra y consolidaron su poder, aunque eran odiados y temidos por todos los ingleses decentes.

A lo largo de la Edad Media, las huestes gentiles reaccionaron biológicamente contra los judíos, levantándose periódicamente y echándolos por enojo y miedo. En ningún caso los gentiles intentaron examinar el problema inteligentemente, o establecer un programa para controlar a los judíos. Como hemos visto, durante este mismo período, el Imperio Bizantino no tuvo ningún problema judío porque a ningún judío se le permitió ocupar cargos gubernamentales o enseñar a los jóvenes. La nación estaba protegida de manera segura contra la traición judía y la subversión del pueblo. Incapaces de hacer ningún daño real al pueblo bizantino, los judíos vivían en silencio, como una minoría más en un vasto imperio.

En Europa, sin embargo, el problema judío se consideraba sólo desde el punto de vista religioso. Nunca fue examinado biológicamente. Los judíos llevaban la culpa de sangre por la ejecución física de Cristo, y esta era la principal objeción para ellos. Como resultado, la expulsión de los judíos de un país tras otro se produjo sin que se comprendiera realmente lo que estaba sucediendo. Fue una reacción a un asesinato ritual particularmente horripilante, como el de San Hugh de Lincoln, o a causa de algún otro problema temporal. No había ningún estudio del efecto destructivo que los judíos tenían en la comunidad gentil.

Los judíos también eran temidos por su práctica de la medicina. En el año 833, los mahometanos prohibieron a los judíos adoptar la profesión de medicina, y en 1335, el Santo Sínodo de Salamanca declaró que los médicos judíos entraban en esta profesión únicamente por las oportunidades que les ofrecía para matar a los cristianos.

Una de las mayores calamidades de la humanidad fue la peste bubónica, o peste negra, como se la conocía en la Edad Media. Se sabía que los judíos habían traído esta plaga a Europa y que habían aniquilado a una cuarta parte de la población, pero los gentiles creían que los judíos lo habían hecho por malicia. En este caso, el parásito judío estuvo peligrosamente cerca de destruir a su huésped gentil, pero no fue deliberado. La historia de cómo llegó la peste a Europa ha sido investigada por el estudioso Jacques Nohl. Escribe que un grupo de comerciantes judíos de Génova y Venecia habían establecido un asentamiento en Crimea, en un lugar llamado Kaffa. Aquí los judíos guardaban pieles, joyas y otros objetos de valor que habían obtenido en el comercio, hasta que los barcos mercantes genoveses pudieron llevarlos de vuelta a Europa.

Conociendo estas riquezas en Kaffa, los miembros de las tribus nómadas asaltaron la ciudad con frecuencia. Como resultado, Kaffa estaba fuertemente fortificada. En el año 1346, un ejército de tribus tártaras atacó la ciudad decididos a apoderarse de ella y llevarse sus riquezas. Sin embargo, los judíos estaban bien arraigados, y pasaron semanas, con pocas posibilidades de que los tártaros lograran su objetivo. La peste bubónica estalló entre los asiáticos en sus ciudades abarrotadas, que no tenían saneamiento, y ahora esta enfermedad apareció entre los asediados. Su comandante ideó un plan particularmente diabólico para ahuyentar a los judíos. Puso los cadáveres de los soldados enfermos en sus catapultas, y los arrojó por encima de las paredes hacia Kaffa. La plaga pronto estalló entre los defensores, y más de la mitad de los judíos murieron. Los sobrevivientes se retiraron a un barco y navegaron hacia su casa, llevando consigo el bacilo de la plaga.

Su primer puerto de escala fue Constantinopla. Esta ciudad de un millón de habitantes fue barrida pronto por la peste, y un tercio de sus habitantes murió en dos meses. El barco de la muerte judío desembarcó a continuación en Sicilia, donde su terrible carga propagó la muerte entre los gentiles. Luego a Cerdeña, y Génova; finalmente el barco de la muerte judío atracó en Marsella. Los sobrevivientes judíos se dirigieron a sus asentamientos en muchas ciudades europeas, y dondequiera que fueran, la gente fue diezmada por la plaga.

Los gentiles pronto se dieron cuenta de que la plaga sólo aparecía donde había judíos, pero no tenían idea de que los judíos habían traído la enfermedad con ellos desde Asia Menor. Su primera reacción fue que los judíos habían envenenado sus pozos, pues la plaga afectaba a sus víctimas como los síntomas de venenos conocidos de esa época. La víctima fue agarrada con dolores horribles, vomitó sangre y murió a los dos días. El cadáver se volvió inmediatamente negro, sugiriendo la presencia de un veneno virulento.

Circulaba entre los gentiles el rumor de que el Sanedrín, un concilio secreto de judíos gobernantes, se había reunido en Toledo, España, y había dado órdenes de destruir a los gentiles envenenando sus pozos. Había alguna base para este rumor, ya que los judíos rápidamente se deshacían de las víctimas judías de la plaga tirando los cuerpos en un pozo, para evitar ser acusados de propagar la plaga. Esto, por supuesto, infectó a cientos de personas que usaban esta agua. A medida que muchas comunidades tomaron medidas contra los judíos, comenzaron a huir de país en país, lo que propagó la plaga más rápidamente. En Nápoles, una horda de judíos fue arrojada al océano y ahogada por los gentiles furiosos. Sus cuerpos fueron arrastrados a lo largo de kilómetros a lo largo de la costa italiana, e infectaron aún más a la gente. Barcos cargados de judíos navegaban por las costas de Europa, con prohibición de desembarcar, ya que todos los países habían sido advertidos de que los judíos eran portadores de esta enfermedad. Cuando los judíos murieron a bordo, sus cuerpos fueron arrojados al agua, y ellos también fueron arrastrados a la orilla, infectando las mismas ciudades que se habían negado a dejarlos aterrizar. Los judíos continuaron vagando por Europa, y la plaga no cesó durante cincuenta años. Veinticinco millones de personas, una cuarta parte de la población de Europa, murieron a causa de la horrible muerte de la plaga. Fue la calamidad más terrible que jamás haya soportado una civilización y, en este caso, los judíos casi lograron exterminar a su anfitrión.

La plaga, sin embargo, fue sólo un incidente de la historia judía durante la Edad Media. Muchos eventos impactantes de esta época demostraron tener orígenes judíos. El patrón que siguieron los judíos fue consistente. Vivirían en un país durante quizás cien años, serían expulsados por los gentiles enfurecidos, y sobornarían para volver a entrar. En el año 1066, los judíos fueron expulsados de Granada, España, acusados de asesinar a un niño, beber su sangre y comer su corazón. En 1254, los franceses expulsaron a los judíos. En 1290, fueron expulsados por los ingleses. Los alemanes expulsaron a los judíos en 1283 y 1298. En el año 1306, el rey Felipe IV expulsó a los judíos de Francia. En 1394, el rey de Francia ordenó de nuevo que todos los judíos fueran expulsados de Francia para siempre. Unos siglos más tarde, los judíos estaban en completo control de Francia. El pueblo español expulsó a los judíos en 1492, y Portugal los expulsó en 1496. El erudito John William Draper afirma que los escándalos relacionados con las prácticas de los médicos judíos habían causado la expulsión de todos los judíos de Francia en 1306.

En toda la historia registrada, no hay nada remotamente comparable a esta lista de expulsiones judías. Ningún otro grupo racial o político ha suscitado jamás tal odio. Entonces, ¿cómo sobrevivieron los judíos? Los judíos sobrevivieron porque la supervivencia es su negocio, y también es su religión. Sabiendo que tarde o temprano serían expulsados, sus primeros actos, al entrar en un país, serían aliarse entre los gentiles, a través de regalos y sobornos, y más tarde, a través del chantaje. No importaba dónde estuvieran, los judíos siempre tenían partidarios gentiles que los escondían durante los pogromos.

Cuando los judíos eran expulsados de un país, se dirigían a comunidades judías de otros países, o entraban en un país que no era consciente de sus hábitos destructivos. Durante la Edad Media, Ámsterdam se convirtió en un refugio judío constante para los refugiados de otros países, y también se convirtió en el banco de su riqueza. La mayor parte del dinero para el equipamiento de los ejércitos de Cromwell provenía de Ámsterdam, y los fondos eran suministrados por los judíos de Ámsterdam.

Los judíos sobrevivieron porque mantuvieron una disciplina férrea sobre su propia gente. Apretujados en pequeños barrios de las grandes ciudades europeas, cada judío se convirtió en un Fagin, un instrumento concentrado del mal. Tan terrible era su reputación como emisarios de Satanás que los buenos cristianos se cruzaron a sí mismos como medida de protección cuando se encontraron con un judío en la calle. Pocos gentiles se atrevían a mirar a un judío a la cara, porque siempre se encontraban con la mirada odiosa del mal de ojo.

El precepto de la disciplina judía, conocido desde hace miles de años, rara vez se comprometía a escribir. Por fin, los gentiles encontraron su manual y lo publicaron después del descubrimiento de los Rollos del Mar Muerto, para disgusto de los judíos. El Manual de Disciplina como está registrado en los Rollos del Mar Muerto, dice,

"Si el espíritu del hombre vacila de las instituciones de la comunidad, de modo que se convierte en traidor de la verdad y camina en la obstinación de su corazón; si se arrepiente, será castigado dos años. Durante el primero, no tocará el alimento sagrado de los maestros, y durante el segundo, no tocará la bebida de los maestros."

Podemos notar que el Manual prescribe este castigo si el miembro de la comunidad judía sólo "vacila", es decir, si considera incluso los dictados de su propio corazón. Si se volviera en contra de sus compañeros judíos, por supuesto, lo matarían. El castigo aquí prescrito, que le prohíbe tocar el alimento sagrado de los maestros, se refiere a las obleas usadas en la ceremonia ritual de asesinato; la bebida de los maestros, por supuesto, es la sangre de niños gentiles inocentes.

Como una unidad tribal bajo disciplina absoluta, los judíos pudieron sobrevivir en las áreas gentiles más hostiles. El erudito judío Kaufmann, en el libro *Grandes ideas del pueblo judío*, dice, página 38,

"La unidad sociopolítica israelita después de la conquista (romana), como antes, fue la tribu. La propia tribu es la unidad territorial autónoma."

Nótese que la unidad israelita no sufrió ningún cambio a pesar de los esfuerzos de los romanos para erradicar a sus grupos de bandidos en Palestina. Han sido una tribu con mentalidad de la Edad de Piedra desde los inicios de la historia. Nunca han sido capaces de hacer la progresión a ciudad, ciudad-estado y nación que los gentiles han hecho. En cambio, los judíos han tratado de extender su forma tribal de gobierno por todo el mundo, a través de instituciones como las Naciones Unidas, que está gobernada por un Consejo, al igual que los judíos de la Edad de Piedra están gobernados por un Consejo de Ancianos, el Sanedrín.

Kaufmann también dice, página 80,

"La diáspora (o dispersión) judía era un cuerpo de nación religiosa como el que el mundo pagano nunca había visto."

Esto es una subestimación. Ningún otro grupo en el mundo ha podido existir como los judíos, que han mantenido su crecimiento parasitario en los países gentiles.

El historiador griego Estrabón afirmó que en la antigua ciudad de Alejandría, los judíos eran gobernados por un etnocéntrico, o sumo sacerdote, "que gobierna al pueblo y juzga los juicios y supervisa los contratos y las ordenanzas, como si fuera el jefe de un estado soberano".

A lo largo de la historia, los eruditos se han asombrado de la manera en que los judíos se han gobernado a sí mismos como una comunidad separada, sin importar bajo qué forma de gobierno se hayan encontrado. Su Manual de Disciplina les prohíbe reconocer las cortes de las "bestias" gentiles. Esta es una de las razones por las que los judíos siempre son revolucionarios. Como no reconocen al gobierno gentil, siempre se rebelan contra él. Su primer objetivo es socavar las leyes y el gobierno legítimo de cualquier estado gentil en el que se establezcan, y lo hacen por todos los medios a su alcance. Corrupción, soborno, traición, son armas estándar en el arsenal judío de la traición. Como resultado, Kaufmann dice, página 12, "La religión de Israel llevó a cabo una revolución en la visión del mundo del hombre."

En realidad, el manual judío buscaba destruir la fe del gentil en sus propias instituciones, y por lo tanto lo debilitó para el control judío.

En uno de los comentarios más llamativos sobre el secreto esencial de la "religión" judía, Kaufmann dice, página 12, "En ninguna parte de la Biblia se declara explícitamente la idea israelita, ni se declara nunca en la literatura judía posterior. Aparece más bien como una intuición primaria que informa a toda la creatividad judía".

¡Qué extraña admisión sobre una "gran cultura"! No es una idea, dice Kaufmann, sino una intuición. Tiene razón, porque la idea israelí de un grupo parasitario de criminales que existen en un huésped gentil, es puramente intuitiva. No es una idea consciente, sino un instinto, y por lo tanto no está escrito. Los animales no escriben su herencia de saber cómo evitar las trampas y buscar comida en la selva, y los judíos no escriben sus técnicas para sobrevivir entre sus huéspedes gentiles. Kaufmann llama la atención sobre el hecho de que nadie sabe realmente qué es la religión judía. En consecuencia, no sólo los gentiles podrían ser incapaces de odiar a los judíos por algo de lo que no sabían nada, sino que además, la cultura judía difícilmente puede ser un logro tan tremendo, si tenemos que ser detectives para encontrar rastros de ello. Por supuesto, la cultura judía no existe, ni ha existido nunca, porque una conspiración criminal no es una cultura. Kaufmann explica otro aspecto de la pasión judía por el secreto de sus costumbres. A los conspiradores no les gusta transmitir sus métodos al mundo. Como resultado, la religión judía es la única en el mundo que es famosa por su secretismo. Sus objetivos y propósitos, así como sus tradiciones, están envueltos en el misterio. A todos los efectos prácticos, el erudito encuentra que la religión judía es un código no escrito, que puede compararse mejor con el código no escrito del grupo mafioso italiano, la Mafia. El código judío se ocupa principalmente de la protección de un grupo criminal, y también invoca el dominio mafioso de Omerta, o la muerte, a cualquiera que hable de sus actividades.

El código judío se ocupa principalmente de proteger a los malhechores del castigo y de permitir que continúen con sus actividades delictivas. Para llevar a cabo tal programa, los derechos del individuo deben ser destruidos. Por consiguiente, el miembro de la comunidad judía, al igual que el miembro de la mafia, no tiene derechos ni libertades personales. Sólo puede hacer lo que se le dice, y si sus superiores deciden que sólo está pensando en traicionarlos, lo matan de inmediato. Esta es la única manera en que la comunidad parasitaria puede evitar la destrucción.

Con tal código, los judíos se encontraban en oposición a cada pueblo entre los que vivían. Son particularmente desagradables para los griegos, que han perfeccionado un código de derechos humanos. Kastein, en *La historia de los judíos*, dice, página 39,

"Para los griegos, incapaces de fundar una comunidad, todo era una cuestión de forma para el individuo, o en el mejor de los casos, para un número de individuos; pero los judíos preguntaron inmediatamente cómo afectaba a la comunidad en su conjunto. Así, su peculiar problema de forma, la teocracia, o un estado temporal, se planteó de nuevo."

Kastein critica a los griegos por no crear una comunidad parasitaria como la judía. Los griegos sólo podrían haberlo hecho si fueran capaces de ignorar su instinto básico de libertad humana. Los griegos perfeccionaron la mayor civilización humana que el mundo haya conocido, haciendo que los derechos del individuo fueran más importantes que el poder del gobierno central. Los judíos, por otro lado, fueron capaces de perpetuar un estado criminal vicioso destruyendo los derechos del individuo. El judío siempre ha vivido como el miembro sin rostro de un estado colectivo, y no tiene ningún sentimiento por los derechos del individuo. Si el individuo protesta contra el Estado, debe ser destruido. Este es el método utilizado en todos los países donde los judíos han llevado a cabo una revolución comunista, y es el tipo de gobierno que pretenden establecer en todos los países del mundo.

La negación de los derechos humanos individuales no sólo es una parte básica de la cultura judía, sino que también eleva lo artificial por encima de lo natural en la vida. El judío odia la naturaleza y prefiere cualquier tipo de ambiente artificial, por muy sórdido que sea, al de una vida sana y limpia. Kaufmann dice, página 8, "La base de la religión pagana es la deificación de los fenómenos naturales." Kastein dice, página 19, "Los cultos cananeos estaban estrechamente conectados con el suelo y expresaban las fuerzas de la naturaleza, particularmente la fuerza de la fertilización... Cada vez que surgían preguntas sobre su existencia como nación, ellos (los judíos) conocían a un solo Dios, y reconocían sólo una idea - la teocracia."

¿Qué era esta teocracia judía? Fue el gobierno de los Ancianos de Sión, la dictadura de hierro ejercida por el Sanedrín, la Sinagoga de Satanás, los mismos Ancianos que se reunieron para exigir la crucifixión de Jesucristo. Los Ancianos tienen poder sobre todos los miembros de la comunidad judía. La palabra "comunidad" en sí misma es una palabra nueva en todas las actividades judías, como su palabra compañera, "solidaridad". Se oye la frase "relaciones comunitarias" por todas partes. ¿De dónde ha salido? Es el impacto judío sobre las instituciones sociales gentiles, que ahora se llevan a cabo en los modos judíos. Durante las convulsiones comunistas, la palabra "solidaridad" se utiliza como contraseña. Es una contraseña judía para proteger a los judíos que no son parte del levantamiento.

Durante la Edad Media, al ser expulsados de país tras país, los judíos revisaron sus técnicas de supervivencia. Sin embargo, el Manual de Disciplina básico sigue siendo el mismo. El erudito judío Gerson Cohen, página 191, *Grandes ideas del pueblo judío*, observa con sorpresa,

"A menudo se ha observado con asombro que una cultura tan teocrática como la del Talmud tiene tan poco que decir de su Dios."

El hecho es que los judíos nunca se han preocupado mucho por Dios. En el Antiguo Testamento, Dios habla con mayor frecuencia para reprochar a los judíos sus crímenes contra la humanidad.

Cohen continúa,

"En los siglos siguientes, surgieron nuevas comunidades judías en el sur y el oeste de Europa. Aunque su crecimiento está generalmente velado en la oscuridad, todos llegan a la madurez con la asunción de una estructura comunitaria que sigue el modelo del tipo talmúdico.... En todas partes la ley talmúdica se convirtió en la constitución de origen judío."

Es interesante notar la observación de Cohen de que el crecimiento de las comunidades judías está "generalmente velado en la oscuridad". ¿No dijo Cristo a sus fiscales judíos: "Esta es vuestra hora y el poder de las tinieblas"? Ciertamente, las comunidades judías trataron de ocultarse lo más posible. Mantuvieron una disciplina férrea sobre sus miembros, porque sólo podrían sobrevivir si observaban el principio mafioso de Omerta, el silencio de la muerte. No es de extrañar que el poeta judío Heine dijera: "El judaísmo no es una religión, es una desgracia."

Aunque el código judío rara vez se encuentra en forma escrita, los eruditos ocasionalmente establecen algunos de sus principios. Así, el escritor judío Joseph Albo publicó en 1414 un Libro de las Raíces, en el que exponía seis dogmas del judaísmo, como sigue:

1. La creación del mundo en el tiempo, de la nada.

2. La superioridad de Moisés sobre todos los demás profetas, incluyendo a Jesús o a Mahoma, o a quien pudiera surgir.
3. La ley de Moisés nunca será cambiada o revocada.
4. La perfección humana puede ser alcanzada mediante el cumplimiento de uno solo de los mandamientos de la Ley de Moisés.
5. Creencia en la supervivencia de la comunidad mosaica.
6. La venida del Mesías.

Esta era una versión legalizada del dogma judío, destinada a la publicación gentil, que no hacía referencia a la dictadura de hierro de la comunidad judía, bebiendo la sangre de los niños gentiles, ni a otros elementos esenciales del dogma judío. El número 5, la supervivencia de la comunidad mosaica, fue el punto más importante de este dogma. No se hace ninguna referencia a la maldición de Jesucristo, que es requerida por la ley secreta judía, el Talmud. La Ley de Moisés a la que se hace referencia es la ley judía de la *lex talionis*, la ley de la garra y el colmillo, que fue invocada en el mundo gentil en los Juicios de Nuremberg, cuando la ley ex post facto según la Ley de Moisés, se convirtió en la ley de las naciones gentiles.

Al hablar de su conquista por parte de los romanos, Kastein dice, *La historia de los judíos*, página 188, "Los judíos fueron forzados a reaccionar a la muerte del estado colectivo estandarizando el comportamiento del individuo, mediante un ataque general al individuo, en el que la doctrina de un estado cristiano más allá del centro. Así los judíos se convirtieron en un pueblo en el que la idea de la disciplina alcanzó su máxima expresión. Esta disciplina era rígida hasta el punto de la muerte en lo que respectaba al individuo."

Este es uno de los pasajes más reveladores de los escritos judíos.

Kastein señala la diferencia crucial e irreconciliable entre cristianos y judíos. El gentil, con su amor a la libertad, tiene poca idea del odio judío hacia el individuo. Cristo predicó la salvación individual del alma individual, pero el judío declara que al individuo ni siquiera se le puede permitir sobrevivir en la tierra, mucho menos en el Cielo. Los judíos creen en la supervivencia, pero sólo en la supervivencia en la tierra de la comunidad judía parasitaria. Niegan todos los principios básicos de la religión cristiana, que fue construida sobre el amor de Cristo por el ser humano individual y su promesa de salvación. Sin embargo, los llamados ministros cristianos tienen la audacia de decir a sus congregaciones que el cristianismo es una religión "judía", y que los judíos nos dieron el cristianismo. Esto es tan absurdo como decir que la Mafia escribió nuestro código de leyes, o que Al Capone escribió la Constitución de los Estados Unidos, pero las congregaciones escuchan estas descaradas mentiras judías sin una palabra de desaprobación.

Aunque el Talmud, el Libro Sagrado Judío, reveló algunos aspectos de la religión judía, estaba dedicado principalmente a sus ideales bárbaros y a su forma de vida de la Edad de Piedra. Por consiguiente, los judíos tenían que mantener su contenido en secreto para los gentiles, y cualquier gentil que fuera sorprendido leyéndolo tenía que ser asesinado. Pocos gentiles tenían interés en leer tal basura, pero algunos eruditos católicos ocasionalmente obtenían una copia del Talmud y se dedicaban a traducirlo. Estaban horrorizados por sus terribles blasfemias contra Cristo, por sus descripciones de increíbles ritos sexuales y por sus revelaciones de la verdadera naturaleza del judío. Estos eruditos eran generalmente asesinados antes de completar su traducción. La persona que les vendió el Talmud, generalmente un judío renegado, también fue asesinado. La *Lex talionis*, la cruel ley de Moisés descrita en Éxodo, XXI: 18-25, ha sido siempre la base de la vida judía. La ley de la garra -¿qué podría ser más descriptiva de la actitud del judío hacia su prójimo, la garra extendida para mutilar y matar a todos los que se atreven a oponerse a él?

Debido a su suciedad, el Talmud también dio lugar a otra costumbre, la de quemar libros. Los libros eran cosas raras y preciosas durante la Edad Media, y nadie pensaría en destruirlos voluntariamente, pero cuando se daba a conocer a los gentiles el conocimiento del sucio contenido del Talmud, ellos invadían el gueto, sacaban las copias del Talmud y las quemaban.

Siempre que fue posible, después de una victoria, como durante el reinado de Cromwell Puritan en Inglaterra, los judíos ejercieron su ley de la garra contra los gentiles indefensos. La historia está llena de historias de atrocidades judías contra mujeres y niños, desde el Libro de Ester hasta las atrocidades que cometieron contra los árabes en Israel. Aunque se suele denunciar como un fenómeno "católico", la Inquisición fue desde sus inicios un ejercicio judío, y la mayoría de sus víctimas eran buenos cristianos. El propósito original era disuadir a los miembros de la comunidad judía de convertirse en "marranos", o arroz-cristiano. Muchos judíos se habían convertido en cristianos nominales para mejorar sus posibilidades de hacer negocios con los gentiles. En España y Portugal, el movimiento marrano se había generalizado, y los Ancianos de Sión decidieron que debían ponerle fin. Como de costumbre, usaban a los gentiles para hacer el trabajo sucio por ellos. ¿Qué era más natural que que los Ancianos usar la Iglesia para sus malos propósitos?

En ese momento, Torquemada había subido rápidamente en la jerarquía del catolicismo español. La Iglesia no era antijudía, como lo demuestra el hecho de que muchos judíos pudieron convertirse en católicos de alto rango. En este mismo momento, en 1483, el gobierno español había nombrado a un judío, Isaac Abrabanel, como administrador de las finanzas del Estado, con el fin de recaudar fondos para expulsar a los judíos de Granada. Por lo tanto, no se puede decir que España fuera una nación antisemita en la época de la Inquisición. Sin embargo, los judíos fueron capaces de idear un plan que obligaría a la Iglesia a perseguir a los marranos.

Torquemada informó a sus superiores en la Iglesia que muchos marranos no eran cristianos en absoluto, lo cual era muy cierto, y que todavía guardaban objetos sagrados judíos en sus casas y los sacrificaban. Los obispos se horrorizaron ante tal traición, y le preguntaron a Torquemada qué hacer. Sugirió que los marranos fueran llevados ante una junta de investigación católica, y que se les preguntara sobre su traición a la fe cristiana a la que pretendían pertenecer. Los obispos estuvieron de acuerdo, y como fue Torquemada quien originó la idea, lo pusieron a cargo de la Inquisición.

En pocas semanas, Torquemada había convocado a cientos de judíos, y también a muchos cristianos, a su Inquisición. Los obispos se horrorizaron al enterarse de que había establecido una policía secreta en toda España, en nombre de la Inquisición Católica, y que estaba sometiendo a la gente a las más horribles torturas.

Cuando le hicieron una advertencia y le rogaron que dejara de cometer tales iniquidades en el nombre de Jesucristo, se limitó a sonreírles filosóficamente y a murmurarles,

"¿Quizás tú también estás vacilando en tu fe?"

Ante esta audaz amenaza de que ellos también pudieran ser llevados ante su Inquisición, los obispos se vieron obligados a dejarle continuar su trabajo... Financió un ejército de espías confiscando las fortunas de todos los que se presentaron ante su Inquisición, ya que las víctimas siempre confesaban.

Durante siglos, la Iglesia ha sido denunciada por los crímenes de la Inquisición, pero los obispos que trataron de impedir que Torquemada llevara a cabo estas atrocidades fueron quemados en la hoguera. Como de costumbre, los judíos han responsabilizado de sus crímenes a otra persona.

La influencia de Torquemada pronto impregnó los más altos consejos de la Iglesia Católica y, en algunos países, la convirtió en un instrumento para la opresión del pueblo trabajador. Esto no sólo no tenía nada que ver con las enseñanzas de Jesucristo, sino que también era aborrecible para la mayoría de los líderes católicos. Sin embargo, no tenían poder para cambiar las cosas. Mientras los obispos judíos se revolcaban en lujos y extorsionaban al pueblo con el uso de tropas fuertemente armadas, un hombre finalmente arriesgó su vida para protestar. Era Martín Lutero.

Nunca fue la intención de Lutero efectuar un cisma en la Iglesia, o dirigir un cuerpo religioso separado. Simplemente deseaba reformar la Iglesia desde dentro, expulsar a los judíos y poner fin a sus prácticas no cristianas. En 1524, publicó una de una serie de ataques contra los judíos, "Cartas contra los

Sabáticos, Sobre los Judíos y sus Mentiras, Sobre el Shem-Ha-Mephorash."

Si Lutero hubiera podido prevalecer contra los judíos y reformar la Iglesia desde dentro, nunca habría habido una Iglesia Protestante. Sin embargo, los judíos eran demasiado poderosos y él no pudo desalojarlos. Había traducido el Talmud, porque era uno de los más grandes eruditos de todos los tiempos, y sabía exactamente qué eran los judíos y cuáles eran sus propósitos.

Uno de los principales eruditos de hoy, el Padre James E. Bulger, le dijo a este escritor,

"Si Lutero hubiera podido reformar la Iglesia desde dentro, el pueblo se habría librado de las terribles guerras religiosas que devastaron Europa durante tantos siglos. Los judíos trataron de destruir a Lutero masacrando a sus seguidores, y estas llamadas guerras religiosas que instigaron son uno de sus crímenes más viciosos contra la humanidad."

El país de Polonia tiene una de las historias más largas de Europa de reacciones biológicas contra los parásitos judíos. Como país corredor entre dos grandes potencias, Alemania y Rusia, Polonia ha sido invadida más a menudo que cualquier otro país. También ha sido objeto de más traición por parte de los judíos. Por esta razón, los polacos siempre han sido conocidos por sus sentimientos antijudíos. La principal objeción a los judíos surgió durante la invasión de Polonia por parte de Carlos X de Suecia en 1655. Conquistó a los polacos porque los judíos vinieron a su tienda y le dieron información completa sobre las defensas polacas. Después de conquistar Polonia, Carlos X nombró a los judíos altos funcionarios de su gobierno de ocupación. Los judíos abusaron tanto de su poder que un patriota polaco, Stephen Czarniecki, encabezó una revuelta contra los conquistadores y expulsó a Carlos X del país.

Tan pronto como los suecos se fueron, los polacos cayeron sobre los judíos y masacraron a 300.000 de ellos como pago por su traición. Fue una escena que se ha repetido muchas veces en la historia. Sólo tenemos que recordar que Stalin evacuó a los judíos de las regiones fronterizas a medida que los nazis avanzaban hacia Rusia, y que permitió que dos millones de ellos murieran en trenes de ganado en Siberia por temor a que traicionaran sus posiciones militares a los alemanes, y que ordenó a los ejércitos rusos que se detuvieran fuera de Varsovia durante dos semanas mientras los alemanes aniquilaban el ghetto de Varsovia. No importa quién sea el enemigo, el judío siempre traicionará al pueblo hacia él. Después de expulsar a los invasores, el judío tiene que pagar por su traición. Los polacos nunca han perdonado a los judíos por su subversión, y aún hoy, mientras que el primer ministro Gomulka tiene una esposa judía y es un judío practicante, no puede seguir murmurando contra los judíos. Se necesita todo el poder del gobierno soviético para mantener su gobierno comunista judío.

Durante el siglo XVIII, los judíos perfeccionaron nuevas técnicas para obtener poder sobre sus huestes gentiles. Estos métodos eran las empresas en participación, los bancos y las bolsas de valores. Con estos dispositivos, los judíos pudieron atraer la mayor parte de la riqueza del mundo gentil a las redes o bancos judíos. La sede de estas empresas era Ámsterdam, hasta que los judíos financiaron la conquista de Inglaterra por Cromwell. Luego trasladaron sus empresas a Londres, porque la flota inglesa controlaba el comercio mundial. A pesar de las angustiosas protestas del sufrido pueblo inglés, los judíos han estado en Londres desde entonces.

Con gran ingenio, desarrollado a través de siglos de endogamia en los guetos de Europa, los judíos usaron el propio dinero de los gentiles para controlarlos y estrangularlos. Como parásitos, los judíos no trajeron nada a Inglaterra a su regreso excepto su ingenio, pero en menos de un siglo se habían asegurado el control de la riqueza de un gran Imperio. En el año 1694, Guillermo de Orange, el Rey de Inglaterra, necesitaba dinero para pagar a sus tropas. Temía un intento de los Estuardo de recuperar el trono, y tuvo que mantener un gran ejército en pie. Sus asesores le sugirieron que consultara con los comerciantes de Londres, muchos de los cuales eran judíos, porque podían permitirse prestarle el dinero. Estaban dispuestos a prestarle el dinero a William con una condición: que les permitiera emitir billetes de banco contra la deuda. Apenas entendiendo esta petición inusual, William estuvo de acuerdo.

Así nació el primer banco central de emisión, y ahora los gentiles se esclavizaron por los billetes de banco que devengaban intereses emitidos por los judíos.

Aunque Guillermo no se dio cuenta, los judíos habían usurpado la autoridad de la Corona Inglesa, con su permiso. La soberanía siempre ha significado la autoridad para acuñar dinero, y ahora los judíos obtuvieron este derecho para su Banco de Inglaterra. La historia del mundo desde 1694 es el registro de la manipulación judía de sus bancos centrales para financiar guerras y revoluciones cada vez mayores contra los poderes gentiles. Millones de gentiles han muerto violentamente porque Guillermo de Orange, sin saber lo que estaba haciendo, emitió la carta del Banco de Inglaterra a los judíos.

Con el poder monetario a su disposición, los parásitos judíos pronto ganaron el control del Imperio Británico. Luego usaron el imperio para gobernar otras naciones europeas. Barón, en *Las grandes ideas del pueblo judío*, dice, página 319,

Ya en 1697, la Bolsa de Londres, que pronto se convertiría en la principal bolsa del mundo, reservó permanentemente para los judíos doce de sus 124 plazas.

¿No era esto racismo? ¿No fue discriminación? No se reservaba ni un asiento para los gentiles, pero aproximadamente el diez por ciento estaba reservado para los judíos, que en ese momento eran unos pocos miles en toda Inglaterra. También usaron su dinero para agitar por la "igualdad de derechos". Uno de sus asalariados, un negro llamado John Toland, publicó un folleto en 1714, *"Razones para naturalizar a los judíos en Gran Bretaña e Irlanda, en las mismas condiciones que todas las demás naciones."* En 1721, James Finch abrazó públicamente la conquista de Tierra Santa y se la dio a los judíos, un objetivo que los chiflados ingleses de los judíos patrocinaron durante doscientos años antes de que se hiciera realidad.

En 1723, el rey Jorge I reconoció a los judíos como súbditos británicos; en 1753, el rey Jorge II aprobó un proyecto de ley de naturalización que permitía a los judíos convertirse en súbditos nacionales, lo que habría significado que nunca más podrían ser expulsados. Hubo tal protesta de los trabajadores británicos que se vio obligado a revocar la ley al año siguiente, sin duda después de haber gastado el dinero que los judíos le pagaron para que la promulgara.

Kastein dice, *Historia de los judíos*, página 377,

"En 1750 las bolsas de valores de los baños de Ámsterdam y Londres estaban controladas por judíos."

En 1775, el rey Jorge III sentó las bases de la fortuna de los Rothschild pagando al Elector de Hesse de los mercenarios de Hesse para que luchara contra los patriotas americanos y pusiera fin a su revolución. Cuando Napoleón marchó más tarde contra Alemania, el electorado de Hesse pidió a su buen amigo, Mayer Amschel Rothschild, un traficante de monedas judío de Fráncfort, que le escondiera el dinero. Rothschild estaba encantado de hacerlo, y prestó el dinero en otros países a altas tasas de interés. Cuando Napoleón se retiró, Rothschild devolvió al elector su dinero, con intereses. El elector estaba tan contento que rogó a Rothschild que se quedara con el dinero y continuara prestándolo para él. Como banquero de la corte para el Elector, Rothschild comenzó a especializarse en préstamos internacionales.

El poder y las finanzas judías ahora crecieron a pasos agigantados. Un judío, D'Israeli (que significa Israel), se convirtió en Primer Ministro de Inglaterra. También fue escritor de malas novelas, en las que expuso su teoría de que los judíos eran superiores a todos los demás pueblos. "Todo es raza, no hay otra verdad", declara el héroe de su novela, Tancred, al explicar la superioridad natural de los judíos.

En 1871, William Gladstone eligió al judío Sir George Jessel como procurador general de Inglaterra. Otro judío, Rufus Isaacs, se convirtió en Lord Chief Justice de Inglaterra, Embajador en los Estados Unidos y Virrey de la India.

Si Alemania proporcionó la mano de obra para el ascenso de los judíos a la riqueza, e Inglaterra proporcionó el dinero, fue en Francia donde los judíos encontraron el suelo más fértil para sus actividades. Fue el dinero judío el que pagó los disturbios que desencadenaron la Revolución en París y derribaron a los líderes gentiles, con la cabeza de su Rey rodando en una canasta bajo la guillotina. En ningún país los judíos hicieron tan bien en aniquilar a los líderes gentiles como en Francia, con el resultado de que el país ha estado dando vueltas como un pollo sin cabeza durante doscientos años. Los judíos lograron el mismo objetivo durante la Revolución Comunista en Rusia. '¡*Los mejores de los gentiles matan!*' Siempre ha sido el terrible lema del Talmud.

Los franceses siempre han temido a los judíos. El gran filósofo Voltaire escribió sobre ellos en su Diccionario Filosófico,

"En resumen, sólo encontramos en ellos a un pueblo ignorante y bárbaro que durante mucho tiempo ha unido la más sórdida avaricia con la más detestable superstición y el odio más invencible hacia todos los pueblos que los toleran y enriquecen."

No es de extrañar que Voltaire haya sido excluido de los cursos de filosofía en las universidades estadounidenses! Era uno de los pocos gentiles lo suficientemente inteligentes como para ver que no eran los gentiles los que odiaban a los judíos, sino que eran los judíos los que odiaban a los gentiles. Le habría gustado ver la observación de Kastein de que los judíos odiaban a los romanos con "un odio casi inhumano". Y así han odiado a todos los pueblos que, como dice Voltaire, "son tolerados y enriquecidos."

Cuando Napoleón se convirtió en el amo de Europa, se descubrió, para su consternación, que los judíos eran la única fuerza sobre la que no podía ejercer control alguno. En un intento de limitar sus actividades internacionales, emitió un decreto en 1808 que los judíos llamaban el *Décret Infame*, el In*fame*, porque trataba de hacerlos obedecer las leyes que gobernaban a otras personas en Francia. A lo largo de la historia, encontramos que los judíos no se consideran sujetos a las leyes de los gentiles, a quienes consideran meras bestias ignorantes. Cuando un gobernante trata de forzarlos a obedecer la ley, es vilipendiado a través de los siglos como un tirano cruel. Si les permite hacer lo que le plazca, se le registra como un monarca liberal y gentil que se dedica a los derechos humanos. La frase "derechos humanos", tal como se usa en la historia moderna, significa "derechos judíos", porque, según la ley talmúdica, los gentiles no son humanos y no tienen derechos.

En la mayoría de los casos, los monarcas europeos han encontrado ventajoso para ellos dejar que los judíos se salgan con la suya. En todos los casos, han sido los trabajadores explotados los que se han levantado contra los judíos. Kastein dice, página 322, *Historia de los judíos*,

"El gobierno ruso consideraba que las actividades de los judíos de la aldea explotaban a la población rural."

En consecuencia, el zar dictó un decreto para que los judíos no fueran más allá del Pale, una zona agrícola. Los banqueros judíos en Estados Unidos exigieron inmediatamente que el presidente declarara la guerra contra Rusia y obligara al zar a rescindir el decreto, pero el presidente Taft se negó, con el resultado de que los judíos dividieron al Partido Republicano en su próxima campaña, y eligieron a su candidato preferido, el demócrata Woodrow Wilson.

Kastein también dice, página 390,

"En Suiza, que se convirtió en la República de Helvetia en 1798, también había un problema judío, aunque sólo había doscientas familias judías en el país, y se debatió mucho sobre si este puñado de personas debía recibir los mismos derechos. Al final, fueron rechazados."

Incluso Suiza, el estado más democrático de Europa, no podía permitirse conceder igualdad de derechos a los judíos. La mayoría de las naciones europeas todavía seguían los preceptos del Imperio Bizantino. A los judíos no se les permitía ocupar cargos públicos ni educar a los jóvenes. Los judíos tuvieron que depender del soborno y el chantaje de los funcionarios gentiles para obtener sus fines, y los resultados fueron a menudo impredecibles. La batalla de Waterloo significó el fin de la independencia gentil de los judíos en Europa. Napoleón era inquebrantable en su determinación de que los judíos debían obedecer las leyes de su Imperio. Las otras naciones europeas estaban gobernadas por aristócratas que estaban en deuda con los judíos. Cuando Napoleón regresó triunfante de Elba, los Rothschild garantizaron inmediatamente grandes préstamos a todos los países europeos que enviaran un ejército en su contra. Como resultado, Napoleón se enfrentó a una vasta coalición en Waterloo. Fue el primer ejemplo de la técnica judía de alistar a las naciones "aliadas" para que lucharan contra sus enemigos por ellos.

Durante la batalla de Waterloo, los corredores de bolsa de Londres temían el resultado. A pesar de la tremenda fuerza que se desplegó contra él, Napoleón seguía siendo conocido como el general más brillante de Europa. Debido a que los judíos se especializaban en el intercambio de información, Nathan Mayer Rothschild, jefe de la Casa de Rothschild, había hecho arreglos para aprender el resultado de la batalla de Londres. Tan pronto como las tropas de Napoleón fueron derrotadas, un teniente de Rothschild se apresuró a presentar un proyecto de ley que daba al Canal de la Mancha; y esa misma noche, a altas horas de la noche, envió el mensaje guiñando el ojo con luces: "Napoleón ha perdido". Luego liberó una paloma mensajera que se dirigía a la Bolsa de Londres con el mensaje: "Napoleón ha ganado".

Cuando Nathan Mayer Rothschild entró en la Bolsa de Valores a la mañana siguiente, todo fue un caos. Ante la noticia de que Napoleón había ganado, todos trataron de descargar sus acciones a cualquier precio. Sólo Rothschild sabía la verdad, y compró todo lo que se le ofreció. Los precios cayeron un novecientos por ciento en pocos minutos, y él compró a su propio precio. Cuando la Bolsa cerró esa tarde, poseía el sesenta y dos por ciento de todas las acciones que cotizaban en la Bolsa. Muchos de los grandes nombres de Inglaterra se arruinaron ese día. A la mañana siguiente, Londres se despertó para saber la verdad: Napoleón había sido aplastado. Los aristócratas londinenses que habían sido arruinados en la Bolsa se apresuraron a cumplir con las órdenes de Rothschild. El duque de Marlborough, que había llevado al ejército británico a la victoria en Waterloo, se convirtió en el aliado de Rothschild, después de que Rothschild recaudara una gran cantidad de dinero del público, por supuesto, y se lo presentara. Marlborough se convirtió en un leal secuaz de los judíos, así como, cien años más tarde, su descendiente, Winston Churchill, o W. C., como era conocido por sus súbditos (que significa retrete), se convirtió en la herramienta sin rostro de Baruch y los Rothschilds.

Como amo de Europa y vencedor de su enemigo gentil, Napoleón, el despiadado Rothschild había enviado al emperador caído a una remota isla del Atlántico y lo había envenenado lentamente con arsénico hasta que murió. Ahora Rothschild obligó a todas las naciones europeas a pedirle grandes préstamos. Tan pronto como las naciones pidieron prestado el dinero, los judíos pasaron a posiciones oficiales. La verdadera celebración de la victoria judía fue el Congreso de Viena en 1815. Rothschild ordenó a los gobernantes europeos que se reunieran en Viena y elaboraran un plan que hiciera imposible que otro Napoleón subiera al poder. Desarrollaron el plan de "equilibrio de poder", por el cual, si alguna nación europea comenzaba a ser demasiado poderosa, las otras naciones se unirían y la atacarían. En efecto, significaba que cualquier futuro enemigo de los judíos tendría que enfrentarse a los ejércitos de las otras naciones, como más tarde ocurrió contra Hitler.

El Congreso de Viena eliminó las últimas restricciones sobre los judíos. Les garantizaba "igualdad de derechos" en todos los países europeos, y salieron de los guetos, ocupando puestos gubernamentales, educativos y bancarios. El parásito judío se había convertido en el gobernante indiscutible de la hueste gentil. Era inevitable que la hueste gentil se enfrentara a un futuro terrible, con su destino en tan crueles y avariciosos grupos.

Cien años después del Congreso de Viena, toda Europa se vio envuelta en una calamitosa guerra mundial. Los judíos terminaron esta guerra de tal manera que una segunda guerra mundial era inevitable. Más de cien millones de gentiles perdieron sus vidas en estas dos guerras judías. Los aristócratas de todos los países excepto Inglaterra, que entonces era la sede central del mundo judío, fueron barridos de sus tronos. Fueron dejados de lado porque los judíos ya no tenían ningún uso para ellos, y ahora los judíos establecieron su propia forma de gobierno comunista. Estos gobiernos comunistas judíos despojaron a los gentiles de toda propiedad personal y derechos humanos individuales. Sólo los judíos podían tener voz en estos gobiernos, y los gentiles que se oponían a ellos eran enviados a campos de concentración, torturados y asesinados por millones. Sólo en Rusia, los judíos asesinaron a veinte millones de cristianos entre 1917 y 1940.

Después del Congreso de 1815, la siguiente ola de revueltas judías ocurrió en 1848. Todos los países de Europa estaban alarmados por el espectáculo de hordas de judíos que gritaban exigiendo que los gentiles rindieran toda su propiedad privada. Esto se conocía como comunismo. El judío Karl Marx escribió y publicó el Manifiesto Comunista, y se convirtió en el padre fundador del Partido Comunista, cuya membresía ha estado dominada desde entonces por los judíos. Después de los levantamientos de 1848, los judíos asumieron cargos de gabinete en muchos países europeos. El Barón dice, página 329, *Grandes Ideas del Pueblo Judío*,

> "Es menos sorprendente que Francia, donde la emancipación judía había estado en vigor durante un siglo, también incluyera a dos judíos prominentes en su nuevo gabinete. Uno de ellos, Michael Godchaux, se convirtió en Ministro de Finanzas.... El Ministerio de Justicia, igualmente crucial, fue entregado al firme defensor de los derechos judíos, Adolphe Crémieux."

Tenga en cuenta que el barón dice que este puesto fue "entregado". En ese momento, el Barón James de Rothschild tenía una fortuna sesenta veces mayor que la del Rey de Francia. El Barón tampoco menciona que Crémieux era el jefe de la Alianza Israelita Universal, el movimiento sionista de poder mundial. Tampoco menciona que la emancipación judía había estado en vigor durante un siglo porque los judíos habían masacrado a los líderes gentiles de Francia durante la Revolución. En Inglaterra, Nathan Mayer Rothschild controlaba la mayor parte de la riqueza del imperio. Otros Rothschilds controlaban las naciones de Alemania y Austria-Hungría. La araña judía de las finanzas internacionales había tejido su tela sobre el mundo gentil, y pronto su veneno paralizaría a todos los gentiles y los convertiría en esclavos indefensos de los judíos.

Los funcionarios judíos llenaban ahora los pasillos del gobierno en todas las naciones europeas. El barón aclama a D'Israeli como "uno de los grandes constructores del imperio británico" y "el regenerador del Partido Conservador". El Ministro de Asuntos Exteriores del Imperio Austro-Húngaro fue el Barón Alois von Aehrenthal, un judío que creó la perenne "crisis de los Balcanes" y allanó el camino para la gran matanza, la Primera Guerra Mundial.

A finales del siglo ^{XIX}, los judíos se dieron cuenta con creciente entusiasmo de que se acercaba el momento de establecer su imperio mundial. Los banqueros internacionales judíos controlaban todos los gobiernos de Europa, y sólo necesitaban causar más estragos en los gentiles antes de conquistar Palestina, pues su superstición era que no podían gobernar el mundo hasta que no poseyeran el pequeño pedazo de desierto donde habían empezado como bandidos hace cinco mil años.

Un judío típicamente prominente durante este período fue Basil Zaharoff, quien durante cincuenta años fue conocido como el Hombre Misterioso de Europa. Se le atribuye el haber iniciado muchas pequeñas guerras y haber desempeñado el papel principal en el inicio de la Primera Guerra Mundial. Sus biógrafos afirman que nació Manel Sahar, de origen judío ruso, en el gueto de Wilkomir, Rusia. Sus padres se mudaron a Constantinopla cuando él tenía cuatro años, y a la edad de seis años, se convirtió en un prostíbulo, llevando a los turistas a casas de prostitución. De joven era un proxeneta muy conocido en Constantinopla, y a la edad de veinticuatro años huyó a Atenas después de asesinar a un marinero en los muelles durante un robo.

Tras una vida deshonesta en Atenas durante varios años, Zaharoff se convirtió en vendedor de armamento para la firma de Maxim Nordenfeldt. La transición de proxeneta a vendedor fue sencilla, ya que los contratos gubernamentales solían ser arreglados amueblando hermosas prostitutas para el oficial de contrataciones. A través de su talento para el proxenetismo y el chantaje, Zaharoff tuvo un éxito extraordinario en persuadir a los gobiernos para que compraran sus productos, y pronto se convirtió en millonario. Gastó muchos miles de dólares para borrar sus antecedentes penales, pero en 1911, su pasado fue revelado cuando su hijo, Haim Sahar, un judío que vivía en Birmingham, Inglaterra, lo demandó por parte de su fortuna. Aunque Haim demostró que era el hijo de Zaharoff, no obtuvo nada de Zaharoff, que para entonces había acumulado una fortuna de cien millones de dólares.

En la década de 1890, la mayor empresa de municiones del mundo era Vickers of England, propiedad de los Rothschilds. En 1897, Vickers compró la Compañía Naval de Construcción y Armamento, y también la Maxim Nordenfeldt Co. Zaharoff era el mayor accionista, y los Rothschilds lo colocaron en la junta directiva de Vickers. Los judíos entonces cargaron a todos los gobiernos de Europa con municiones. Los Rothschild obligaron a los gobiernos a los que prestaron dinero a destinar la mayor parte para la compra de armamento. El escenario estaba preparado para una guerra mundial, y como Werner Sombart, el historiador económico, dijo: "Las guerras son las cosechas de los judíos". Los judíos comenzaron a escupir de sus guetos balcánicos, entrando en Inglaterra a un ritmo de 600.000 al año, y en los Estados Unidos a un ritmo de un millón al año. Tomaron las oficinas del gobierno tan completamente que el Ministerio de Asuntos Exteriores inglés era conocido como "el Ministerio de Asuntos Exteriores", en referencia al gran número de judíos con acentos gruesos que llenaban sus ministerios que se convirtieron en ministros de finanzas y justicia en muchos países, de modo que podían controlar a las naciones a través de estas posiciones. El Ministro de Finanzas en Francia fue Klots; en Italia, Luzzatti; en Alemania, Demberg; en Inglaterra, Isaacs. De los 355 funcionarios consulares asalariados ingleses, 200 eran nacidos en el extranjero y 120 se identificaban fácilmente como judíos, aunque el total era indudablemente mayor.

Todos los gobiernos europeos se vieron sacudidos por escándalos financieros y de espionaje cuando los judíos vendieron secretos de Estado y patentes al mejor postor. Cuando el gentil Marconi inventó la radio, la familia judía de Isaacs obtuvo posesión de ella, y la rama americana de la RCA, estaba encabezada por el judío ruso David Sarnoff. El 7 de marzo de

1912, el jefe de correos inglés, Sir Herbert Samuel, de la familia judía propietaria de Shell Oil; y Charles Isaacs, presidente de Marconi, Ltd., dividieron 100.000 acciones como regalo a su hermano Rufus Isaacs, Ministro de Finanzas, y Lloyd George, Primer Ministro. Cuando el escándalo estalló en la prensa, no sólo Lloyd George permaneció en el cargo, sino que, con el típico descaro, los Rothschilds obligaron a Lord Asquith a nombrar a Rufus Isaacs como Lord Chief Justice de Inglaterra, con el título de Baron Reading de Erleigh. Rudyard Kipling comentó sobre este nombramiento: "Hace tres años usted habría dicho que los escándalos de Marconi y el nombramiento del actual Lord Chief Justice eran imposibles."

Los judíos no sólo controlaban a Lloyd George con sobornos, sino que Zaharoff envió a su ex esposa a tener una aventura con el Primer Ministro. Un ayudante de Zaharoff era un judío húngaro llamado Trebitsch que había venido a Inglaterra, añadió Lincoln a su nombre, quizás en memoria del asesinado San Hugh de Lincoln, y como Trebitsch-Lincoln, se convirtió en un clérigo de la Iglesia de Inglaterra y miembro del Parlamento, mientras trabajaba como agente de Zaharoff. Trebitsch-Lincoln murió durante la década de 1930 como monje en el Tibet. Su carrera tipificaba al judío sin hogar, cosmopolita, capaz de ir a cualquier parte y asumir cualquier papel.

Zaharoff también murió durante la década de 1930, como multimillonario en la Riviera, mientras planeaba la Segunda Guerra Mundial. Antes de morir, había asesinado a la única persona que conocía todos los secretos de su pasado criminal, un judío llamado Nadel que había sido miembro de la Surete francesa, y que había entrado en posesión de pruebas documentales contra Zaharoff. Nadel chantajeó a Zaharoff durante diez años, y finalmente fue encontrado muerto en su suite en la Riviera con un millón de francos en efectivo en un cajón de la oficina, aparentemente la última cuota que Zaharoff estaba dispuesto a pagar. La Primera Guerra Mundial había estallado según lo previsto, cuidadosamente planeada por Zaharoff y los demás magnates de las municiones judías. Tremendas fortunas se hicieron durante la matanza de los gentiles. Un científico judío en Inglaterra llamado Chaim Weizmann inventó un gas venenoso mortal durante la guerra, y los judíos acordaron que los británicos podrían usarlo si apoyaban el movimiento sionista para apoderarse de Palestina. Los británicos aceptaron la oferta, que Lord Balfour hizo formal en una carta a Lord Rothschild el 2 de noviembre de 1917. Sin embargo, T. E. Lawrence, conocido como Lawrence de Arabia, había persuadido a los árabes para que se rebelaran contra los turcos y apoyaran a Inglaterra. A cambio, los ingleses habían acordado mantener a los judíos fuera de Palestina. Lawrence estaba tan disgustado por esta traición a los árabes que dejó la vida pública para siempre. Irónicamente, esta traición marcó el comienzo del declive de Inglaterra como potencia mundial, y pronto se hundió en el papel de una nación de segunda clase.[2]

Chaim Weizmann se hizo conocido como el Fundador de Israel, y la nación judía debió su origen a la invención de un arma tan horrible que la mayoría de los países han acordado nunca utilizarla. Durante la Segunda Guerra Mundial, los científicos

---

[2] Desmond Stewart y otros escritores ingleses han recopilado recientemente pruebas de que la muerte de T. E. Lawrence en un 'accidente' de motocicleta fue un asesinato a sangre fría. Los judíos entendieron que sus planes de apoderarse de las tierras árabes nunca podrían llevarse a cabo mientras Lawrence estuviera vivo para dar testimonio de las promesas de integridad territorial que los británicos hicieron a los árabes a cambio de su apoyo durante la Primera Guerra Mundial. La historia se difundió que se había desviado para evitar golpear a algunos niños en la carretera, aunque no había niños en la zona en el momento del 'accidente'. Debido a sus conexiones de inteligencia, Winston Churchill era uno de los que estaban al tanto del hecho de que Lawrence había sido asesinado, y fue esta información, que demostraba a Churchill el poder de los judíos, además de su deficiente situación financiera, lo que lo llevó a revertir su anterior actitud despectiva hacia los judíos y a buscar su apoyo. Viajó a Nueva York para pedir un préstamo a Bernard Baruch, pero los judíos, inseguros de que se pudiera confiar en él, lo atropellaron con un coche fuera del apartamento de Baruch, casi matándolo. Después de algunos meses en el hospital, Churchill regresó a Inglaterra. Los judíos le informaron entonces que, como había sobrevivido a su 'accidente', y era consciente de que cualquier desviación de su línea resultaría en una segunda y fatal, recogerían sus notas pendientes. A cambio, comenzó a hacer campaña a favor de la "preparación" y la guerra contra Alemania, una postura que desconcertó a aquellos que citaron sus referencias anteriores a Hitler como "el George Washington de Europa". Hitler podría ser George Washington, pero fueron los judíos quienes mantuvieron la hipoteca sobre Chartwell, la propiedad de Churchill.

judíos volvieron a cooperar para inventar un arma más mortífera, la bomba atómica, que se conoció como la bomba infernal judía.

Durante la guerra, los judíos cantaron su himno,

"Adelante, soldados cristianos,
Marchando como a la guerra;
Haremos los uniformes,
Como hicimos antes."

Aunque los judíos obtuvieron la mayoría de los contratos para abastecer a los ejércitos gentiles en lucha, el dinero real lo ganaron los Rothschilds, con intereses sobre las enormes deudas acumuladas por todas las naciones en guerra. Los judíos también aprovecharon la guerra para llevar a cabo una revolución exitosa en Rusia. Al final de la guerra, judíos de todo el mundo acudieron en masa a París para la Conferencia de Paz, que bien podría haberse celebrado en yiddish, ya que cada nación estaba representada por una delegación judía. Los observadores políticos se asombraron de la manera imprudente en que los judíos dividieron Europa para hacer inevitable una segunda guerra mundial. Crearon un nuevo estado, Checoslovaquia, y se lo presentaron a su amigo Masaryk, como recompensa por haberlos defendido contra el castigo por crímenes de asesinato ritual. Exigieron enormes sumas de dinero en concepto de reparaciones a los alemanes, sabiendo que esto incitaría a los alemanes a luchar de nuevo.

Durante esta Conferencia de Paz, uno de los grandes estadistas de Francia, el senador Gaudin de Villain, pronunció un discurso el 13 de mayo de 1919 ante el Senado francés, en el que denunciaba los actos subversivos de los judíos. Entre otros muchos puntos, dijo,

"La Revolución Rusa y la Gran Guerra de 1914-1918 son sólo fases de la suprema movilización de las potencias cosmopolitas del dinero, y esta suprema cruzada de Oro contra la Cruz es nada más y nada menos que la furiosa aspiración del judío a la dominación de nuestro mundo. Es el Alto Banco Judío el que ha fomentado en Rusia la revolución preparada por los Kerensky y finalmente perpetrada por los Lenin, los Trotsky y los Zinóviev, como lo fue ayer el golpe de Estado comunista en Hungría, pues el bolchevismo no es más que un levantamiento talmúdico."

CAPÍTULO 8

LOS JUDÍOS Y EL COMUNISMO

Con su habitual talento para confundir los temas, los judíos han creado una serie de cortinas de humo para ocultar su último regalo al mundo, la filosofía del comunismo. ¿Qué es el comunismo? En algunos millones de palabras escritas sobre este tema en miles de libros publicados por los judíos, no encontrará la única frase que explicará el comunismo - el comunismo es la forma moderna del estado colectivo judío.

¿Cuáles son los principios del comunismo? En primer lugar, el comunismo tiene un alcance internacional. Niega los principios del nacionalismo. Segundo, el comunismo niega a Jesucristo y su amor por el individuo. También niega el principio de la salvación del alma, que es la base de toda creencia cristiana. Tercero, el comunismo niega al individuo todos los derechos humanos, como la propiedad privada, una voz en el gobierno o el derecho a cuestionar la autoridad del estado colectivo.

Estos son, pues, los principios fundamentales del comunismo. Curiosamente, estos son también los principios fundamentales de los judíos. El internacionalismo, el odio a Jesucristo, el odio al individuo, la negación de los derechos humanos, la dictadura del Estado colectivo, son igualmente básicos tanto para los movimientos políticos judíos como para los comunistas. No es de extrañar, pues, que un judío, Karl Marx, sea el padre de la filosofía del comunismo.

Ya hemos discutido la férrea disciplina bajo la cual vive el individuo judío, el ejercicio de la dictadura por parte de los Ancianos de Sión sobre cada aspecto de la vida judía. Esta dictadura judía, extendida sobre los gentiles, se llama entonces comunismo.

Pero, uno puede preguntarse, ¿por qué atacan los judíos el principio de la propiedad privada cuando los judíos ya poseen el 80% de la propiedad privada en las naciones occidentales? En primer lugar, con el término propiedad privada el judío significa propiedad que todavía es propiedad de los gentiles. Bajo la ley talmúdica, los gentiles son bestias a las que no se les puede permitir poseer nada, ni hogares, ni tierra, ni propiedad personal. Por lo tanto, al llevar a cabo la confiscación de la propiedad privada de los gentiles, los judíos simplemente están siguiendo un principio básico de su religión.

Cuando los comunistas se apoderan de un país, lo primero que hacen es asesinar a todos los líderes gentiles: los profesores, los médicos, los funcionarios del gobierno y cualquier otro gentil que pueda liderar la oposición contra ellos. Esto sigue el mandato básico judío,

"¡Los mejores de los gentiles matan!"

Dado que el pueblo judío no cree en los derechos individuales, el concepto de propiedad privada les es ajeno. Cada judío considera la riqueza de otros judíos como parte de la riqueza nacional israelí. Aunque los judíos individuales pueden tener el uso de su dinero durante su vida, deben contribuir en gran medida a las instituciones judías, financiar los movimientos revolucionarios judíos, sobornar a los funcionarios para encubrir los asesinatos rituales judíos y gastar la mayor parte de sus ingresos en asuntos puramente judíos. Después de su muerte, su dinero debe ir a los judíos, y bajo ninguna circunstancia se le permite pasar a las bandas gentiles. Por lo tanto, los judíos establecieron fundaciones sionistas, evitando todos los impuestos sobre su dinero, a pesar de las leyes fiscales marxistas punitivas que promulgan y aplican a los gentiles.

Pero, ¿cómo pueden ser comunistas los banqueros judíos? Todo el mundo sabe que los comunistas atacan a los banqueros y confiscan su riqueza. Sin embargo, toneladas de documentos prueban que todos los fondos para el crecimiento del comunismo en todo el mundo provienen de banqueros judíos. La fuente principal ha sido el Banco de Inglaterra, controlado por los judíos, y el Banco de Francia. Estos son departamentos de lo que el Senador de Villain llamó "el Banco Alto Judío", que es administrado por la familia Rothschild. Así, encontramos que una fortuna judía supuestamente privada se utiliza principalmente en actividades judías y en el financiamiento del movimiento revolucionario comunista judío internacional.

También, a pesar de que los judíos poseen o controlan la mayoría de las propiedades en las naciones cristianas, es la característica peculiar del parásito judío que debe dominar cada acción y detalle en la vida del huésped gentil. Sin esta dictadura completa sobre los gentiles, sin la furia y la esquizofrenia del judío que lo hace necesario, la vida moderna perdería mucho de su dirección, porque el judío nunca puede sentirse completamente seguro. Un Rothschild con sus miles de millones tiene la misma pesadilla que el pequeño sastre judío al final de la calle, el temor de que algún día lo echen de la hueste gentil, de que se le niegue su existencia parasitaria. Por lo tanto, tiene que alcanzar un poder de vida o muerte sobre la hueste gentil.

La mayoría de los gentiles cometen el error de suponer que al judío sólo le interesa el dinero. Esto es una peligrosa simplificación excesiva. Si el judío sólo estuviera interesado en el dinero, ya no sería un problema, porque ya tiene nuestro dinero. El judío está interesado en el dinero principalmente como un arma, un instrumento de poder sobre la hueste gentil. Con dinero, el judío gasta cientos de miles de dólares para encubrir brutales asesinatos rituales de niños cristianos inocentes; soborna a funcionarios gentiles, arruina a los gentiles que se atreven a oponerse a él, compra pruebas y testigos para enviar a los gentiles a la cárcel o a manicomios locos con cargos falsos.

El comunismo es simplemente el siguiente paso en el furioso deseo del parásito judío de someter y controlar al anfitrión gentil. Primero viene el poder financiero, luego la dictadura gubernamental del comunismo. Bajo el comunismo, el judío no tiene que sobornar a los funcionarios gentiles. Sólo firma la orden de ejecución. Los gentiles débiles son enviados a campos de concentración; los fuertes, que pueden llegar a ser líderes, y que pueden representar una amenaza para la teocracia rabínica que gobierna el estado, son torturados y asesinados. Después de algunos años de dominio comunista judío, ya no quedan líderes gentiles, y los sobrevivientes gentiles se hunden en un estado de apatía desesperada, pues la tensión que trajo el estado comunista a la existencia, la necesidad de que el parásito judío controle a la hueste gentil, ya no existe. Judíos y gentiles por igual se meten en una vida de desesperación. ¿Qué clase de vida es ésta? Es la vida del gueto. Un estado comunista no es más que un gueto de una nación.

Todos los visitantes de Occidente que entran en un país comunista comentan inmediatamente la monotonía de la gente y de las ciudades por igual. Todo está destartalado y destartalado. La chispa de la vida se ha extinguido. Los gentiles existen en un medio mundo zombie de miedo y pobreza, mientras que los judíos gordos viajan de un lugar de vacaciones a otro, acompañados por amantes rubias con abrigos de marta. A pesar de sus obvios placeres, el judío también encuentra el comunismo una existencia aburrida. ¿Por qué es esto? Cada golpe de invención, cada pedacito de vida creativa, bas vienen de los gentiles, porque los judíos de la tierra, viviendo colectivamente y odiando al individuo, carecen de cualquier instinto imaginativo o creativo. Siempre han tenido que obtener esto de los gentiles. Ahora se ha ido, porque bajo el comunismo, los gentiles no tienen dinero ni tiempo libre para desarrollar nuevos inventos u obras de arte.

Consecuentemente, el judío pierde su razón de ser. El propósito principal de la vida judía durante cinco mil años ha sido someter o controlar a la hueste gentil. Una vez que esto se ha logrado, el judío no tiene nada por lo que vivir. Ha destruido la chispa de la vida en la hueste gentil, y se horroriza al descubrir que, al hacerlo, ha extinguido la chispa de la vida en sí mismo, porque su propia vida dependía totalmente de la vida de la hueste.

En un libro reciente, *Floodtide in Europe*, el eminente periodista, Don Cook, afirma que todos los periodistas que van a los países comunistas hablan de "el olor del comunismo". Dice: "Lo peor de todo para mí fue el *olor* peculiar e inconfundible de Rusia y el mundo comunista que invadió Leipzig."

Hace treinta años, Leipzig era una ciudad alemana impecable. Bajo el comunismo, pronto volvió a la suciedad de un gueto judío medieval. El cocinero continúa,

"Todos los que han pisado la Unión Soviética conocen ese olor, un olor rancio, pesado y sucio. Cook lo llama 'un olor a prisión de desesperanza, desesperación e indiferencia'. También lo describe como un olor a viejos lavabos, jabón carbólico, cuerpos sin lavar... un olor que se cierra tan pronto como entras en un edificio, un olor que nadie puede evitar, un olor que va con el sistema."

¿Qué es ese olor que acompaña al sistema comunista? Es el rango y el aire pútrido del gueto de Varsovia en la Edad Media, creado por los judíos mientras estaban sentados, sin lavar durante años, en pequeñas habitaciones que se derramaban sobre el Talmud y se preguntaban cuándo podrían ganar poder sobre los gentiles. Los baños o un cambio de ropa de cama eran desconocidos para ellos. Uno habría tenido que trabajar por estas cosas, y esto era impensable para un judío. Su religión les prohibía trabajar para una "bestia gentil", y en cualquier caso, la única habilidad que tenían era la magia negra, y esto normalmente no se conseguía.

Este olor rancio y sucio a desesperanza comunista no es desconocido en Estados Unidos. Lo encontramos en Skid Row, donde los hoteleros judíos guardan los cuerpos sucios de los vagabundos a 25 centavos la cabeza por noche en cubículos apestosos. Estos son los gentiles que han perdido su fortuna en favor de los empresarios judíos y que ahora beben hasta caer en un estado de inercia desesperada; y también encontramos este olor en los asilos de locos donde los psiquiatras judíos han condenado a tantos críticos gentiles de los judíos a ser encarcelados por el resto de sus vidas, sin juicio y sin haber cometido un crimen, excepto por el crimen imperdonable de haberse opuesto a los judíos. El poeta Ezra Pound, que criticó a los judíos por sumergir al mundo en los horrores de una segunda guerra mundial, pasó trece años en el Hellhole of St. Elizabeth's, una institución mental federal en Washington, D.C. para presos políticos. Pound ganó varios premios por sus escritos mientras que los judíos lo tenían encerrado como un loco. Muchos visitantes del barrio, entre ellos este escritor, comentaron que el hedor del lugar era exactamente igual al de las ciudades de Europa que habían caído en manos de los comunistas judíos. El comunismo no sólo lleva el horrible olor de la desesperación humana, sino que también exhibe todos los aspectos inhumanos del judío. La escritora francesa Simone de Beauvoir, en su reciente libro *The Force of Circumstance (La fuerza de las circunstancias)*, declaró que había visitado Brasilia, una ciudad de Brasil que había sido diseñada por un arquitecto llamado Oscar Niemeyer, a quien describe como un "Judío comunista". Ella dijo de la arquitectura allí, página 533, "Esta inhumanidad es la primera cosa que golpea a uno." También cita el comentario de Lacerda sobre Brasilia, "Es una exposición arquitectónica del tamaño de la vida". De Beauvoir no agrega que el contribuyente estadounidense invirtió quinientos millones de dólares para construir esta ciudad de ensueño de los judíos en medio de la selva brasileña.

La inhumanidad y la sed de sangre son las señas de identidad del comunismo judío. Para incitar a la revolución francesa, los banqueros judíos pagaban a los agitadores para que trabajaran en las calles, mientras que el rey francés estaba horrorizado, incapaz de entender lo que estaba sucediendo. El conocido erudito Stanton Coblentz, en la página 126 de su libro, *"Diez crisis de la civilización"*, menciona "la fuerza secreta de dirección que parece haber estado en acción" en la Revolución Francesa. O bien temía mencionar que esta fuerza eran los judíos, o bien fue borrada de su manuscrito por un editor judío. Muchos otros eruditos han nombrado a los judíos como la fuerza secreta detrás de la Revolución Francesa.

Después de haber incitado a las multitudes a asesinar a los líderes gentiles, los judíos arrastraron a miles de monjas y sacerdotes fuera de las iglesias, y los cortaron en pedazos con hachas y hachas, o los asesinaron ante el altar de Cristo, de modo que las catedrales cristianas se convirtieron en sinagogas judías tradicionales que apestaban con sangre gentil y resonaban con los gritos de mujeres y niños moribundos. Cientos de cristianos y cristianas indefensos fueron desnudados, atados en parejas y arrojados a los ríos para ahogarse, mientras que los judíos se paraban en las orillas y se burlaban de las víctimas de estas "bodas revolucionarias". La Revolución Francesa había sido aclamada como el mayor triunfo de los comunistas judíos. ¿Por qué, entonces, el gentil Napoleón se hizo cargo? ¿Por qué los judíos no pudieron instaurar una dictadura comunista en Francia?

Los judíos nunca han podido conservar el poder político sobre un pueblo del norte de Europa, cuya inteligencia y valentía los habían convertido en los amos del mundo. Los judíos podían ganar con su astucia, pero la astucia no podía administrar una nación ni forjar las cadenas de la esclavitud en torno a los europeos del norte. Como resultado, a lo largo del siglo XIX, Karl Marx y otros comunistas judíos fueron capaces de incitar revoluciones, pero no pudieron ganar el poder. Fue en Rusia donde los judíos finalmente encontraron a su víctima, e incluso entonces no podrían haber ganado si los líderes rusos no hubieran sido distraídos por las tareas de la guerra. El barón dice: *Grandes épocas e ideas del pueblo judío*, página 329,

"Durante la Revolución (de 1848), el liderazgo judío salió a la luz de la manera más dramática. En Viena, donde el sistema de Metternich fue repentinamente derrocado, dos jóvenes médicos judíos, Adolf Fischof y Joseph Goldmark, se convirtieron en los arquitectos principales del movimiento revolucionario. Como jefe del Comité de Seguridad, Fischof apareció como el emperador no coronado de Austria.... También en Italia, la Revolución fue dirigida a menudo por judíos. El jefe de la nueva República de Venecia era un judío convertido, Daniel Manin, pero en su gabinete había dos judíos leales."

Leal a quién, hay que preguntar. ¿A la gente de Venecia? Barón no dice, pero obviamente quiere decir, leal a la judería internacional. Fue simplemente otra revolución judía. Un judío era "el emperador no coronado de Austria", como resultado de una revuelta judía, pero no podía mantener el poder. Los gobiernos gentiles tuvieron que ser debilitados otros setenta y cinco años antes de que los judíos pudieran mantener el control.

Rusia dio a los judíos su oportunidad. El pueblo eslavo era muy parecido a los judíos, ya que tenían poca vida cultural. Los arqueólogos no encuentran artefactos de la civilización en Rusia. Al igual que Palestina, el hogar de los judíos, el suelo produce sólo fragmentos de vasijas de barro y otras evidencias de una cultura de la Edad de Piedra. Rusia también fue el hogar de bandidos nómadas hasta hace poco tiempo. Dos monjes griegos viajaron a Rusia y crearon el alfabeto cirílico, llamado así por uno de ellos. En el año 908 d.C., los eslavos pidieron a los alemanes que vinieran y los gobernaran, ya que declararon que eran incapaces de gobernar por sí mismos. Los alemanes fundaron una aristocracia, conocida como los rusos blancos, que administraron el país durante mil años, hasta que los judíos lo tomaron en 1917. Los campesinos eslavos nunca habían causado problemas, pero en menos de un siglo, los judíos lograron su revolución. Como dice el Barón, página 332, *Grandes Edades e Ideas del Pueblo Judío*,

"La creciente intelectualidad judía se dio cuenta cada vez más de que la cuestión judía no podía resolverse sin el derrocamiento total del orden establecido en Rusia."

Qué decisión tan interesante! Apenas era nuevo. De hecho, los judíos han llegado a esta conclusión inevitable en cada país gentil en el que han establecido una comunidad de parásitos. Deben dedicarse al derrocamiento del orden establecido. Esta es una típica *Gran Idea del Pueblo Judío*. Es la única idea que han tenido.

En la página 416, el Barón nos dice que "El ascenso al poder de los bancos judíos llevó a algunos escritores socialistas a unirse a la protesta antisemita contra la llamada dominación financiera judía."

Durante cien años, esto planteó un vergonzoso dilema para los comunistas judíos. En una banda, tuvieron que atacar a todos los terratenientes gentiles, operadores de fábricas y banqueros como 'enemigos del pueblo'. Por otro lado, de alguna manera tenían que eximir a los terratenientes, dueños de fábricas y banqueros judíos de estos ataques. También caminaron una cuerda floja constante para ocultar el hecho de que todos los fondos comunistas provenían de banqueros judíos. En toda la literatura comunista no se encuentra ni una sola crítica a los

Rothschild, sino muchas páginas de fulminación contra banqueros gentiles como J.P. Morgan.

El "problema judío" en Rusia, por supuesto, era la explotación de los campesinos por parte de los judíos, y las medidas tomadas por los líderes rusos blancos para proteger a los campesinos de una mayor explotación. Todos los estudiosos están de acuerdo en que los "pogromos" o ataques a los judíos por parte de los campesinos se produjeron porque los judíos acapararon los mercados de granos y explotaron despiadadamente a los campesinos. Los judíos se hicieron tan ricos que muchos de ellos no tenían ningún tipo de ocupación. El famoso escritor judío J.L. Peretz escribió sobre los judíos de Odessa durante este período, "Ay, nos hemos convertido en una nación de luftmenschen." Esto es yiddish para gente que vive sin medios visibles de apoyo.

Durante el siglo XIX, miles de agitadores judíos trabajaron para promover las revoluciones comunistas. Con la publicación del Manifiesto Comunista de Carlos Marx en 1848, los judíos se dividieron en dos grupos. Los marxistas bolcheviques siguieron la línea dura de que todos los terratenientes gentiles deben ser exterminados. Los socialistas marxistas argumentaban que la conquista de los gentiles debía hacerse gradualmente mediante la adquisición del control de todas las instalaciones gubernamentales y educativas, dejando a los gentiles indefensos para gobernarse a sí mismos. Edward Bernstein lideró la línea "suave". Se le describe como "uno de los líderes de la ideología marxista, pero como exiliado en Inglaterra se había convertido en un gradualista fabiano". Bernstein es el padre del actual gobierno socialista laborista de Inglaterra. Lenin era el líder del grupo de la "línea dura", y llevó a cabo una guerra propagandística contra los "bernsteinianos".

En 1905, los leninistas hicieron su primer intento de tomar el poder en Rusia. Ganaron, pero, siendo teóricos, no tenían idea de cómo administrar el gobierno. Los intelectuales judíos de ojos salvajes se pararon en la calle arengando a la multitud durante días después de su victoria, hasta que los oficiales zaristas regresaron a sus oficinas y comenzaron a dar órdenes. La revolución había terminado.

En 1917, los leninistas habían aprendido la lección. En marzo, un grupo de "bernsteinianos", dirigido por el judío Kerensky, estableció un gobierno socialista liberal de judíos, pero no asesinaron a nadie. Trotsky, como le gustaba llamarse a sí mismo a Lev Bronstein, y Lenin dirigió una toma de poder bolchevique en octubre de ese año. Copiando el ejemplo de la Revolución Francesa, Trotsky inició un Reinado de Terror. Durante los tres años siguientes, asesinó al ochenta y ocho por ciento de los rusos blancos. Sólo dos funcionarios gentiles eran conocidos de los 312 comunistas líderes en Rusia. Todos los demás eran judíos. Su primer acto oficial fue aprobar una ley según la cual el antisemitismo, o la crítica a los judíos, era el peor crimen que se podía cometer en la Rusia comunista. Era perecedero por la muerte, y podría ser tan insignificante como contar un chiste antijudío. Incluso la posesión de libros sobre los judíos, como los *Protocolos de los Sabios de Sión*, era un crimen castigado con la muerte. La toma del poder por parte de los comunistas judíos se caracterizó por las matanzas de los gentiles, como ocurrió durante el apogeo de Ester en Persia, la Revolución Francesa y otras escenas de horror. Miles de brutales mordiacos y esteres judíos capturaron a los rusos blancos, incluidos sacerdotes y monjas, y los torturaron de manera indescriptible antes de entregarlos a los pelotones de fusilamiento. Entre 1917 y 1940, los judíos asesinaron a veinte millones de cristianos en Rusia.

Un bruto judío arreó al Zar de Rusia, a su esposa e hijos, en un sótano y los mató a sangre fría. Fue el asesinato político más atroz de la historia de Europa, pero el primo hermano del zar, el rey Jorge V de Inglaterra, no hizo ningún esfuerzo por salvar a sus familiares. ¿Por qué fue esto? ¿No tenía sentimientos?

Por supuesto que tenía sentimientos. También tenía un Consejo Privado que se negó a permitirle hacer un llamamiento a los bolcheviques para que perdonaran al Zar. Este Consejo Privado en 1919 estaba compuesto sólo por judíos. Estaba encabezada por Lord Rothschild y estaba formada por Sir Edwin Montagu, Sir Edgar Speyer, un banquero judío nacido en Frankfurt, Alemania, e inexplicablemente elevado al más alto consejo de Inglaterra, Sir Matthew Nathan, Sir Alfred Moritz Mond, jefe de Imperial Chemicals Ltd., Sir Harry Samuel, propietario de Shell Oil, Sir Ernest Cassel, y Earl Reading, Rufus Isaacs. La fortuna del Rey estaba enteramente en manos de estos banqueros judíos. No se atrevió a abrir la boca, ni siquiera para salvar a sus parientes consanguíneos. Unos años más tarde, la Corona Británica dio la bienvenida a los enviados soviéticos a Londres. Después de todo, Inglaterra había proporcionado un hogar para Karl Marx mientras formulaba sus teorías del comunismo, elaborándolas mientras estaba sentado en un escritorio en el Museo Británico, y está enterrado en Inglaterra.

También fue un crimen castigado con la muerte en la Rusia comunista haber sido un oficial zarista. Durante años, los funcionarios rusos habían advertido al Zar que los judíos estaban tratando de derrocar al gobierno. En 1903, el ministro Wenzel von Plehve había hecho un informe escrito al Zar, basándose en los archivos policiales, de que el noventa por ciento de todos los revolucionarios comunistas en Rusia eran judíos conocidos. El zar trató de apaciguar a los judíos concediéndoles privilegios especiales, pero esto fue como tirar gasolina al fuego. Sembraron su gratitud asesinándolo a él y a su familia. Los oficiales que le habían advertido murieron antes de los pelotones de fusilamiento. Lenin escribió que tenían que estacionar filas de camiones en Moscú por la noche, con los motores a pleno rendimiento, para ahogar el continuo estruendo de los cañones de los pelotones de fusilamiento.

La clase dominante rusa, los rusos blancos de ascendencia alemana, fueron exterminados, con la excepción de unos pocos que escaparon a Occidente. Fue la Revolución Francesa otra vez. Los judíos obligaron a las poblaciones de pueblos enteros a marchar a través de las líneas de inspección. Si los hombres no tenían callos en sus bandas, no eran obreros, y les dispararon. Si las mujeres hablaban buena gramática, les disparaban. De esta manera, la intelectualidad gentil fue exterminada, dejando una horda de campesinos analfabetos gobernados por una minoría de bandidos y asesinos judíos. Los judíos tenían su población esclava, como Nietzsche había escrito sobre ellos en 1871, comentando la cultura judía establecida por los Ancianos de Sión en la antigua ciudad de Alejandría, que se conoció como el movimiento alejandrino o utópico:

"Pero notemos que la cultura alejandrina requiere esclavitud para mantener su existencia."

Los judíos se dieron cuenta de esto demasiado tarde cuando expulsaron a los árabes de Israel, y no tenían esclavos gentiles para hacer su trabajo. Ahora están tratando de atraerlos para que regresen.

Con el exterminio de los rusos blancos, en el plazo de un año, el país estaba al borde del colapso. No había escuelas, los judíos habían asesinado a los maestros. No había atención médica, los judíos habían asesinado a los médicos. No había carreteras, y las fábricas no funcionaban - los judíos habían asesinado a los ingenieros. No había mercaderes, sólo mercaderes negros judíos. La Rusia comunista sólo se salvó gracias a una lluvia masiva de dinero de las democracias occidentales, al igual que se salvó durante la Segunda Guerra Mundial gracias a los cien mil millones de dólares en suministros militares pagados por el contribuyente estadounidense. Como en toda nación comunista, la hambruna pronto amenazó con exterminar al pueblo. Los judíos pedían comida a las naciones libres, al mismo tiempo que mantenían un vasto ejército de espías y asesinos en esos mismos países. El Jefe del MI-5, el Servicio de Inteligencia Británico, declaró recientemente que sus archivos contenían los nombres de 4.326 personas que se sabe que han sido asesinadas en los Estados Unidos y Europa por asesinos comunistas desde 1920. Esta red internacional de asesinos judíos fue expuesta por el asesinato del desertor Walter Krivitsky, en Washington D.C. en 1938. Flora Lewis cuenta la historia en el *Washington Post*, 13 de febrero de 1966:

> "Un judío polaco llamado Schmelka Ginsberg, nacido en 1899 y que sólo tenía 18 años en la época de la Revolución Bolchevique, se distinguió como verdugo de los gentiles. Los escuadrones de su mando dispararon a 2341 personas, y él mismo solía dar el golpe de gracia con una bala en la cabeza. Cambió su nombre a Walter Krivitsky, y en 1935 fue Jefe de Inteligencia Militar Soviética para toda Europa Occidental, con sede en París. Después de veinte años de carrera como asesino profesional, sus nervios comenzaron a quebrarse y Moscú le ordenó asesinar a un compañero judío, un asesino

comunista llamado Ignatz Reiss. La Cuarta Oficina había descubierto que Reiss había depositado grandes sumas de dinero en Suiza y tenía la intención de desertar hacia Occidente. Esto se había convertido en una práctica común de los espías comunistas judíos, y se había ordenado que cualquiera que lo intentara debía ser asesinado de inmediato."

Krivitsky-Ginsberg intentó detener la operación, y la OGPU, la policía secreta de Moscú, que en ese momento estaba completamente en manos de judíos, envió a un agente llamado Israel Spigelglass para llevar a cabo el asesinato. A Reiss le dispararon y su cuerpo fue arrojado a la carretera en Suiza el 4 de septiembre de 1937, en un estilo típico de pandilla. Krivitsky sabía que era el siguiente en la lista, porque había tratado de proteger a Reiss. El Partido Comunista, como la mafia, siempre ejecuta a un miembro que se niega a cometer un asesinato. Krivitsky corrió a la oficina del primer ministro judío de Francia, Leon Blum, quien prometió protegerlo. Otro judío, llamado Paul Wohl, sacó a Krivitsky de contrabando de Francia a los Estados Unidos. Otro judío, Isaac Don Levine, le consiguió a Krivitsky un contrato para escribir nueve artículos para el *Saturday Evening Post* por cinco mil dólares cada uno. Otros judíos que ayudaron a Krivitsky fueron Boris Shub y Adolf Berle. Krivitsky fue encontrado herido de bala en su habitación de hotel en Washington poco tiempo después. Salida Schmelka Ginsberg, un típico asesino judío que había vivido y muerto por la ley del talión, la ley judía de la selva.

Durante la década de 1920, Rusia se tambaleó bajo la dictadura de los lunáticos comisarios judíos, hasta que fue obvio que había que hacer algo. Josef Stalin, que había sido elegido por los judíos para ser Comisario de Minorías y para procesar a cualquier gentil que se opusiera a los judíos, fue nombrado Presidente del Comité Central del Partido Comunista. Su primera tarea fue deshacerse de los revolucionarios judíos de ojos salvajes dirigidos por Trotsky. Mientras la Rusia soviética se desmoronaba, los trotskistas seguían queriendo utilizar todos los fondos soviéticos para promover la revolución en otros países, a pesar de que la candidatura comunista judía al poder había sido derrotada en todos los países de Europa. Un loco llamado Bela

Cohen había sido liberado de un manicomio húngaro para dirigir un reinado comunista judío de corta duración en Hungría; Rosa Luxemburgo y otra multitud de judíos histéricos habían promovido un breve gobierno comunista en Alemania; Mussolini había hecho a un lado a los comunistas en Italia, y aunque tenía intelectuales judíos en su campo, su régimen era una operación gentil práctica.

En una reunión del Partido, Stalin pidió que Trotsky y su banda de judíos lunáticos fueran expulsados. Los delegados estuvieron de acuerdo y se le pidió a Trotsky que abandonara Rusia. El mismo Stalin había asesinado a su segunda esposa durante una pelea de borrachos y ahora estaba casado con Esther Kaganovich, hermana del Comisario Judío de Industrias Pesadas. Estaba a salvo en las bandas de los judíos, y casó a su hija con otro Kaganovich. Los judíos nunca se han preocupado por la endogamia. La mano derecha de Stalin era Molotov, cuya esposa era Rebecca Karp, hermana del agente inmobiliario judío Sammy Karp, en Connecticut. La influencia de Karp allí promovió al primer gobernador judío de Connecticut, 'Abie the Rib' Ribicoff.

Por lo tanto, el gobierno de Stalin era un grupo de judíos más conservadores que reemplazaron a los histéricos judíos trotskistas. Desde 1917, sólo un hombre ha sobrevivido a todas las purgas del Partido. Es Ilya Ehrenberg, un judío que ha dirigido la política del gobierno soviético desde detrás de las cámaras durante medio siglo. Newsweek lo llamó recientemente "el hombre más rico de la Rusia soviética". Durante la Segunda Guerra Mundial, él y otro judío llamado Litvinov-Wallach dirigieron las operaciones militares de los Estados Unidos. En contra de los deseos del General MacArthur, nos obligaron a concentrar nuestra fuerza militar en Europa, para ayudar a los judíos, mientras que los soldados estadounidenses en el teatro de guerra del Pacífico fueron masacrados por miles, porque no pudieron conseguir municiones ni cobertura aérea. Ehrenberg es el líder de un grupo de millonarios judíos, la nueva aristocracia rusa, que tienen villas en el Mar Negro, amantes en todos los países satélites, y que no pueden ser destituidos porque no tienen un cargo oficial.

Otra revuelta de los judíos contra los judíos ocurrió durante el régimen de Jruschov. El jefe judío de la policía secreta, Beria, conspiró con Kaganovich y Molotov para eliminar a Jruschov, pero el grupo de judíos de Jruschov asesinó a Beria y retuvo el poder. La Rusia soviética siguió siendo la tierra prometida de los judíos. El *New York Times* informó el 8 de julio de 1965 que un judío llamado Shakerman había dirigido a un grupo de judíos que obligaban a los reclusos de una institución mental a trabajar en trabajos forzados en la fabricación de artículos de punto, que los judíos vendían en el mercado negro por cuatro millones de rublos. Los judíos fueron sentenciados a muerte "in absentia", ya que habían escapado milagrosamente antes del juicio y se habían convertido en refugiados en los Estados Unidos. Shakerman está operando una fábrica de géneros de punto en Union City, Nueva Jersey.

Los judíos soviéticos a veces tienen problemas para controlar a sus intelectuales, aunque los encarcelan cuando se atreven a discrepar con el concepto talmúdico del comunismo. El columnista Joseph Newman escribió en el *Roanoke Times*, el 6 de septiembre de 1965, comentando la difícil situación del escritor soviético Valeriy Tarsis, que había sido internado en una institución mental, según la ley de Purim, porque criticaba el comunismo judío. Newman citó a Tarsis de la siguiente manera:

"Todos los grandes pensadores han sido aristócratas del espíritu, y ninguno de ellos, desde Heráclito hasta Nietzsche, pudo haber engendrado la miserable doctrina del barbudo filisteo judío Marx -ni nadie lo sigue excepto nuestros estúpidos talmudistas y los demagogos que componen nuestra junta gobernante... Pero creo firmemente que el hombre triunfará y no el mono."

Así pues, Tarsis equipara el estado comunista talmúdico con el simio, una observación válida, ya que se trata de una cultura de la Edad de Piedra. Sin embargo, es peligroso que los judíos esquizofrénicos controlen un gran poder moderno con su arsenal de armas mortales. Escapamos por poco de la Tercera Guerra Mundial en octubre de 1956, cuando los Rothschild conspiraron para recuperar su Canal de Suez, que había sido tomado por el Presidente Nasser de Egipto después de que los británicos habían roto treinta y tres tratados relativos a Egipto y el Canal. El plan era que paracaidistas ingleses descendieran a Egipto mientras los aviones franceses bombardeaban y ametrallaban las defensas egipcias, y las tropas israelíes se movilizaban para una operación de limpieza. Los judíos no vieron nada malo en un ataque no provocado contra otro país, y su poder quedó demostrado por el hecho de que podían ordenar al ejército británico y a la fuerza aérea francesa que apoyaran al ejército israelí. Al mismo tiempo, la Unión Soviética decidió aprovechar esta distracción para eliminar a los patriotas húngaros que habían derrocado temporalmente al gobierno comunista judío allí. Los húngaros fueron masacrados mientras que los asesores judíos de Eisenhower le ordenaron que no les enviara ninguna ayuda, pero los israelíes se vieron obligados a retirarse de Egipto. Sin embargo, durante varios días, el mundo estuvo al borde de una guerra atómica, situación que había sido precipitada por el Estado de Israel.

Una figura clave en esta trama fue Marcel Bloch, un judío que sobrevivió al campo de detención de Auschwitz y que de repente se convirtió en uno de los hombres más ricos de Francia. Era dueño del influyente periódico *Jours de France* y fabricó el avión de combate Mystere. Fueron estos combatientes los que atacaron a Egipto. Otra figura en este complot fue el ex primer ministro Mendes France, un judío radical que "negoció con éxito el fin de la guerra en Indochina", según el periodista Don Cook. La solución de Mendes France fue rendirse a los comunistas y renunciar a las inversiones francesas en Indochina por valor de miles de millones de dólares. Mendes France encabezó la delegación francesa a Bretton Woods, donde los banqueros judíos establecieron un Banco Mundial y un Fondo Monetario Internacional en 1944, dividiendo el dinero de los gentiles en el mismo momento en que los gentiles los estaban salvando de los alemanes. Aunque el asesinato es una de las técnicas judías aceptadas, el chantaje y el secuestro también se practican ampliamente. Castro secuestró a estadounidenses para promover su revolución comunista en Cuba. En Esta semana, el 16 de octubre de 1965, un reportaje describió cómo un judío llamado Henry Jacober, que ocupaba un lugar destacado en las filas de la Policía Secreta Soviética, obtuvo dólares para financiar las actividades soviéticas en Europa. Permitió a los judíos estadounidenses rescatar a sus familiares de los campos de concentración soviéticos, donde habían sido condenados por varios delitos, por 3.000 dólares cada uno. Setenta mil judíos rusos fueron comprados a la Rusia soviética y traídos a los Estados Unidos, lo que dio a las fuerzas de espionaje soviéticas 210.000.000 de dólares en fondos operativos. El gobierno de Alemania Occidental reveló que había comprado 25.000 judíos alemanes de Alemania Oriental por 25.000.000 dólares para reforzar la economía de ese satélite comunista.

El ciudadano irreflexivo podría decir, si la Rusia soviética es un paraíso para los judíos, ¿cómo es que algunos de ellos están siendo puestos en campos de concentración y otros fusilados? Pocos gentiles tienen una concepción de la vil guerra intertribal que se libra constantemente entre los judíos de la Edad de Piedra. No saben con qué frecuencia los líderes judíos conspiran para arruinarse o asesinarse unos a otros, en su interminable lucha por el poder. El caos de las organizaciones de la comunidad judía en los Estados Unidos da alguna indicación de la crueldad de estos conflictos interjudíos. Sin embargo, no se debe confundir el asesinato de un judío por otro con un brote de "antisemitismo".

El poder de los judíos en otros países para proteger al gobierno comunista judío en la Rusia soviética quedó demostrado durante la Segunda Guerra Mundial. Hitler creía que las democracias occidentales, que ostensiblemente eran economías de libre empresa, se alegrarían de verle destruir el experimento ruso en el comunismo. Aparentemente no creía sus propias declaraciones de que las democracias occidentales estaban controladas por judíos. Esta situación se remonta a cien años atrás, a los problemas que se habían creado cuando los judíos salieron de sus guetos después del Congreso de Viena en 1815, y se aglomeraron como una plaga de langostas sobre Europa. El barón dice en la página 400: "*Grandes épocas e ideas del pueblo judío*".

"Incluso en los círculos judíos los inmigrantes no eran del todo bienvenidos. Una carta circular emitida en 1849 por los líderes anglo-judíos pedía a los judíos alemanes que restringieran su inmigración a Inglaterra. Los representantes de los judíos estadounidenses en la Conferencia de París en 1878 hicieron una advertencia pública contra las migraciones judías indiscriminadas."

Los judíos que se habían establecido en un país frecuentemente encontraban su bienestar amenazado por una horda de inmigrantes judíos posteriores, sucios, groseros, con pulgas en la barba y piojos en el pelo. Fue este problema el que dio origen al Partido Nazi en Alemania. Los judíos alemanes, prósperos y aceptados por el pueblo alemán, se horrorizaron por una avalancha de judíos gallegos de clase baja que llegaron a Alemania después de la Primera Guerra Mundial. *El Correo Judío nacional*, órgano oficial de la comunidad judía alemana, expresó su indignación en un artículo en junio de 1923:

> "Estas personas tienen razón desde su punto de vista cuando intentan sacudir el polvo de los países del pogrom de sus zapatos y huir hacia el Oeste más suave. Las langostas también tienen razón desde su propio punto de vista cuando descienden en cisnes sobre nuestros campos. Pero el hombre que defiende su propia tierra, que le da su propio pan y su bienestar, también tiene derecho. ¿Y quién puede negar que vienen en enjambres? Se ríen de las rentas, se ríen de los funcionarios. Sobre todo, se ríen de los deseos de los inquilinos. Sólo tienen un propósito a la vista y aprovechan todas las oportunidades que se les presentan para promoverlo. Pero están lejos de hacer de las casas el único objeto de su rapacidad. Cualquier cosa que el dinero pueda comprar es, a sus ojos, un tema apropiado para la codicia. Nadie sabe cuántos judíos de Europa del Este hay en Alemania.
>
> Sólo sabemos que todas las estadísticas mienten, públicas y privadas por igual. Los comités de ayuda a los trabajadores de los judíos mienten. Las personas de las que hablamos no acuden a estas comisiones. Fuera de Tarnopol y los distritos circundantes han conquistado Viena y ahora están conquistando Berlín. Cuando se hayan convertido en dueños de Berlín, extenderán sus líneas estratégicas y conquistarán París. El vacío creado por la caída del tipo de cambio los absorbe."

El pánico de los judíos alemanes ante la invasión de los judíos gallegos agresivos y lisiados que estaban destrozando la economía alemana pronto encontró una expresión política. El barón Oppenheim, un judío alemán conservador, y Max Warburg, un banquero judío cuyo hermano Paul era el jefe del Sistema de la Reserva Federal de los Estados Unidos, encontraron a un político antijudío llamado Adolf Hitler y financiaron su movimiento en sus primeros años. El pago inicial fue de un millón de marcos. Con este dinero, Hitler formó un cuerpo uniformado de tropas de asalto e intentó un golpe de estado en 1923. Cuando esto fracasó, los banqueros judíos continuaron apoyándolo. Como resultado, Max Warburg vivió tranquilamente en Alemania hasta 1939, durante el período de los "pogromos" nazis, y cuando vio que se acercaba la guerra, decidió emigrar a los Estados Unidos. El periodista George Sokolsky afirma que a Max Warburg se le permitió salir de Alemania con toda su fortuna, a pesar de las estrictas regulaciones monetarias.

Después de 1928, la mayor parte del financiamiento de Hitler provino de empresarios alemanes gentiles que temían perder sus fábricas a manos de los comunistas, pero el hecho es que el ímpetu inicial del movimiento nazi, documentado por muchos estudiosos, fue el dinero judío. Esto no es tan fantástico como el lector desinformado podría creer. Una parte considerable de los dispersos grupos antijudíos en Estados Unidos se financia con donaciones de la Liga Antidifamación de B'nai B'rith, que a su vez recauda el dinero de los judíos estadounidenses que temen el espectro del antisemitismo. La ADL los mantiene constantemente al tanto de este espectro al dar a conocer a los grupos antijudíos de manera desproporcionada en relación con su importancia. La mayoría de los estadounidenses no tienen conocimiento del problema judío, y los pocos que no tienen dinero para contribuir a estos grupos, o temen hacerlo porque perderían sus trabajos o negocios. En consecuencia, la ADL, tal como se expone en el periódico *The Independent*, financia su propio movimiento antijudío. Gasta cuatrocientos mil dólares al año para este propósito, pero anualmente recauda cinco millones de dólares del pueblo judío. Este no es un mal rendimiento anual. Esto permite a la ADL mantener un estricto control sobre la comunidad judía, así como sobre los grupos antijudíos. Ellos saben en todo momento el alcance exacto del sentimiento antijudío en los Estados Unidos. Esta práctica concuerda con el patrón tradicional judío de contribuir con dinero a todos los partidos y movimientos políticos, una técnica básica del parásito judío para medir el temperamento del anfitrión gentil y para ejercer control sobre todas sus actividades.

Otra técnica judía, el pluralismo, fue superada por Hitler, como señaló Mann en su libro, *Diagnosis of Our Time*, Oxford Univ. Press, 1944, página 104,

"Hay dos etapas principales en la estrategia de grupo de Hitler: el desmantelamiento de los grupos tradicionales de la sociedad civilizada y una rápida reconstrucción sobre la base de un modelo completamente nuevo."

El pluralismo es la técnica del judío para mantener el poder sobre los gentiles, al establecer una multitud de grupos en la sociedad gentil, cada uno de los cuales tenía casi el mismo poder, y se enfrentan entre sí, dividiendo el apoyo de los líderes gentiles entre una docena o más de grupos, mientras que al grupo judío, estrechamente unido y cohesivo, le resulta fácil ejercer el poder. Así, en los Estados Unidos, una democracia judía típica, tenemos, en primer lugar, las ramas ejecutiva, legislativa y judicial del gobierno, todas luchando entre sí por el poder, mientras que muchos otros grandes grupos, como los sindicatos, el hampa, los grupos religiosos, la educación, los periodistas, el mundo del entretenimiento, y muchos otros, ejercen su influencia individual. Además, los judíos tienden a dar a conocer sus deseos y a atenderlos en cada uno de estos grupos, mientras que la dirección judía básica del país no es cuestionada.

Los escritores judíos están constantemente alabando nuestra "democracia pluralista", pero los gentiles no tienen idea de lo que esto significa. Los judíos saben muy bien lo que significa, una multitud de grupos que dividen el poder entre sí, mientras que en el fondo el judío conserva todo el poder que necesita para promover sus propios intereses. Ellos prosperan con la ignorancia de los gentiles, y la creciente influencia judía en nuestras universidades se está burlando de la educación. Las universidades se están convirtiendo en clubes de chicos y chicas que ofrecen oportunidades de baile, juegos y sexo, mientras que toda actividad inteligente se deja de lado. Esto satisface el sentimiento básico judío acerca de los gentiles, tal como se expresa en el Talmud, de que los gentiles son bestias estúpidas que de todos modos no pueden ser educadas. Las escuelas de postgrado están llenas de judíos que se esfuerzan por superar sus tesis rabínicas; en menos de un cuarto de siglo, las universidades estadounidenses han sido reducidas al nivel de un gueto medieval, y la proporción de profesores y estudiantes judíos aumenta cada año. Las clases de "Filosofía" consisten únicamente en arengas salvajes contra los nazis y en reclutar estudiantes para plantar árboles en Israel; se asignan tareas para estudiar Spinoza en lugar de Nietzsche; Sassoon en lugar de Pound; Schwartz en lugar de Eliot.

Para volver a Hitler, el Dr. Hermann Eich, un destacado editor alemán, declaró en un libro reciente que los alemanes eran menos antijudíos que cualquier otro pueblo de Europa, lo cual es cierto. Las tropas de asalto tenían que realizar sus incursiones en las tiendas alemanas por la noche, para que los alemanes no los atacaran en defensa de los judíos. Cuando los bombarderos comenzaron a matar a mujeres y niños, el ambiente cambió. Hitler ordenó que todos los judíos fueran internados en campos durante la guerra, porque muchos judíos habían sido atrapados colocando luces de señalización para guiar a los bombarderos en la destrucción de ciudades y áreas residenciales alemanas. Los Ancianos de Sión en cada comunidad judía cooperaron con los alemanes en el acorralamiento de los judíos. Hannah Arendt, la eminente erudita judía, declaró que sólo en Dinamarca escapó la comunidad judía, porque Dinamarca no tenía ningún grupo de ancianos judíos que pudieran entregarlos a los alemanes. El Dr. Rudolf Kastner, jefe de la Organización Sionista de Budapest, entregó a los judíos de Rumania a los nazis a cambio de que permitieran que 1683 de sus amigos y parientes de la comunidad judía emigraran a Suiza con todas sus fortunas. Huelga decir que todos los banqueros judíos importantes de Europa sobrevivieron a la guerra. Kastner fue asesinado más tarde en Israel por un judío cuya familia había sido enviada a un campo de concentración por su culpa.

En estos campos, los judíos pronto comenzaron a morir de tifus, debido a su negativa a mantener unas condiciones de vida limpias entre ellos. Los alemanes estaban luchando una guerra de dos frentes, y no tenían personal para servir a los judíos. Los funcionarios del campo pronto se enfrentaron a la eliminación de cientos de cadáveres de judíos enfermos. Sólo había una solución -quemarlos- y para ello se utilizaban hornos de crudo. Después de la guerra, los propagandistas judíos deleitaron al mundo con fantásticas historias de millones de judíos que habían sido quemados hasta la muerte en dos hornos diminutos que sólo podían deshacerse de seis cuerpos al día. Virginius Dabney, editor del *Richmond Times* Dispatch, escribió en el Saturday Review, 9 de marzo de 1963, sobre una visita a Dachau,

"La cámara de gas, sorprendentemente, nunca entró en funcionamiento, ya que fue construida tarde y saboteada con éxito por los internos."

Dabney también afirma que a los reclusos se les "permitía morir de tifus y otras enfermedades". En Auschwitz, una "reconstrucción" después de la guerra mostró cámaras de gas y hornos que fueron construidos por mano de obra esclava alemana en 1946, como parte de la campaña judía para contarle al mundo sobre los desaparecidos "seis millones". Había una razón económica sólida detrás de esta historia de seis millones de judíos supuestamente asesinados por los nazis de la población judía alemana de antes de la guerra de 300.000 habitantes. El Estado de Israel, que no existía en el momento de las supuestas masacres, impuso ''reparaciones' contra el pueblo alemán de 800.000.000 de dólares al año durante diez años, en pago por estos 'asesinatos'. La mayoría de los judíos muertos eran judíos polacos que habían sido asesinados por Stalin para evitar que traicionaran sus defensas a los ejércitos nazis que se acercaban en 1941, pero Israel no pidió ninguna reparación a Rusia. Con las reparaciones alemanas, los judíos de Israel pudieron vivir cómodamente sin trabajar, ya que se alojaban en las casas confiscadas a los trabajadores árabes que las habían construido."

Alemania, la única nación que ha enviado fuerzas militares contra el gobierno comunista de la Rusia soviética, fue derrotada rotundamente, gracias a la frenética actividad de los judíos estadounidenses, quienes, impulsados por Ehrenberg en Moscú y personalmente dirigidos por Wallach-Litvinov, metieron a los Estados Unidos en la guerra para salvar al comunismo judío del ataque alemán. Miles de alemanes que vivían en Estados Unidos, que eran leales a Estados Unidos, fueron llevados en manadas a campos de concentración y permanecieron allí hasta mucho después de que terminara la guerra, mientras que la oficina del Custodio de Bienes de Extranjería se incautó de sus propiedades por valor de cuatro mil millones de dólares y las entregó a los judíos.

Después de la guerra, los Estados Unidos nombraron a un Alto Comisionado de Alemania, John McCloy, que había trabajado toda su vida como abogado en el bufete de Cravath y Henderson, el bufete que representaba a los banqueros judíos, Kuhn, Loeb y compañía. El Alto Comisionado Adjunto, y verdadero poder, fue Benjamin Buttenweiser, socio de Kuhn, Loeb, cuya esposa Helen fue la abogada que representó a Alger Hiss durante su juicio. El General Lucius Clay comandó el Ejército de Ocupación Americano, y más tarde aceptó una posición lucrativa con la Corporación Lehman, una firma bancaria judía. Obviamente no había hecho nada para ofender a los judíos mientras servía en Alemania. Los empresarios alemanes se vieron obligados a contratar a un cabildero judío, el general Julius Klein, comandante de los veteranos de guerra judíos, o el gobierno de ocupación les negaría una licencia para hacer negocios. Klein usó al senador Thomas Dodd como lacayo para arreglar algunas de estas conexiones. Dodd también aceptó diez mil dólares de A. N. Spanel, un judío pomposo que dirigía un imperio de fajas en los Estados Unidos. El dinero estaba destinado a allanar el camino para el nombramiento de Spanel como embajador en Francia. Dodd cogió el dinero pero Spanel nunca consiguió la cita.

Los judíos también se llevaron porcentajes considerables de todas las empresas alemanas a las que el gobierno de ocupación de McCloy, Kuhn y Loeb concedió un permiso para operar. Los judíos se aglomeraron para apoderarse de valiosas patentes alemanas y para aferrarse a la indefensa población alemana. Una de las primeras leyes aprobadas por la Ocupación convirtió en un crimen criticar a un judío (Estudio Bávaro No. 8). Un economista calculó recientemente que los judíos habían sacado doscientos mil millones de dólares en ganancias netas de Alemania Occidental desde la guerra. El movimiento nazi en el que habían invertido Oppenheim y Warburg finalmente había dado sus frutos. Otro judío, el Dr. Hans Deutsch, se especializó en presentar pruebas falsas sobre obras de arte que los nazis supuestamente habían requisado a los judíos. Obtuvo diez millones de dólares del gobierno alemán para uno de sus clientes, el barón Edmond de Rothschild de París, pero cuando Deutsch regresó en 1965 por otros 105 millones de dólares por pinturas que, según él, le habían sido arrebatadas a un judío húngaro llamado Hatvany, que había conseguido un monopolio del azúcar en ese país, fue arrestado por fraude. Las pinturas que había enumerado habían estado colgadas en el Museo del Ermitage de Moscú durante muchos años, y los nazis nunca las habían visto.

Los judíos también llevan a cabo campañas anuales "antisemitas" en Alemania, en las que se vuelcan las lápidas de los cementerios judíos. El pueblo alemán es entonces llevado a limpiar los cementerios, y otras indignidades sobre ellos, mientras que los judíos recaudan más millones con su infalible dispositivo de recaudación de fondos. Este provocateurismo del judío es también una técnica básica para controlar a los gentiles.

Aunque los judíos salvaron al comunismo ruso de los ejércitos alemanes, el comunismo sigue siendo un fracaso absurdo. Polonia ha descolectivizado el 85% de las granjas, Hungría ha descolectivizado el 90% de ellas, para que la gente pueda crecer lo suficiente para comer. Sin embargo, los países comunistas siguen enfrentando amenazas anuales de hambruna. Todo el mundo admite que el sistema comunista no puede funcionar; pero pocas personas tienen el valor de añadir lo que es dolorosamente obvio; que no puede funcionar porque es la creación ideológica de judíos esquizofrénicos.

CAPÍTULO 9

LOS JUDÍOS Y LOS ESTADOS UNIDOS

De todas las naciones gentiles del mundo, ninguna ha sufrido más a manos de los judíos que Estados Unidos. Las dos mayores calamidades que azotaron este país fueron la Guerra Civil y el Choque de 1929. El primero arrasó toda la tierra del sur y masacró a su juventud; el segundo aniquiló inversiones por valor de doscientos mil millones de dólares y arruinó a la mayoría de los gentiles del país, dejando un campo despejado para los judíos.

Ambas calamidades fueron causadas por judíos, como literalmente prueban toneladas de documentación. La Guerra Civil fue provocada por los banqueros Rothschild para dividir a los Estados Unidos en dos repúblicas débiles. La caída de la bolsa de 1929 fue provocada por los judíos en una de sus operaciones más familiares, la transferencia de un gran cargamento de oro fuera del país, con el fin de efectuar una repentina contracción del crédito. Al menos una vez en cada generación, millones de estadounidenses han sido empobrecidos por un pánico financiero causado de la misma manera, pero los remedios para estos pánicos, como el Sistema de la Reserva Federal y las otras panaceas monetarias que los judíos han ideado para nosotros, sólo han logrado enriquecer a los judíos y empobrecer a los gentiles.

Para ser justos con los judíos, preguntémonos: "¿Por qué iba a ser de otra manera?" Si caemos en el mismo truco al menos una vez en cada generación, ¿por qué no habrían de usarlo una y otra vez los embaucadores judíos? Sabemos que los judíos son una unidad racial altamente compacta - ¿por qué no deberían aprovechar nuestra diversidad? ¿Por qué no iban a tomar el control de nuestro gobierno si, como ellos dicen, somos demasiado estúpidos para dirigirlo nosotros mismos? ¿Por qué no iban a dominar nuestros bancos y nuestras universidades, si los gentiles son demasiado tontos para operarlas? Desafortunadamente, no es tan sencillo. Según este argumento, sólo podemos ganarnos a los judíos si nos volvemos más judíos de lo que son. Muchos gentiles hacen exactamente eso. Hay muchos hombres de negocios gentiles que pueden desollar a los judíos en cada transacción comercial que realizan con ellos. La astucia judía está muy sobrevalorada; su verdadero poder no es su inteligencia, sino su solidaridad, la falange de traición y astucia que han formado para repeler a los gentiles. Aun cuando los gentiles se burlan de ellos en los negocios, el judío gana la última batalla, porque el gentil muere, y su fortuna termina en las bandas judías. Henry Ford es un ejemplo típico. Los judíos nunca pudieron ganarle a Henry en una transacción comercial, y él los despreciaba de todo corazón, pero la Fundación Ford ha gastado dos mil millones de dólares del antiguo dinero de Henry para inundar el país con propaganda judía, financiando proyectos enormes para los judíos, como el estudio de Mortimer Adler, de veinte millones de dólares, sobre el "significado de la filosofía", uno de los más absurdos y ridículos boiddleggles jamás propuestos, y una larga lista de otros proyectos igualmente locos e igualmente judíos. Los judíos usaron al gobierno de los Estados Unidos para forzar a la familia Ford a establecer esta fundación como un vehículo de propaganda judía, amenazando con destruir la Compañía Ford si se negaban.

¿Por qué el judío gana la última batalla en la lucha por el dinero? En primer lugar, el dinero es la primera opción de armas de los judíos. Sabe todo lo que se puede hacer con él, incluyendo la pirámide del crédito, la invención de sistemas de contabilidad que ocultan las ganancias, la creación de fundaciones para que el gobierno nunca reciba un centavo del dinero judío, y muchas otras técnicas que fueron afiladas durante siglos en el gueto.

Cuando un gentil se propone ganar dinero, hace a un lado todas las demás consideraciones personales. Cuando un judío se propone ganar dinero, lo hace no sólo para sí mismo, sino también para su raza. Cada dólar que puede conseguir es un arma que el judío puede apuntar al gentil. Es la ventaja natural de un miembro sin rostro de un estado colectivo sobre un estado en el que cada miembro se enorgullece de ser un individuo. Podríamos recordar que los Estados Unidos no tienen una cultura propia. Es una cultura del norte de Europa que, en los últimos cincuenta años, se ha visto fuertemente manchada por la maldad judía.

Los estadounidenses son fácilmente influenciados, porque somos un pueblo generoso, trabajador e irreflexivo. Henry Ford se jactaba de que no necesitaba conocer la historia porque podía permitirse contratar a los mejores historiadores del país. Esta es la actitud típica de un hombre contratado hacia la educación. Todo lo que Ford obtendría sería la versión de la historia de ese historiador en particular, y no tendría forma de saber si estaba recibiendo lo que estaba pagando. Como resultado, tenemos a Mortimer Adler y una multitud de otros judíos haciendo un picnic a expensas de Ford. ¿Pero escuchamos de algún multimillonario judío que subsidie a un grupo de gentiles? Por supuesto que no. Cuando Gerard Swope, el judío de izquierda que era presidente de General Electric, murió, dejó todo su patrimonio, ocho millones de dólares, al Instituto de Tecnología de Israel. El dinero que había sudado de los empleados gentiles de General Electric iba a Israel. No sólo eso, sino que el gobierno de los Estados Unidos perdió $4,500,000 en impuestos de herencia sobre este dinero. E. J. Kahn escribe, página 439, *Herbert Bayard Swope*.

> "Ese obstáculo se eludió claramente cuando el Congreso, antes de que muriera Gerardo, aprobó un proyecto de ley que permitía a ciertas personas -personas cuyas circunstancias se ajustaban exactamente a las suyas- elegir una organización benéfica para recibir el dinero de un cónyuge fallecido sin tener que pagar ningún impuesto sobre él."

Por lo tanto, los impuestos de herencia marxistas sólo se recaudan contra los gentiles. El dinero judío va intacto a Israel.

Hemos mencionado que al pueblo estadounidense no le gusta pensar en nada. Sin embargo, las personas que no piensan a menudo son aprovechadas por los que sí lo hacen, y el cerebro judío siempre está activo. Para que un judío alcance la riqueza en los Estados Unidos es como quitarle un caramelo a un bebé; es tan sencillo engañar a los tontos estadounidenses. El parásito judío ha encontrado en este pueblo el huésped gentil ideal - enormemente productivo y trabajador, y casi inconsciente de la presencia cancerosa del parásito que envenena todos los aspectos de su vida. Toda nuestra política exterior está dictada por los judíos, y desde el punto de vista de los nativos americanos, esa política es una locura. Hace quince años, nos negamos a utilizar las tropas anticomunistas chinas de Chiang Kai-Shek para luchar contra los chinos comunistas en Corea, a pesar de que habíamos pagado todo el equipo del ejército de Chiang, porque nuestro gobierno prefería que mataran a nuestros propios muchachos allí. Como resultado, los comunistas llamaron a nuestra intervención "imperialismo blanco" y "racismo", cosa que no podrían haber hecho si hubiera utilizado el ejército de Chiang. Ahora estamos haciendo lo mismo en Vietnam. El ejército de Chiang, listo para luchar, nunca será utilizado en Vietnam, a pesar de nuestras crecientes bajas. Los judíos nos ordenan atacar Rodesia. Por qué? Porque Rhodesia siguió nuestro ejemplo y declaró su independencia de la injusticia británica. Ninguna persona en el mundo tiene más en común con los nativos americanos que los blancos de Rodesia, sin embargo, nuestro gobierno controlado por los judíos está gastando millones de dólares para acosar al pueblo de Rodesia. Cientos de otros ejemplos podrían ser citados para probar esta locura. Hace veinte años, concluimos una amarga guerra contra Alemania y Japón. Ahora son nuestros únicos aliados de confianza.

El sesenta por ciento del pueblo estadounidense hace todo el trabajo, gana la mayor parte del dinero, paga todos los impuestos y mantiene a una parte considerable del resto del mundo. Este es nuestro pueblo cristiano blanco, sin embargo, no tienen ningún lobby, ninguna voz en el gobierno, y siempre son caricaturizados como tetas en los programas de televisión. Cualquier intento de crear una organización que los represente es inmediatamente aplastado por el gobierno, mientras que todo el imperio de la prensa, la radio y la televisión grita sobre el "racismo". La prensa nunca parece darse cuenta del racismo de las organizaciones judías. Los judíos y los negros son vacas sagradas en la televisión. Siempre son retratados como seres humanos amables y angélicos que soportan pacientemente los ultrajes de la gente blanca ignorante. Por supuesto, la gente blanca de negocios paga por estos espectáculos. Como el Senador de Texas, Tom Connally, comentó en un brindis público hace unos años, "Los Estados Unidos, brindemos por ello! Los blancos trabajan por ella, los judíos son sus dueños y los negros la disfrutan."

Los economistas revelaron recientemente que la clase media cristiana blanca paga el 84% de sus ingresos en impuestos. Oh, no, dice el Sr. American, sólo pago el 46%, y tengo un trabajo promedio, una casa promedio y una familia promedio. Pero, Sr. American, usted no ha calculado los impuestos ocultos que paga por cada producto de consumo que usted y su familia usan. Agregue eso a su impuesto sobre la renta del 46%, estatal, federal y local, y llegará a la cifra del 84%. Por una sorprendente coincidencia, el eminente economista J. J. Cavanagh concluyó recientemente un estudio para la Fundación Nacional Sionista que mostró que los judíos estadounidenses poseen el 84% de la riqueza real de los Estados Unidos. ¿No es sorprendente que el asalariado estadounidense pague 84 centavos de cada dólar que gana en impuestos directos y ocultos, y que los judíos posean el 84% de la riqueza de la nación? Incluso los estadounidenses más lentos deben percibir débilmente algún tipo de conexión. Después de una carrera de cuarenta a cincuenta años de trabajo incesante, el trabajador estadounidense promedio deja un patrimonio de $2500, según la Sociedad Americana de Herencia. Sin embargo, según el *Jewish Independent*, un boletín de economistas, ¡el judío estadounidense promedio deja un patrimonio de $126.000! Esto, por supuesto, es riqueza reportada. La cifra real está probablemente más cerca de los 500.000 dólares. Como señalamos en el caso Swope, la riqueza judía va sólo al estado judío. Los judíos han establecido cientos de fundaciones para desviar sus enormes fortunas hacia objetivos comunistas judíos. China se perdió ante los comunistas debido a las actividades del Instituto de Relaciones del Pacífico. El IPR fue financiado por donaciones de General Electric Corp. a través de Gerard Swope. General Electric continúa dando grandes sumas de dinero al IPR hoy en día, desafiando los informes del

Congreso que trazan su largo y exitoso historial a favor de los objetivos comunistas.

La fortuna de Rockefeller se ha dividido entre varias fundaciones, casi todas las cuales se han distinguido por su vil agitación pro-comunista. Pocas personas saben que John D. Rockefeller era simplemente un shill gentil para Jacob Schiff y Kuhn, Loeb Co. los representantes americanos de los Rothschilds. Si Rockefeller ganó mil millones de dólares, ¿cuánto crees que ganaron los judíos? No sólo eso, sino que Rockefeller tuvo que acordar que su fortuna siempre sería administrada por un socio de Kuhn, Loeb Co. Así, el *New York Times* publica el hecho de que Kuhn, socio de Loeb, L. L. L. Strauss es "el asesor financiero de los hermanos Rockefeller". Esto significa que los millonarios Rockefeller serán millonarios sólo si hacen lo que se les dice.

¿Cómo sucedió esto? ¿Cómo es que el pueblo americano amante de la libertad se convirtió en esclavo de los judíos? En primer lugar, los estadounidenses no se mantienen unidos. Segundo, muchos americanos sinceros y equivocados creen la blasfemia de que Cristo era judío, y que los judíos son nuestros gobernantes naturales porque nuestro Dios es judío. Tercero, los judíos gastan fortunas cada año para encubrir sus crímenes, mientras que los estadounidenses no gastan nada para averiguar qué están haciendo los judíos. Nuestra historia ha sido falsificada para ocultar la culpa judía por el inicio de la Guerra Civil y muchos otros desastres estadounidenses.

La historia del control judío comienza con la fundación de América. El nuevo continente fue colonizado por cristianos europeos que huyeron del terror y la devastación de las guerras religiosas incitadas por los judíos, o huyeron de la tiranía de los supervisores judíos que administraban las grandes haciendas en Europa, mientras que los propietarios aristocráticos jugaban y luchaban en las grandes ciudades. De repente, el judío se dio cuenta de que muchos de sus esclavos cristianos estaban desapareciendo. Pronto descubrió que se habían ido a América. Si el huésped gentil se mueve, el parásito judío debe moverse después de él y recuperar su control parasitario. En poco tiempo, los judíos entraron a Estados Unidos. Eran mercaderes en las ciudades, y viajaban a las regiones más lejanas del desierto para surcar a los indios con licor y llevarse todas sus pertenencias. También vendieron armas a los indios para masacrar a los colonos blancos.

Cuando el rey Jorge III de Inglaterra no pudo satisfacer las demandas de los prestamistas judíos, a quienes estaba fuertemente endeudado, tuvo que pagar impuestos más altos sobre todos los bienes enviados a Estados Unidos. Esto no satisfizo a los judíos. Le informaron que el pueblo estadounidense estaba imprimiendo y haciendo circular su propio papel moneda, lo que había creado una gran riqueza y prosperidad en las colonias. El rey Jorge III se vio obligado a emitir una orden que prohibía este dinero libre de intereses y estipulaba que los colonos sólo podían utilizar el dinero del Banco de Inglaterra impreso por los judíos. Pocos meses después de que esta orden entrara en vigor, los colonos se encontraban en medio de una terrible depresión financiera. El comercio se detuvo y muchos estadounidenses se arruinaron. Los colonos decidieron contraatacar, y el resultado fue la Revolución Americana. Benjamin Franklin comentó que los colonos no tenían ninguna objeción al pequeño impuesto sobre el té, pero que no podían soportar la restricción del comercio que siguió a la prohibición de la moneda nativa. Sin embargo, les convenía a los judíos publicar un incidente menor, el Boston Tea Party, y ocultar la verdadera razón de la revuelta.

Cuando los patriotas americanos se rebelaron, el rey Jorge se encontraba de nuevo en un aprieto. El tan cacareado ejército británico no estaba en condiciones de salir al campo. Mal equipados por proveedores judíos y mal dirigidos por aristócratas de carrera que eran borrachos, homosexuales y sádicos, las tropas estaban completamente desmoralizadas. Los oficiales no pensaron en ordenar a un joven soldado que fuera azotado hasta la muerte porque había rechazado una obertura homosexual borracho. Parecía que los americanos ganarían por defecto. Una vez más, los judíos ofrecieron una solución. Un prestamista judío llamado Montefiore le sugirió al rey Jorge que los alemanes tenían muchos buenos soldados para contratar; como de costumbre, los judíos eran activos como vendedores de carne.

Montefiore averiguó de un judío alemán, Mayer Rothschild, que el elector de Hesse tenía quince mil soldados de primera línea que enviaría al rey Jorge por veinte millones de dólares. El rey Jorge pidió prestados los veinte millones de dólares de Montefiore, y el dinero fue enviado al Elector de Hesse. El Elector envió a las tropas mercenarias a América para aplastar la rebelión, y entregó el dinero a su banquero de la corte, Mayer Amschel Rothschild, para que lo guardara. Rothschild devolvió el dinero a Montefiore para reinvertirlo, y en el plazo de un mes, Montefiore disponía de otros veinte millones para préstamos, aunque eran los mismos veinte millones que tenía antes, y que el rey Jorge le debía ahora, y que pertenecían al electorado de Hesse. Cualquiera que no pueda entender esto no puede entender cómo un judío puede tener veinte millones de dólares un día y cuarenta millones al día siguiente. El dinero se prestó varias veces durante los diez años siguientes, y Rothschild devolvió el dinero, con intereses, al elector, pero el gobernante encantado insistió en que Rothschild continuara manejándolo por él, por lo que la base de la fortuna de Rothschild fue la venta de tropas para aplastar al pueblo estadounidense, y desde entonces los Rothschild se han estado beneficiando de sus intentos de aplastarnos.

Como siempre, los Rothschilds apuestan por ambos lados. A través de un agente estadounidense, un judío polaco llamado Haym Salomon, los Rothschild prestaron dinero al ejército estadounidense. El representante estadounidense era Robert Morris, y se decía que la suma era de 600.000 dólares. Aunque toda la transacción está envuelta en misterio, durante más de un siglo, los judíos han vendido la fantástica mentira de que Haym Salomon financió toda la lucha estadounidense por la independencia. Kastein dice, página 376, *La Historia de los Judíos*, "Como era de esperar, fue un judío, Chaim Salomón (sic) quien se vio obligado a financiar la revolución."

Kastein no ofrece ninguna prueba que apoye esta afirmación, porque no existe. Los judíos han declarado que un pobre sastre judío, Chaim Salomen, sabiendo que los estadounidenses no tenían dinero para continuar su lucha, les donó toda su fortuna de 600.000 dólares, y que nunca se le pagó ni un centavo. En primer lugar, no se puede decir que un pobre sastre judío sea pobre si tenía una fortuna de 600.000 dólares (equivalente a veinte millones de dólares en el poder adquisitivo actual), ni hay ninguna explicación de cómo adquirió tal fortuna. Segundo, nadie ha podido establecer que alguien llamado Haym Salomon viviera en Estados Unidos durante la Revolución. Lo más probable es que éste fuera uno de los alias utilizados por un agente de Rothschild para llevar a cabo varias misiones para los banqueros judíos. Sabemos que había un Robert Morris, que obtuvo una carta constitutiva para el Bank of North America en 1781, que era un agente de los Rothschilds, y que el capital del banco de 200.000 dólares en oro fue enviado por los Rothschilds a través de la flota francesa que embotelló Cornwallis en Yorktown. También sabemos que los Rothschilds ganaron $14.000.000 en ganancias especulando en moneda continental, después de bajar el precio y que incluso si habían hecho un préstamo al Ejército Americano de $600.000, e incluso si este préstamo no se pagaba, no sufrieron ninguna pérdida.

Los patriotas estadounidenses victoriosos eran muy conscientes de la cuestión monetaria, y también del problema judío. Benjamin Franklin y George Washington advirtieron solemnemente al pueblo estadounidense que mantuviera alejados a los judíos, o lo lamentarían para siempre. Aunque se debatió si debían tener la ciudadanía, el asunto fue rechazado porque la mayoría de los estadounidenses no creían que amenazarían nuestra prosperidad. No podemos culparlos, en retrospectiva. Después de todo, los babilonios, los egipcios, los persas, los griegos y los romanos habían cometido el mismo error. Qué lástima que nuestros antepasados supieran tan poco de la historia antigua! Sin embargo, para salvaguardar al pueblo de los banqueros judíos, los artífices de la Constitución establecieron específicamente el Artículo 1, Sección 8, parte 5,

"El Congreso tendrá poder para acuñar dinero y regular su valor; y de las monedas extranjeras."

Desde el momento en que se aprobó la Constitución, los Rothschild comenzaron a gastar dinero para derogar esta disposición. Finalmente tuvieron éxito en 1913, cuando el Congreso entregó el poder de acuñar monedas a los bancos privados de la Reserva Federal. Este fue el fin oficial de la soberanía estadounidense, como lo señaló Charles Lindbergh padre.

El control parasitario judío actual de la hueste gentil depende en gran medida del sistema monetario judío de dinero privado, emitido por bancos judíos y que devenga intereses, para esclavizar al deudor. El pueblo estadounidense entregó este poder debido a la codicia de unos pocos gentiles y a la ignorancia de la mayoría. El Procurador General de los Estados Unidos, hablando de las Leyes de Transacción Legal, dijo (12 Wallace U.S. Supreme Court Reports), página 319,

"Esta legislación asume que, en la contemplación de la ley, el dinero de cada especie tiene el valor que la ley fija en él. Repito, el dinero no es una sustancia, sino una impresión de autoridad. Como una impresión de autoridad, en la opinión del Fiscal General, el dinero representa el poder, la soberanía de un pueblo. Los judíos obtuvieron esta autoridad a través de la Ley de la Reserva Federal, y la obtuvieron a través de la venalidad de unos pocos líderes del Congreso, entre ellos Carter Glass, Cordell Hull y otros "grandes estadounidenses", según la maquinaria de propaganda judía. Sólo el congresista Charles Lindbergh, padre del famoso aviador, se atrevió a oponerse a esta medida."

Una de las ventajas del sistema parlamentario es que los judíos tienen un gran número de gentiles entre los que elegir para seleccionar sus soplones. Nunca les ha faltado senadores y congresistas que hicieran lo que quisieran, por sumas bastante pequeñas, teniendo en cuenta los miles de millones de dólares que están en juego. Uno de los primeros y más hábiles defensores del sistema monetario judío fue Alexander Hamilton, que hoy es venerado en Wall Street. Hamilton era el hijo bastardo de un comerciante judío en las Indias Occidentales, llamado Levine; y de su amante mulata, con quien nunca se molestó en casarse. Cuando Hamilton fue asesinado en un duelo en Weehawken, Nueva Jersey, los Rothschilds encontraron un buen sustituto en Nicholas Biddle de Filadelfia. El presidente Andrew Jackson se enfrentó a Biddle hasta el punto de paralizarla después de que el barón James de Rothschild de París le encargara a Biddle la creación del segundo Banco de los Estados Unidos.

Debido a esta oposición a su banco, los Rothschild determinaron que la república libre del pueblo estadounidense debía ser destruida. Decidieron que la mejor manera de lograrlo era dividir el país en dos naciones más débiles. Se trataba de una cuestión ya preparada, la disensión entre el Norte y el Sur sobre la esclavitud. Después de que los comerciantes yanquis llenaron el sur de esclavos, se volvieron contra la esclavitud. Alexis de Tocqueville, un viajero francés, lo había observado en 1832,

"La presencia de los negros es el mayor mal que amenaza a Estados Unidos. Aumentan en los Estados del Golfo más rápidamente que los blancos. No se les puede mantener para siempre en la esclavitud; las tendencias del mundo moderno van demasiado al revés. No pueden ser absorbidos por la población blanca, porque los blancos no se casarán con ellos, ni siquiera en el Norte, donde han sido libres durante dos generaciones. Una vez liberados, serían más peligrosos que ahora, porque no se someterían por mucho tiempo a la exclusión de los derechos políticos. Se produciría una lucha terrible."

Durante más de un siglo, los judíos han utilizado el problema de los negros como arma contra Estados Unidos. Los Rothschild invirtieron millones de dólares en Nueva Inglaterra para financiar el movimiento abolicionista, que era un grupo revolucionario dedicado a la violencia contra el Sur. Los judíos sabían que el talón de Aquiles de la República Americana era el Negro, y el pueblo americano no tenía idea de lo que estaba pasando. Aunque Washington había advertido a su pueblo contra los judíos en su discurso de despedida, cuando advirtió solemnemente que debían estar siempre alerta contra esta "pequeña minoría emprendedora", y Benjamín Franklin había escrito un largo testamento en el que pedía al pueblo estadounidense que tuviera cuidado con las actividades judías, los Rothschild continuaron con la agitación abolicionista y pronto llevaron a la nación al borde de la guerra. Como resultado, D' Israeli hizo una sorprendente predicción a una gran reunión de líderes judíos en Londres en 1857. La ocasión fue la boda de la hija de Lionel

Rothschild, Lenora, con su primo, Alfonso Rothschild de París. D'Israeli dijo,

"Bajo este techo están los jefes de la familia Rothschild, un nombre famoso en todas las capitales de Europa y en todas las divisiones del mundo. Si quieres, dividiremos los Estados Unidos en dos partes, una para ti, James, y otra para ti, Lionel. Napoleón hará exactamente todo lo que yo le aconseje, y a Bismarck se le sugerirá un programa tan intoxicante que lo convertirá en nuestro abyecto esclavo."

Como resultado, Estados Unidos pronto se vio envuelto en la Guerra Civil. En Londres, Lionel Rothschild era un firme partidario del Sur. En París, James Rothschild era un firme partidario del Norte. Con tales amigos, ni el Norte ni el Sur necesitaban enemigos. Al principio, los Rothschild revelaron su plan original, que era que el Norte no recibiría dinero para continuar la guerra. El presidente Lincoln descubrió que no podía pedir dinero prestado en Nueva York para llevar adelante la guerra. Sin dejarse intimidar por esta negativa, confundió a los banqueros emitiendo $346.000.000 en dinero en dólares estadounidenses y equipó a sus ejércitos. Al hacerlo, fue el primer Presidente Constitucional, es decir, el primero en ejercer el principio de soberanía nacional. Este dinero, si hubiera sido emitido por los banqueros, les habría ganado posteriormente once *mil millones de* dólares en intereses. Obviamente, estaban perturbados por la acción de Lincoln. Un periódico controlado por los Rothschild, el *London Times*, comentó,

"Si esta traviesa política financiera, que tiene su origen en la República Norteamericana, se convierte en un accesorio, entonces ese Gobierno proporcionará su propio dinero sin costo alguno. Pagará sus deudas y estará sin deudas. Tendrá todo el dinero necesario para llevar a cabo su comercio. Será próspera sin precedentes en la historia del mundo. El cerebro y la riqueza de todos los países irán a Norteamérica. Ese gobierno debe ser destruido o destruirá todas las monarquías del mundo."

Los Rothschild persuadieron a sus agentes en Washington para que redactaran la Ley Bancaria Nacional de 1863, que reemplazaría la necesidad de que el gobierno emitiera su propio papel moneda y devolviera ese privilegio a los banqueros privados. Para apoyarla, se emitió la Circular de Banca de Peligros a todos los banqueros estadounidenses, como se indica a continuación:

"Es probable que la esclavitud sea abolida por el poder de la guerra. Mis amigos europeos y yo estamos a favor, porque la esclavitud no es más que la posesión de mano de obra y lleva consigo el cuidado de los trabajadores, mientras que el plan europeo, dirigido por Inglaterra, es que el capital controle el trabajo mediante el control de los salarios. La gran deuda que los capitalistas se asegurarán de que esté hecha de la guerra debe ser usada para controlar el valor del dinero. Para lograr esto, los bonos del Estado deben ser utilizados como base bancaria. No estamos esperando que el Secretario del Tesoro de los Estados Unidos haga esa recomendación. No está bien permitir que los Greenbacks, como se les llama, circulen como dinero durante mucho tiempo, ya que no podemos controlarlo. Pero podemos controlar los bonos y, a través de ellos, las emisiones bancarias."

El estudiante estadounidense de economía no encontrará ni el editorial del *London Times* ni la circular *Hazard* mencionada en su libro de texto. Probablemente no encontrará a los Rothschild mencionados en su libro de texto. De hecho, el estudiante americano encontrará muy poco en su libro de texto, excepto lo que ha sido acordado como inofensivo para él.

El Secretario del Tesoro, Salmon P. Chase, por quien se ha nombrado un gran banco, escribió más tarde: "Mi agencia para promover la aprobación de la Ley Bancaria Nacional fue el mayor error financiero de mi vida. Ha creado un monopolio que afecta a todos los intereses del país. Debería ser revocada, pero antes de que eso pueda lograrse, la gente tendrá que ser colocada de un lado y los bancos del otro, en una competencia como nunca antes hemos visto en este país."

Aunque Lincoln había firmado su sentencia de muerte emitiendo la moneda nacional en dólares estadounidenses, era muy consciente de su peligro. Sin embargo, estaba más preocupado por el peligro para el país. Poco antes de su asesinato, escribió,

"Veo en un futuro cercano una crisis que se acerca y que me pone nervioso y me hace temblar por la seguridad de mi país; las corporaciones han sido entronizadas, una era de corrupción en las altas esferas seguirá, y el poder del dinero del país se esforzará por prolongar su reinado trabajando sobre los prejuicios de la gente, hasta que la riqueza se acumule en unas pocas manos y la República sea destruida."

Unas semanas después de escribir estas palabras, Lincoln fue asesinado. Un mensaje codificado fue encontrado en el baúl de John Wilkes Booth, y la llave del código fue encontrada más tarde en posesión de Judah Benjamin. Benjamin, un pariente de la familia Rothschild, era un judío que había sido Secretario del Tesoro de la Confederación.

Algunos años más tarde, James Garfield, poco después de convertirse en Presidente, dijo: "Quienquiera que controle el volumen de dinero en un país es un maestro absoluto de la industria y el comercio." Se opuso a algunas medidas que se le presentaron para su firma por parte de los banqueros internacionales, y unos días después, fue derribado.

Entre el final de la Guerra Civil y el estallido de la Primera Guerra Mundial, Estados Unidos sufrió una serie de pánicos financieros. Estas contracciones del crédito, en todos los casos, desplumaron a los gentiles y concentraron la riqueza de la nación en manos judías. Muchos estadounidenses se enriquecieron enormemente gracias a los auge de la tierra, las minas de oro, los auge de los ferrocarriles y el crecimiento de la industria. En todos los casos, el dinero gentil pasó al control judío. Muchos estadounidenses se han preguntado por qué W. Averell Harriman ha sido un chico de los recados para los judíos del mundo. La respuesta es que su padre, un constructor de ferrocarriles, era simplemente un empleado gentil de Jacob Schiff, tal como lo había sido Rockefeller.

Al estallar la Primera Guerra Mundial, el reverendo Melvin King, en una obra poco conocida llamada *El Imán del Cielo para una Conquista Mundial*, dijo en la página 265,

"Israel está marchando hacia su meta de administración universal."

Woodrow Wilson creó una Junta de Industrias de Guerra y puso a Bernard Baruch a cargo de ella, con poderes de vida o muerte sobre la industria estadounidense. Baruch trajo una multitud de judíos, incluyendo a Clarence Dillon-Steinberg, Billy Rose y los hermanos Swope para dirigir la agencia. Estos judíos se apoderaron de los negocios estadounidenses. Al concluir la guerra, los judíos empacaron sus maletas y se apresuraron a ir a París para dividir el mundo gentil. El Barón dice, página 357, *Grandes Edades e Ideas del Pueblo Judío*, "Los líderes judíos estaban en una posición estratégica particularmente favorable para lograr la incorporación de salvaguardas para los derechos de las minorías nacionales en los tratados de paz de 1919". La posición 'estratégica favorable' consistía en el hecho de que los judíos dominaban las delegaciones de todas las naciones cristianas.

Una vez más, los especuladores de la guerra habían hecho grandes fortunas. No todos ellos eran judíos. Era hora de otro "pánico". La contracción del crédito fue decidida en una reunión secreta de la Junta de la Reserva Federal (página 64, *La Conspiración de la Reserva Federal*, por Eustace Mullins). Pero la gran matanza se hizo en 1929. Después de atraer los ahorros de por vida de los maestros de escuela y de los pequeños empresarios de la ciudad al mercado de valores, los judíos enviaron una gran remesa de oro a Montreal, hubo una clásica contracción del crédito y desaparecieron doscientos mil millones de dólares de ahorros gentiles (página 99, *La Conspiración de la Reserva Federal*, de Eustace Mullins).

Después de la crisis, los judíos crearon muchos nuevos holdings para sus acciones, como la Lehman Corporation. En 1933, poseían el 69% de las acciones en circulación de todas las acciones que cotizaban en el Big Board. Típico de los nuevos ricos era un pequeño chantajista judío llamado Billy Rose. Después de trabajar como secretaria de Bernard Baruch, Rose fue contratada por la mafia para que los representara en la operación de un local turístico en Nueva York llamado Casino de Paree. El lugar ganaba $20.000 a la semana para los gángsters, pero sólo le pagaban $1.000 a Rose por semana. Comenzó a retener parte del dinero y la mafia dictó la sentencia de muerte habitual. Rose fue avisada, y corrió hacia Bernard Baruch. Baruch lo envió a J. Edgar Hoover, y cuatro hombres del FBI lo protegieron día y noche hasta que el peligro pasó. Hoover convenció a la mafia de que lo olvidara todo. Rose se dedicó entonces a la producción de espectáculos femeninos. En el momento de su muerte, tenía un valor de cien millones de dólares y era el mayor propietario de acciones de American Telephone y Telegraph. El teléfono había sido inventado por un gentil, Alexander Graham Bell, que a su muerte valía 18.000 dólares.

La mafia siempre ha encontrado a los judíos útiles para ellos. Aunque el círculo interno de la Cosa Nostra está restringido a la Hermandad Siciliana, los judíos se han vuelto importantes en la mafia, como Longy Zwillman y Mickey Cohen. La mafia puso a Moe Annenberg a cargo de su red nacional de cables de carreras y acumuló una fortuna de 150.000.000 de dólares. Su nieto, un adicto a las drogas, fue acusado recientemente del asesinato de su novia gentil. Annenberg es dueño del *Philadelphia Inquirer* y de otros periódicos.

Una multitud de judíos ha aparecido de la nada para hacer grandes fortunas en los Estados Unidos; Samuel Newhouse, con una cadena de 28 periódicos; O. Roy Chalk, dueño del Sistema de Tránsito del Distrito de Columbia, periódicos y otros negocios; Norton Simon, dueño del imperio de alimentos Hunt; Riklis, dueño del imperio de tiendas de centavos McCrory; y otros judíos de los que hace tan sólo diez años nunca se había oído hablar. El proceso se ha acelerado; un estudio reciente del *Saturday Evening Post* mostró que el **88%** de los que se han convertido en millonarios en Estados Unidos desde 1950 son judíos. Uno de ellos, Moskovitz, alias Moesler, fue la estrella de un caso de asesinato particularmente desagradable en Miami. Había acumulado doscientos millones de dólares a través de cargos por intereses usureros sobre automóviles y casas móviles comprados por trabajadores americanos gentiles.

En muchos casos, estas fortunas judías repentinas representan ganancias de la mafia que se canalizan hacia la industria, con frentes judíos que aparentemente son los dueños del dinero. Otras fuentes son el dinero "caliente" que se transfiere de un país a otro, y en algunos casos estos millonarios judíos son frentes para las inversiones soviéticas en las industrias americanas, con el propósito de obtener planes y fórmulas de defensa vitales.

Uno de los gigantes judíos en municiones son las Industrias Olin, otra firma judía. Durante la Segunda Guerra Mundial, U. S. Cartridge, una subsidiaria de esta firma, fue acusada de muchos cargos de suministrar proyectiles defectuosos, violar el acto de sabotaje y otros crímenes. El caso se prolongó hasta 1950, cuando finalmente fue abandonado. Sin embargo, los juicios del Departamento de Justicia contra empresas gentiles, como las tiendas A & P, son increíblemente viciosos. Cadenas de propiedad judía como Food Fair y Giant Stores son ignoradas por el Departamento de Justicia, pero la firma gentil de A&P ha estado siendo procesada casi continuamente durante veinticinco años.

De la misma manera, la firma gentil de DuPont, el último baluarte de la riqueza gentil en los Estados Unidos, se está defendiendo continuamente contra el procesamiento inspirado en los judíos por el Departamento de Justicia. Los accionistas de DuPont perdieron millones de dólares cuando el Departamento de Justicia ordenó a DuPont que se deshiciera de las acciones de General Motors. No se imputó ningún delito; el simple hecho es que dos grandes corporaciones gentiles se habían resistido a los esfuerzos de los judíos por tomarlos. Los judíos decidieron que tendrían que separarlos para arrebatarles el control gentil.[3]

A los judíos nunca les han faltado los gentiles apologistas. El poeta estadounidense Robert Lowell afirma que "Esta es una época judía". De las acciones de Nueva Inglaterra, Lowell bas tuvo varias crisis nerviosas y es un buen compañero para los judíos esquizofrénicos. Reinhold Niebuhr, un autodenominado

---

[3] Los miembros de la familia DuPont finalmente pudieron quedarse con la mayor parte del producto de la venta de sus acciones, a un precio. Tuvieron que contratar a Clark Clifford, un destacado cabildero sionista en Washington, como abogado para esta transacción, transfiriendo así una gran 'cuota' a los sionistas, y tuvieron que acordar poner a un judío, Irving Shapiro, a cargo de todas las compañías de DuPont como presidente de DuPont.

filósofo cristiano, es el cabecilla del "Cristo es judío". Atribuye todo lo bueno a los judíos y dice en su último libro: "He tenido una larga historia de amor con el pueblo judío." No es de extrañar que los judíos llamen a Niebuhr "el mayor filósofo viviente".

Cuando Eugene Meyer y Bernard Baruch formaron la Alaska-Juneau Gold Mining Co. se unieron dos de los hombres más siniestros de Estados Unidos. Baruch nombró a Meyer como gerente de la War Finance Corporation, manejando Liberty Bonds durante la Primera Guerra Mundial. El congresista Louis McFadden, presidente del Comité de Banca y Moneda de la Cámara de Representantes, descubrió que se habían destruido bonos por valor de diez mil millones de dólares, que se habían impreso y vendido por valor de veinticuatro millones de dólares, y que se habían realizado amplias modificaciones en los registros de Meyer. Meyer compró el control de Allied Chemical and Dye Corporation, y más tarde compró el *Washington Post*. Su hija se casó con un gentil llamado Philip Graham, y Meyer lo nombró presidente del *Washington Post*, pero Graham encontró que las cosas que tenía que hacer por los judíos eran demasiado desagradables, y se suicidó. La familia Meyer vale mil millones de dólares, lo que no es difícil de entender, a la luz de las investigaciones del congresista McFadden (página 105, *The Federal Reserve Conspiracy*, de Eustace Mullins).

La familia Meyer también compró *la revista Newsweek Magazine* y la llenó completamente de judíos. El editor de arte es Jack Kroll; el editor de libros es Saul Maloff; el editor de cine es Joseph Morgenstern; el editor de teatro es Richard Gilman; el editor musical es Herbert Saal. No es necesario que los gentiles apliquen.

La familia Meyer también compró la revista *Art News*, que promueve las últimas tendencias en arte, y que publicita el pop y el op art, la Beer-Can School, que reemplazó a la Ash-Can School. También en este caso, las producciones más tontas del artista judío de ojos salvajes son objeto de una seria revisión, mientras que los gentiles pasan desapercibidos en sus buhardillas.

En ninguna parte ha sido más evidente el monopolio judío que en las películas y la televisión, y ningún medio ha sido más implacable en inundar la nación con propaganda judía viciosa. Las películas comenzaron como una empresa gentil; el primer gran director fue David W. Griffith, quien produjo la gran película, *El nacimiento de una nación*. Griffith pronto fue empujado a un lado por una horda de judíos rusos y polacos que ceceaban, los camuflajeadores de la Séptima Avenida de Nueva York. No había más Griffiths en Hollywood; en cambio, los productores eran Schulberg, Goldwyn, Mayer, Zanuck, Cohen, Schary y cientos de otros judíos.

Los primeros grandes comediantes fueron los gentiles, Buster Keaton y Laurel y Hardy. Keaton fue empujado a un lado a favor de Charlie Chaplin, un judío barato cuyo don cómico parecía consistir en darle la espalda lentamente al público y rascarlo ostentosamente. Este fue uno de sus gestos menos obscenos, y su arte aparentemente había sido aprendido mientras observaba a los monos en el zoológico. Laurel y Hardy fueron reemplazados por los Hermanos Marx - la lista es interminable.

En la televisión, los estadounidenses tienen la opción de ver programas en tres cadenas: NBC, controlada por el judío ruso Sarnoff; CBS, controlada por William Paley o Palinsky, cuyo padre judío polaco hizo una fortuna con los puros Muriel; o ABC, controlada por Barney Balabanson, de acciones judías polacas. Estos judíos han gastado millones de dólares para imponer al público estadounidense una veintena de comediantes judíos que nunca han encontrado el favor del público, excepto en los clubes nocturnos yiddish: Milton Berle, Red Buttons, Danny Kaye, Jerry Lewis, que han sido desastres financieros en la televisión, pero dos comediantes gentiles, Jackie Gleason y Red Skelton, continúan año tras año. Su secreto es que son graciosos. Los judíos escupen una curiosa combinación de perversión, adicción a las drogas y vómito de integración, y esperan que el público se ría el doble. En cambio, deberían enfermarse.

En 1966, un comité del Congreso descubrió que estas redes judías empleaban todas las técnicas habituales del monopolio judío. No permitirían que se emitiera un programa a menos que la cadena recibiera el 51% de los beneficios. Esto les dio el control total del contenido y la mayoría de las ganancias. Fue una clara violación de las leyes antimonopolio, pero no se ha hecho nada al respecto; el Departamento de Justicia está demasiado ocupado procesando a empresas gentiles como DuPont y A&P para preocuparse por lo que los judíos están haciendo con su monopolio televisivo. Todos los programas de televisión cuentan con una gran cantidad de personal judío; los gentiles sólo tienen un promedio del quince por ciento de empleo en la producción televisiva. No hace falta decir que nada aparece en la televisión excepto lo que los judíos quieren que vean los gentiles. Los pocos gentiles que tienen programas propios tienen esposas judías. Ed Sullivan está casado con Sylvia Bernstein; Dave Brinkley, etc. Sullivan es un católico devoto, pero su esposa está criando a sus hijos en la fe judía.

A pesar de su prominencia en industrias tan legítimas como el teatro y la televisión, los judíos prefieren las actividades del inframundo. Son bien conocidos por la esclavitud de los blancos, la pornografía, el tráfico de armas, el alcohol y otros negocios. El negocio del licor en Estados Unidos está dominado por la familia Bronfman, propietaria de Seagram's, y Rosenstiel's, propietaria de Schenley's. El arma que mató a Kennedy fue manejada primero por un mayorista judío llamado Irving Feldschott, y luego por un minorista judío en Chicago llamado Milton Klein. Se dice que el mayor pornógrafo de la nación es Irving Klaw, de Nueva York, aunque muchos otros judíos están presionando mucho por el título. Un judío llamado Lyle Stuart, antes conocido como Samuelson, ha impreso algunos de los artículos más jugosos del oficio. El Tribunal Supremo confirmó recientemente la condena de Ralph Ginzburg como mayorista de pornografía. Había distribuido una serie de artículos, entre ellos el Manual del ama de casa sobre la promiscuidad selectiva, que contenía una serie de fotografías de un hombre negro desnudo que tenía relaciones sexuales con una mujer blanca. Y así podríamos continuar por cientos de páginas, enumerando las cosas viles que el judío está haciendo hoy aquí, en nuestro país, para nosotros. Podríamos detenernos a pensar en el número de negocios gentiles que pasan a manos judías cada año, como el Camera Shops of New York de Willoughby. Algunos segmentos del negocio estadounidense, como las farmacias y las fábricas y tiendas de ropa al por menor, están completamente controlados por los judíos, y gran parte de la clase media gentil ya ha sido expulsada del negocio.

Samuel Roth, el autor de *Judíos deben vivir*, escribió que conocía a un hombre que empleaba a cuatro mil personas, pero siempre se negó a emplear a un judío, porque no quería perder su negocio. Roth le preguntó cómo podía ver a un judío, ya que rara vez se identificaban como tal. El hombre respondió: "Siempre te miran por encima de la cabeza". Entonces Roth le explicó al hombre que el judío mira por encima de su cabeza porque está mirando al Dios invisible de Israel. Ya que toda la riqueza está destinada al enriquecimiento de Israel, el judío está esperando que Dios le muestre cómo alejar de él el negocio de los gentiles. Roth afirma que nunca se debe oír hablar de un gentil que prosperó después de contratar a un judío.

Ninguna práctica satánica de los judíos ha hecho más daño a los estadounidenses que la promoción judía de la guerra racial en Estados Unidos. Ya hemos mencionado la observación de De Tocqueville en 1832 de que "la presencia de los negros es el mayor mal que amenaza a Estados Unidos". Los judíos no sólo usaron este tema para precipitar la devastadora Guerra Civil, sino que renovaron el tema de los negros antes de la Primera Guerra Mundial. A principios de siglo, Harlem era una zona subdesarrollada. Fue desarrollado por tres especuladores judíos: August Belmont, Oscar Hammerstein y Henry Morgenthau. Estos judíos son responsables de los horribles barrios bajos en los que viven los negros, porque los judíos sólo construyeron edificios que aportarían el máximo beneficio. Además, los judíos son dueños de todos los negocios en las zonas negras. Un despacho de la AP fechado el 19 de febrero de 1966, concedió una entrevista a un tal Meyer Bleustein, que poseía una propiedad por valor de un millón de dólares en la zona de los disturbios de Watts. Ningún periodista ha revelado jamás el verdadero significado de estos disturbios negros en Harlem, Rochester, Watts y otros barrios negros. Se trataba de disturbios antijudíos, en los que los negros se estrellaron contra tiendas judías y tomaron por la fuerza el licor y los televisores por los que los judíos les habían estado cobrando cuatro precios. El negro ha sido explotado en América, pero sólo por los judíos. Muchos negros comenzaron a darse cuenta de esto, y comenzaron los disturbios. Los judíos siempre han controlado la NAACP, que nunca ha tenido a un negro a la cabeza. Los negros finalmente vieron que los judíos estaban usando frentes para controlarlos. Al mismo tiempo, los judíos agitaban a los negros para que se volvieran contra los gentiles blancos y los mataran. Incluso el negro más retrasado sabía que era un judío que le vendía un par de pantalones mal rasgados, de segunda mano, por 15 centavos, y le dejaba pagar 5 centavos a la semana, durante treinta semanas, y luego lo llevaba al tribunal de reclamos menores para cobrar el saldo (un caso real en Washington, D.C.).

Incluso mientras explotaba a los negros hasta un punto en el que pocos blancos se habían dado cuenta, el judío también usaba a los negros como sus tropas prescindibles en la primera línea de la conspiración comunista en Estados Unidos. Esto se remonta a 1912, cuando el prominente escritor judío y teórico comunista, Israel Cohen, escribió un extenso plan llamado "Un Programa Racial para el Siglo XX". Citamos en parte,

"Debemos darnos cuenta de que nuestra arma más poderosa es la tensión racial. Al golpear en la conciencia de las razas oscuras que durante siglos han sido oprimidas por los blancos, podemos moldearlas al programa del Partido Comunista. Los términos colonialismo e imperialismo deben figurar en nuestra propaganda. En América, apuntaremos a una victoria sutil. Mientras inflamamos a la minoría negra contra los blancos, nos esforzaremos por inculcar en los blancos un complejo de culpabilidad por su explotación de los negros. Ayudaremos a los negros a destacar en todos los ámbitos de la vida, en las profesiones y en el mundo del deporte y el entretenimiento. Con este prestigio, los negros podrán casarse con los blancos y comenzar un proceso que llevará a América a nuestra causa."

Cuando los judíos negaron que había un escritor llamado Israel Cohen, dos escritores llamados Israel Cohen fueron encontrados en la lista de Quién es Quién en la judería mundial.

Escritores como Israel Cohen han seguido guiando a los negros en la agitación racial. Uno de los principales periódicos que favorecen la integración es el *Chicago Sun-Times*, propiedad de la familia Marshall Field. Este periódico nació porque el nieto del original Marshall Field, un alcohólico y degenerado sexual, estaba siendo atendido por un psiquiatra judío ruso llamado Gregory Zilboorg. Zilboorg aconsejó a Field que se convirtiera en editor de periódicos y que luchara por la "justicia racial". Field fundó entonces el *Sun-Times*. Field se había convertido en alcohólico debido a la vergüenza por la muerte de su padre, cuyas circunstancias eran conocidas por todos en Chicago. Este Marshall Field era el hijo del primer Marshall Field, y era un borracho y pervertido sexual que sólo podía alcanzar el placer azotando a una hermosa chica desnuda con un gran látigo de caballo. Tenía una chica favorita en el burdel de Everleigh Sisters, el burdel más de moda de Chicago. Una noche, la niña no pudo soportar el dolor de ser azotada, y tomó una pistola de debajo de su almohada y le disparó. Field dejó caer el látigo, se tambaleó hacia la puerta y cayó por las escaleras. La niña, desquiciada por el dolor, lo siguió y disparó tres veces más contra su cuerpo mientras Field se retorcía al pie de las escaleras. La casa fue derribada y la familia Field contribuyó con dinero para establecer el Instituto de Cirujanos en este lugar. Una estatua de un cirujano marca el lugar exacto donde Field murió al pie de las escaleras. Un reportero de periódicos en alerta estaba en el burdel en ese momento, y para mantener la historia en secreto, la familia Field le dio $100,000 para comenzar un periódico, que se convirtió en el *Chicago Journal-American*. Field también dejó a dos hijos negros que aún viven en el lado sur de Chicago, y reciben $300 al mes cada uno de la finca Field. La hija del actual Marshall Field se casó con un negro y tuvo hijos a su cargo. Esta familia es típica de la perspectiva integracionista degenerada.

Muchos de los intereses supuestamente gentiles son propiedad de los judíos, con un "frente" gentil que aparentemente tiene el control total. Típico de este engaño es el imperio editorial de *Reader's Digest*. Aparentemente propiedad de DeWitt Wallace y su esposa, *Reader's Digest* es en realidad una subsidiaria de RCA, controlada por el judío ruso Samoff. ¿Cómo sucedió esto? Wallace, un gentil, contrató a un editor llamado

Eugene Lyons, un judío. *Reader's Digest* tuvo éxito y había ganado millones de dólares para su dueño gentil. También era muy respetado. Lyons sugirió que *Reader's Digest* publicara ediciones en muchos idiomas extranjeros. Wallace no deseaba invertir los millones de dólares que esto requeriría, y Lyons se ofreció a recaudar el dinero de su primo, Samoff. El resultado fue que el *Reader's Digest* quedó bajo el control de los judíos, y los Wallace tienen que someter cada artículo a la aprobación de Lyon antes de que puedan publicarlo en 'su' revista. Obviamente no pueden imprimir nada que exponga la traición y la subversión judía, que es justo el tipo de control que los judíos quieren, y que deben ejercer sobre cada empresa gentil.

CAPÍTULO 10

LOS JUDÍOS Y NUESTRO FUTURO

Una de las grandes tragedias de la humanidad es la historia de la corrupción de Estados Unidos por parte de los judíos, ya que Estados Unidos representaba la última gran esperanza de la tierra. Estados Unidos ha sido el símbolo del deseo del hombre de vivir en paz y libertad, sin embargo, la historia de Estados Unidos ha sido una serie de guerras y pánicos financieros provocados por los judíos. Todas las salvaguardias que el pueblo estadounidense erigió contra los judíos han sido destruidas. Ya hemos mencionado la disposición de la Constitución que nuestros antepasados promulgaron para darnos nuestro propio sistema monetario, libre de la extorsión judía. La Ley de la Reserva Federal de 1913 puso fin a esto. Teníamos una ley de contratos que nos permitía hacer negocios entre nosotros. Los judíos lo destruyeron en la famosa decisión de "integración" de mayo de 1954, en la que el Tribunal Supremo dictaminó que ningún contrato era válido si contenía una referencia a la raza. En otras palabras, los contratos ya no eran vinculantes en nuestra vida empresarial. Esta decisión fue escrita por un fanático judío sionista llamado Félix Frankfurter, de Viena, quien fue denunciado por el presidente Theodore Roosevelt como "el bolchevique más peligroso del país". El hermano de Frankfurter, Otto, era conocido como un criminal habitual que cumplió ocho años por un crimen indecible en la Prisión Estatal de Anamosa en Iowa.

Otro gran concepto era el movimiento sindical, que originalmente establecía que un hombre no tenía que soportar abusos inusuales por parte de sus jefes siempre y cuando hiciera bien su trabajo. El movimiento sindical surgió en Estados Unidos porque los judíos establecieron fábricas de sudor en la ciudad de Nueva York entre 1860 y 1900, y trabajaban dieciocho horas al día con mujeres y niños gentiles por tan sólo cinco centavos la hora. Un incendio en una de estas fábricas de explotación judía, el desastre del Triángulo, mató a muchas mujeres y niños, ya que no hubo salidas de emergencia en este edificio de propiedad judía. El movimiento sindical surgió de ese día. Pronto fue tomada por un agitador judío llamado Samuel Gompers.

Otro gran concepto de los gentiles es la democracia, que simplemente significa que un ciudadano decente y responsable es tan bueno como el siguiente ciudadano decente y responsable. Los judíos han cambiado esto para decir: "Un estadounidense decente y trabajador no es mejor que el próximo pornógrafo, adicto a las drogas o violador judío". "Un hombre, un voto." Un estadounidense gentil empleado honestamente tiene un voto; un agitador comunista judío u operador de una fábrica de explotación tiene un voto. Este es el sistema de democracia judía bajo el cual vivimos ahora.

Ahora hemos rastreado la influencia judía a través de cinco mil años de historia. Hemos visto cómo la subversión judía derribó las grandes civilizaciones de Babilonia, Egipto, Persia, Grecia y Roma. Hemos visto cómo los judíos jugaron un papel crucial en acontecimientos como la peste, la Inquisición, la Reforma, la Revolución Americana, la Guerra Civil y el Choque de 1929. ¿Qué nos depara el futuro?

La historia de los judíos se divide en tres períodos importantes. El primer período fue cuando los bandidos judíos nómadas, conocidos en todo el mundo antiguo como Habirusagaz, o asesinos hebreos, acosaron a las primeras civilizaciones. Esas civilizaciones enviaron expediciones militares contra ellos, matándolos y capturando a los sobrevivientes. Una vez que trajeron a estos cautivos de vuelta a sus ciudades, su civilización enfermó y murió. Rara vez se daban cuenta de lo que les había pasado.

Este período terminó con el colapso del Imperio Romano en el año 476 d.C. El segundo período, desde el año 477 d.C. hasta

1815, fue el tiempo en que los judíos se encerraron en sus guetos y durante más de mil años reunieron y concentraron sus fuerzas psíquicas del mal hasta que pudieron salir a la luz y obtener el dominio completo sobre los gentiles. Durante este período, mantuvieron su existencia llevando a cabo diversas actividades del hampa. Eran las vallas para los bienes robados en todas las ciudades del mundo; practicaban magia negra; se hicieron conocidos como médicos; y con el fin de obtener sangre para sus ceremonias rituales, introdujeron la técnica del sangrado. Durante la Edad Media, si un médico judío era llamado para atender a un gentil, le abría las venas al paciente y le sacaba una gran cantidad de sangre, que luego llevaba a la sinagoga para que la usara el rabino. En algunos casos, si el paciente sufría de sobrepeso o presión arterial alta, el sangrado era beneficioso. Sin embargo, en la mayoría de los casos el paciente ya estaba debilitado por la enfermedad, y el sangrado le causó la muerte. En cualquier caso, al judío no le podía importar menos, pues sólo le interesaba obtener la sangre. George Washington murió porque fue sometido a esta técnica de sangrado por una enfermedad respiratoria menor.

El judío también sirvió a los aristócratas como recaudadores de impuestos y opresores del pueblo trabajador, como crueles supervisores que sudaban a los campesinos para el beneficio de los aristócratas y los judíos, hasta que obtuvieron suficiente poder para salir de los ghettos en 1815.

Desde 1815 hasta la actualidad, los gentiles han sido diezmados por terribles guerras mundiales y pánicos financieros. Cada año, los judíos se han vuelto más poderosos, hasta que ahora dominan el mundo. El gran período de la civilización europea llegó a su fin abruptamente en 1815, cuando los judíos salieron de sus guetos. No había más gigantes de la cultura, como Shakespeare, Beethoven y Goethe. En un solo aspecto los gentiles continuaron progresando, en la invención de máquinas, pues aquí los judíos no afectaron sus recursos mentales. Sin embargo, no ha habido arte, música o literatura significativa desde que la plaga judía descendió sobre nuestro pueblo. La pintura se convirtió en la trivial mancha de los monos y sus imitadores humanos; la música se convirtió en el chillido de las bocinas de los automóviles; la literatura se convirtió en una descripción repetitiva del libertinaje humano. La gran civilización del norte de Europa estaba muerta.

La arquitectura se convirtió en una simple construcción de cajas de metal y hormigón, la llamada escuela de construcción "Tel Aviv", que lleva el nombre de sus inventores judíos. No más catedrales góticas, palacios elegantes, o casas bien construidas para la gente; sólo tenemos nidos de hormigón en los que criar, y patios de recreo de hormigón para los niños en lugar de césped.

En nuestras universidades, todo debe atribuirse a uno de cada tres judíos: Marx, Freud o Einstein; de lo contrario los instructores no están autorizados a enseñar. Cristo es una figura de diversión para los profesores de "in". Ya hemos discutido la manera en que Marx modernizó el concepto despiadado de la dictadura judía en su filosofía del comunismo. Fueron las investigaciones de Einstein las que llevaron a la invención de la Hell-Bomb judía. Freud declaró la guerra a la nobleza de la mente humana, insistiendo en que nuestra inteligencia sólo se encuentra en nuestros órganos reproductivos y en nuestro ano. Esta fue la base de la "ciencia" de la psiquiatría, aunque un gentil que llegó más tarde, Carl Jung, descubrió que se podía ayudar a la gente si se ignoraba la suciedad freudiana. Jung fue un gran erudito que escribió libros sobre los orígenes de la civilización del norte de Europa. En el volumen 7 de sus Obras Completas, página 149, Jung dice,

"Es un error imperdonable aceptar las conclusiones de una psicología judía como generalmente válidas. Nadie soñaría con tomar la psicología china o india como una obligación para nosotros mismos. Con el comienzo de la diferenciación racial, las diferencias esenciales se desarrollan también en la psique colectiva. Por esta razón, no podemos trasplantar el espíritu de una raza extranjera en globo a nuestra propia mentalidad sin dañar sensiblemente a esta última."

Así, Jung descubrió que la psiquiatría judía podía ser muy dañina para la mente gentil. Miles de gentiles que se han puesto al cuidado de psiquiatras judíos se han vuelto desesperadamente locos o se han suicidado. Esto era de esperar. Los judíos también han desarrollado nuevas drogas peligrosas que inducen a la locura en los gentiles. Experimentan con estas drogas en los gentiles indefensos que han sido internados en asilos de locos por doctores y jueces judíos, llevando a cabo extrañas pruebas que proporcionan satisfacción sádica al observar a seres humanos indefensos que se vuelven locos lentamente. También practican barbaridades tales como los tratamientos de choque en sus gentiles cautivos, una forma de tratamiento que fue abandonada en Europa hace veinte años por ser "excesivamente bárbara".

Una de las palabras clave en la jerga de la psiquiatría judía es "identidad". La cuestión de la identidad es crucial para el judío. No puede aceptar, ni siquiera inconscientemente, su verdadera identidad como un parásito sin hogar que vive en la hueste gentil, ni su origen como un asesino nómada del desierto, pero tampoco puede inventar ningún otro trasfondo para sí mismo, ya que los arqueólogos no pueden encontrar ningún rastro de una cultura judía. Otra palabra clave es 'relate'. El judío se preocupa constantemente de cómo se "relaciona" o establece una relación con la hueste gentil. También habla y escribe sin parar sobre el problema de la "alienación". La alienación, por supuesto, significa la posibilidad de que el parásito judío se aleje del anfitrión gentil o sea expulsado del mismo. Hostilidad es otra palabra clave en la psiquiatría judía. Lo que le preocupa aquí al judío es el problema de su propia hostilidad hacia la hueste gentil, el odio esquizofrénico que ha desarrollado hacia el cuerpo gentil del que debe vivir. En consecuencia, escribe sin cesar sobre el problema psiquiátrico de la hostilidad, cuando realmente se refiere al "odio casi inhumano" que Kastein admite que el judío siente por su anfitrión.

Debido a su existencia malsana e insatisfactoria como parásito que vive de la hueste gentil, el judío está siempre al borde de graves trastornos mentales. La más común es la forma de locura conocida como esquizofrenia, o personalidad dividida. Incapaz de aceptarse a sí mismo por lo que es, el judío inventa otras explicaciones de sí mismo, y cuando comienza a aceptar estos delirios como realidad, esto se define legalmente como locura. El Dr. Martin F. Debivoise concluyó recientemente un estudio de diez años sobre los judíos en Nueva York. Encontró que el 43% de ellos estaban mentalmente perturbados hasta el punto de que debían ser hospitalizados. También hizo un estudio de mil matrimonios entre judíos y gentiles durante este período. Encontró que 847 de estos matrimonios terminaron en divorcio en cinco años; en 681, no había hijos, y de los que tuvieron hijos, el 73% desarrollaron leucemia o cáncer antes de la edad de la pubertad. Típico fue la muerte del hijo de John Gunther por cáncer como producto de uno de estos matrimonios mixtos.

A lo largo de los siglos, el parásito judío ha mantenido la creencia religiosa de que sólo puede alcanzar el poder absoluto sobre la hueste gentil si restablece su sede en la antigua encrucijada de la civilización mundial en Palestina. Instintivamente, el judío se da cuenta de que *debe* poseer este lugar tradicional del corazón del comercio gentil si quiere convertirse en el amo de la hueste.

En 1948, después de una sórdida serie de asesinatos brutales, el judío alcanzó su objetivo: el Estado de Israel. La promesa original había sido obtenida del gobierno británico en 1917 a cambio del uso de un mortal gas venenoso inventado por Chaim Weizman. Cuando los judíos vieron que estaban ganando a su enemigo, Adolfo Hitler, intensificaron su brutalidad para apoderarse de Palestina. Tenían varias bandas internacionales de asesinos operando. Uno de estos grupos de matones era conocido como la Pandilla Stern. Otro fue el Irgun Zvai Leumi. Cada uno de este grupo de matones compitió con los demás en cometer brutales asesinatos de gentiles. En 1944, la banda de Stern asesinó a Lord Moyne, diplomático de alto rango fuera de Londres, en su casa de El Cairo, con el fin de forzar la decisión inglesa de darles Palestina. Luego comenzaron una serie de torturas y asesinatos de tropas británicas que habían sido enviadas a Palestina para prevenir las atrocidades cometidas por los judíos contra los propietarios árabes de allí. La mayoría de estas tropas eran muchachos en su adolescencia. Toda Inglaterra estaba horrorizada por las muertes que estos muchachos murieron a manos de torturadores judíos. Sus cuerpos destrozados fueron entonces atrapados con trampas para que sus camaradas fueran asesinados cuando trataban de darles cristiana sepultura.

En 1948, los judíos asesinaron al conde Folke Bernadotte en Israel. Aunque había hecho todo lo posible para conseguirles lo que querían, lo mataron para acelerar el proceso. Un hotel voló en pedazos en Palestina, destrozando y matando a cientos de víctimas inocentes. Una Inglaterra mareada por el corazón aceptó a regañadientes darles el país, y el destino de Israel surgió después de una serie de asesinatos que habían horrorizado al mundo civilizado. Nacido en una atmósfera de asesinato y extorsión, alimentado por las nubes de gas venenoso y la invención de la bomba judía del infierno, el Estado de Israel demostró desde sus inicios que era la encarnación del mal absoluto.

En 1952, un documento llegó a las democracias occidentales que demostraba que los judíos estaban ansiosos por avanzar rápidamente con sus planes familiares de dictadura sobre los gentiles. La transcripción indiscutible de un discurso del Rabino Emanuel Rabinovich fue documentada como entregada ante el Consejo de Emergencia de Rabinos Europeos en Budapest, Hungría, el 12 de enero de 1952:

"¡Saludos, hijos míos! Usted ha sido llamado aquí para recapitular los pasos principales de nuestro nuevo programa. Como saben, esperábamos tener veinte años entre guerras para consolidar los grandes logros que obtuvimos de la Segunda Guerra Mundial, pero nuestro creciente número en ciertas áreas vitales está despertando nuestra oposición, y ahora debemos trabajar con todos los medios a nuestra disposición para precipitar la Tercera Guerra Mundial dentro de cinco años."

"El objetivo por el que nos hemos esforzado de manera tan concertada durante tres mil años está por fin a nuestro alcance, y como su cumplimiento es tan evidente, nos corresponde multiplicar por diez nuestros esfuerzos y nuestras precauciones. Puedo prometerles que antes de que pasen diez años, nuestra raza ocupará el lugar que le corresponde en el mundo, con cada judío como rey y cada gentil como esclavo. (Aplausos de la reunión)."

"Tal vez recuerden el éxito de nuestra campaña de propaganda de los años 30, que despertó pasiones antiamericanas en Alemania, al mismo tiempo que nosotros despertábamos pasiones antialemanas en Estados Unidos, una campaña que culminó en la Segunda Guerra Mundial. Una campaña de propaganda similar se está llevando a cabo intensamente en todo el mundo. La fiebre de la guerra se está agitando en Rusia por un incesante bombardeo antiestadounidense, mientras que un susto anticomunista a nivel nacional está asolando a los Estados Unidos. Esta campaña está forzando a todas las naciones más pequeñas a elegir entre la asociación de Rusia o una alianza con los Estados Unidos."

"Nuestro problema más apremiante en este momento es inflamar el rezagado espíritu militarista de los americanos. El fracaso de la Ley de Entrenamiento Militar Universal fue un gran revés para nuestros planes, pero estamos seguros de que una medida adecuada será aprobada en el Congreso inmediatamente después de las elecciones de 1952. Tanto los rusos como los asiáticos están bien controlados y no ponen objeciones a la guerra, pero debemos esperar para asegurar a los norteamericanos. Esperamos que esto tenga que ver con la cuestión del antisemitismo, que ha funcionado tan bien para unir a los estadounidenses contra Alemania."

"Contamos mucho con los informes sobre las atrocidades antisemitas en Rusia para despertar la indignación en Estados Unidos y crear un frente de solidaridad contra el poder soviético. Simultáneamente, para demostrar a los estadounidenses la realidad del antisemitismo, avanzaremos a través de nuevas fuentes grandes sumas de dinero a elementos abiertamente antisemitas en Estados Unidos para aumentar su eficacia, y organizaremos brotes antisemitas en varias de sus ciudades más grandes. Esto servirá al doble propósito de exponer a los sectores reaccionarios de Estados Unidos, que luego pueden ser silenciados, y de convertir a Estados Unidos en una unidad antirrusa dedicada."

"Dentro de cinco años, este programa alcanzará su objetivo, la Tercera Guerra Mundial, que superará en destrucción a todos los concursos anteriores. Israel, por supuesto, seguirá siendo neutral, y cuando ambas partes estén devastadas y agotadas, arbitraremos, enviando nuestras Comisiones de Control a todos los países naufragados. Esta guerra terminará para siempre con nuestra lucha contra los gentiles. Revelaremos abiertamente nuestra identidad con las razas de Asia y África. Puedo afirmar con seguridad que la última generación de niños blancos está naciendo. Nuestras Comisiones de Control, en interés de la paz y de la eliminación de las tensiones interraciales, prohibirán a los blancos aparearse con los blancos. Las mujeres blancas deben convivir con los miembros de las razas oscuras, y los hombres blancos con las mujeres negras. Así la raza blanca desaparecerá, porque mezclar la oscuridad con el blanco será el fin del hombre blanco, y nuestro enemigo más peligroso se convertirá sólo en un recuerdo. Nos embarcaremos en una era de diez mil años de guisantes y abundancia, la Pax Judaica, y nuestra raza gobernará indiscutiblemente sobre la tierra. Nuestra inteligencia superior nos permitirá fácilmente retener el dominio sobre un mundo de gente oscura."

Pregunta de la reunión: "Rabino Rabinovich, ¿qué hay de las diferentes religiones después de la Tercera Guerra Mundial?"

"No habrá más religiones. No sólo la existencia de una clase sacerdotal seguiría siendo un peligro constante para nuestro gobierno, sino que la creencia en una vida después de la muerte daría fuerza espiritual a elementos irreconciliables en muchos países, y les permitiría resistirse a nosotros. Sin embargo, mantendremos los rituales y costumbres del judaísmo como la marca de nuestra casta gobernante hereditaria, fortaleciendo nuestras leyes raciales para que no se permita que ningún judío se case fuera de nuestra raza, ni que ningún extraño sea aceptado por nosotros."

"Es posible que tengamos que repetir los días sombríos de la Segunda Guerra Mundial, cuando nos vimos obligados a dejar que los bandidos hitlerianos sacrificaran a algunos de nuestros pueblos, a fin de tener la documentación y los testigos adecuados para justificar legalmente nuestro juicio y la ejecución de los líderes de Estados Unidos y Rusia como criminales de guerra, después de que hayamos dictado la paz. Estoy seguro de que necesitarán poca preparación para tal deber, porque el sacrificio siempre ha sido la consigna de nuestro pueblo, y la muerte de unos pocos miles de judíos a cambio de un liderazgo mundial es, en efecto, un pequeño precio a pagar."

"Para convencerlos de la certeza de ese liderazgo, permítanme señalarles cómo hemos convertido todos los inventos del hombre blanco en armas contra él. Sus imprentas y radios son las boquillas de nuestros deseos, y su industria pesada fabrica los instrumentos que envía para armar a Asia y África contra él. Nuestros intereses en Washington están extendiendo en gran medida el programa Punto Cuatro para el desarrollo de la industria en áreas atrasadas del mundo, de modo que después de que las plantas industriales y las ciudades de Europa y América sean destruidas por la guerra atómica, los blancos no puedan ofrecer resistencia contra las grandes masas de las razas oscuras, que mantendrán una superioridad tecnológica indiscutible."

"Y así, con la visión de la victoria mundial ante vosotros, volved a vuestros países e intensificad vuestra buena obra, hasta que se acerque el día en que Israel se revele en todo su glorioso destino como la Luz del Mundo!"

Este documento, que originalmente llegó a este país en yiddish, fue traducido por Henry H. Klein, un judío que estaba horrorizado por los planes de su pueblo de precipitar una guerra atómica. Klein murió misteriosamente en Nueva York, después de que un hombre de la Agencia Central de Inteligencia lo visitara. La CIA tiene ahora el original de este documento en sus archivos en Washington.

Un doble agente, P............ , que se había infiltrado en el círculo interno de la Liga Antidifamación de B'nai B'rith, le dijo a este escritor en 1956 que la publicación y circulación del discurso del rabino Rabinovich en 1952 por un puñado de patriotas norteamericanos había hecho que los judíos pospusieran todos sus planes, y había evitado los horrores de una Tercera Guerra Mundial. La CIA también informó que el discurso del rabino había causado indirectamente la muerte de Stalin. Stalin se había enojado tanto cuando la policía secreta le entregó una copia de la misma y le ordenó que tomara medidas enérgicas contra judíos importantes de la dirección comunista soviética. Antes de que estas medidas pudieran llevarse a cabo, los judíos le administraron gotas de knockout en un vaso de té, y nueve médicos judíos fueron llamados para que se ocuparan de él. Se aseguraron de que nunca recobrara el conocimiento.

En 1958, el *London Times* informó de la muerte del rabino Rabinovich, pero no hizo referencia al famoso discurso, aunque había sido traducido a muchos idiomas y era conocido en todos los países de Europa.

La aparición del Discurso del Rabino en 1952 y su posterior circulación, que hizo que los judíos pospusieran los horrores de la Tercera Guerra Mundial, sólo puede atribuirse a la presencia benevolente de Jesucristo. El cuidadoso rastreo de la historia de los judíos en este libro demuestra que los cristianos todavía tienen la oportunidad de salvarse a sí mismos. En presencia del mal absoluto, como lo tipifican los judíos, sólo el bien absoluto puede salvarnos. Sólo la más absoluta sinceridad puede afectar cualquier cambio bajo el Cielo. Cuando vemos a un judío como Arthur Goldberg a cargo de nuestra política exterior, y luego entramos en el Instituto Oriental y vemos una estatua de terracota de un sumerio de hace cinco mil años con la misma nariz de gancho y ojos saltones que Goldberg, el rostro distorsionado por el mismo odio malvado hacia todos los seres humanos gentiles, sólo podemos concluir que Dios ha marcado a este pueblo con un propósito. La fe, la esperanza y la caridad, para vivir con amor y gracia, abundando en la obediencia al Mensaje de Jesucristo, esta es la elección *que* haremos porque la presencia del judío nos desafía a hacerlo.

Como Presidente del Instituto Internacional de Estudios Judíos, y habiendo pasado treinta y seis años de investigación constante sobre el problema judío, afirmo con certeza que ser judío es sobrevivir. Aceptar la dominación judía no sólo significa que uno abandona todos los preceptos de la civilización humana que han acumulado más de cinco mil años de historia registrada: también significa que uno acepta un modo de existencia zombie, una vida en la muerte que excluye toda la gloria y el honor de vivir en Cristo.

Ser judío significa que uno reconoce los preceptos básicos del problema judío. El primer precepto es - 'EL JUDIO SIEMPRE EXISTE EN UN ESTADO DE GUERRA CON TODAS LAS NACIONES CIVILIZADAS'.

No puede haber paz entre el parásito biológico y el pueblo anfitrión. El segundo precepto es -'CADA JUDIO ES UN AGENTE DEL ESTADO DE ISRAEL'. Ningún judío puede ocupar un cargo en un gobierno gentil a menos que lo ostente para promover la causa del Estado de Israel. Incluso si así lo deseaba, ningún judío podía escapar a la movilización total del pueblo judío en su guerra contra los gentiles.

El tercer precepto es – 'EL JUDIO SIEMPRE SABE QUIÉN ES'. Cuando me encontré por primera vez con los judíos, estaba ligeramente perturbado por la manera fría de la confianza en sí mismo con la que me miraban. No entendía que me miraban desde su pedestal de autoconocimiento, mientras que yo aún no sabía quién era yo, quiénes eran mis enemigos o quiénes eran mis amigos. En casi todos los casos, el gentil no entiende lo que está sucediendo en la lucha entre el parásito biológico y el pueblo anfitrión, o si tiene una idea de lo que está sucediendo, descubre demasiado poco y demasiado tarde.

El cuarto precepto es - 'CUALESQUIERA QUE PUDIERAS TENER, NO PUEDES REALIZAR ESTAS METAS POR LA PRESENCIA DEL JUDIO'. La función del judío es destruir sistemáticamente el hábitat y el estilo de vida del pueblo anfitrión. Esto los hace incapaces de resistir o de desalojar su presencia parasitaria. Al principio de esta relación biológica, el judío es el desplazado, que busca un lugar para sí mismo, mientras que el anfitrión está seguro en su casa. Al establecer su presencia biológica entre el pueblo anfitrión, el judío trabaja furiosamente para reemplazar el estilo de vida del anfitrión con un ambiente totalmente sintético, adaptado a las necesidades y propósitos del judío. Con precisión de araña, el judío teje su telaraña sobre el pueblo anfitrión, usando sátira, pornografía y el propio sistema de comunicaciones del anfitrión para atraparlo en la telaraña del judío. Cuando la red está completa, el anfitrión es incapaz de moverse, y se encuentra a merced del judío, que no tarda en administrar su veneno fatal.

EL JUDÍO BIOLÓGICO

PRÓLOGO

Durante veinticinco años he estudiado los problemas del fracaso humano, de no estar a la altura de las promesas, y de la decadencia y el colapso de los grandes imperios. Este fenómeno ha existido a lo largo de los cinco mil años que el hombre ha estado registrando la historia de sus esfuerzos. Durante los primeros veinte años que dediqué a este estudio, acumulé enormes archivos de información sobre las diversas civilizaciones. Comparé estos hechos para encontrar denominadores comunes que pudieran llevar a una solución. También tomé en consideración factores tales como el entorno del hombre, su naturaleza y la persistencia de ciertos patrones en su comportamiento.

Esto me llevó a un estudio minucioso del reino animal y a una compilación de los factores que tenía en común con el reino vegetal. Hace unos cinco años, descubrí el común denominador de las civilizaciones del hombre. Había llegado a ella directamente a través de mis estudios de biología, ya que este denominador común se encuentra en todos los reinos de las plantas y de los animales. Debido a que se trataba de un fenómeno natural, y tan omnipresente, una parte ordinaria y aceptada de todos los niveles de la vida vegetal y animal, ningún erudito había pensado anteriormente en examinar este factor como una de las causas principales de la degeneración y caída de los imperios.

Este factor fue el parasitismo. En los grandes avances que la medicina había logrado durante el siglo pasado, uno de sus logros más impresionantes había sido el rápido desarrollo del campo de la parasitología. Se había descubierto que muchas de las enfermedades más graves del hombre eran causadas por parásitos. De estos estudios, era sólo cuestión de tiempo antes de que los eruditos pudieran deducir que una condición similar podría ocurrir entre las civilizaciones del hombre, y que también podría causar enfermedad y muerte. Era de esperar que en sus autopsias de imperios enterrados, los eruditos concluyeran que esta condición, el parasitismo, era un factor definitivo en las enfermedades fatales que afectaban a las civilizaciones humanas. Pero ningún erudito avanzó esta conclusión. En toda la Biblioteca del Congreso, no se puede encontrar ningún trabajo que trate de los efectos sociales del parasitismo en la civilización. Hay cientos de trabajos sobre los aspectos médicos del parasitismo, pero ninguno sobre sus efectos socioeconómicos igualmente graves. ¿Por qué es esto? ¿Por qué los miles de eruditos en este campo, desesperados por el más mínimo miembro sobre el que construir el pensamiento débil que les servirá de tesis doctoral, no han sido capaces de ver lo que tienen enfrente, los efectos destructivos de los grupos parasitarios sobre la civilización?

Ofrezcamos la explicación más simple, ya que es la que normalmente es correcta. El grupo parasitario de la civilización ha fijado su dominio sobre el mundo académico y académico. No toleraría ningún estudio académico que amenazara su continua dominación. ¿Es una conclusión descabellada? Entonces busquemos uno mejor, y después de que no hayamos podido encontrar uno, examinemos varios factores aceptados. Primero, sabemos que el parasitismo existe en la humanidad. Segundo, el grupo parasitario es una especie compacta, bien dirigida (e internamente dirigida). Tercero, el grupo parasitario, para mantener su posición parasitaria, debe ejercer algún tipo de control sobre su huésped, porque ningún huésped tolera voluntariamente la presencia del parásito. Una forma obvia de control sería un control sobre lo que el anfitrión piensa, lee y ve como entretenimiento, educación y noticias.

Los estudios del parasitismo han progresado a un ritmo fantástico durante el siglo XX, y no puedo atribuirme ningún mérito especial por haber formulado la teoría social del grupo parasitario en la civilización humana, porque esta teoría nos ha estado mirando a la cara durante al menos dos generaciones pasadas. Sin embargo, este fenómeno ha sido tan oscuro que me llevó cinco años desarrollar esta teoría, y soy consciente de que incluso ahora, sólo estoy abriendo la puerta a una multitud de estudiosos que pueden emplear esta teoría para arrojar mucha más luz sobre los problemas humanos de lo que he podido hacer en este tiempo relativamente breve.

En la medida de lo posible, he tratado de hacer este trabajo lo menos técnico posible, tanto como la naturaleza de la teoría lo ha permitido, para que los estudiosos de muchos otros campos puedan emplearlo en su propio trabajo. Las ramificaciones de esta teoría indican que puede ser inmediatamente útil y rentable en las áreas de sociología, gobierno e historia, tanto para el erudito profesional como para el laico.

Eustace Mullins,
Washington, D.C.

CAPÍTULO UNO

EL PARÁSITO

Muchos de nosotros pensamos que un parásito es algo desagradable, cuyo papel en la vida es alimentarse a costa de otra persona. Como resultado, el término, cuando se aplica a los humanos, es siempre de asco. En los reinos animal y vegetal, también, el parásito es universalmente odiado. El Oxford English Dictionary (1933) define el término.

"**Parásito** -

1. Uno que come en la mesa, o a expensas de otro; siempre una aplicación oprobiosa.

2. Biol. Un animal o planta que vive en o sobre otro organismo (técnicamente llamado su huésped) y obtiene su nutrimento directamente de él.

3. (fig.) una persona cuya parte o acción se asemeja a la de un parásito animal."

Así encontramos que un parásito es aquel a quien no le gusta, que se alimenta a expensas de otro, y que vive en o sobre otro organismo que se llama el huésped. También encontramos que el término puede aplicarse a una persona cuya vida sigue el patrón de vida clásico del parásito.

Ahora, en el estudio de la humanidad, encontramos que hay un grupo o clasificación de personas que aparecen persistentemente en los registros de las grandes civilizaciones. Siempre les desagrada, pero permanecen en medio de la gente que les desagrada, y si son expulsados, insisten en regresar, no importa a qué precio para ellos mismos. También encontramos que siempre se las arreglan para vivir a expensas de los demás.

La Enciclopedia Británica define el parasitismo de la siguiente manera:

"**Parasitismo** - una relación nutritiva unilateral entre dos organismos de diferentes tipos, una relación que es más o menos perjudicial, pero no suele ser fatal, para el huésped; una relación, además, que libera al parásito de la mayor parte de la actividad o lucha que normalmente se asocia con la obtención de alimentos y, por lo tanto, tiende a favorecer o inducir algún grado de simplificación o degeneración."

En el registro de muchas civilizaciones, encontramos que la presencia del grupo parasitario es en muchos casos fatal para el pueblo anfitrión, porque efectúa cambios fundamentales en el patrón de vida del pueblo anfitrión, y desvía sus energías primarias hacia la alimentación de los parásitos. Esta alteración afecta a todos los aspectos de la existencia del pueblo anfitrión, e inevitablemente lo debilita hasta el punto de ser destruido. Dado que la Enciclopedia Británica se refiere más arriba a una condición parasitaria puramente biológica en los reinos animal y vegetal, es cierto que la relación parasitaria puede ser perjudicial sin ser fatal, durante un período de tiempo, pero incluso en estos casos, encontramos muchos ejemplos de plantas y animales que son matados por parásitos, un hecho que aparentemente no era conocido por el erudito que escribió el autor del artículo autorizado de la Enciclopedia Británica sobre esta condición.

Encontramos, también, que el grupo parasitario es continuamente denunciado por los elementos más morales entre el pueblo anfitrión, porque el grupo parasitario se entrega a todo tipo de degeneración conocida. Las razones de ello son obvias. Como señala el artículo de la Enciclopedia Británica, una existencia parasitaria conduce a la degeneración. Puesto que el parásito no tiene que preocuparse con la adquisición activa de alimentos, tiene mucho tiempo y energía para dedicarse a las actividades más viles, y a la corrupción de los miembros del pueblo anfitrión.

La *Enciclopedia Británica* también señala un factor importante en el presente estudio, la localización del parásito dentro del huésped. El artículo de *Britannica* señala que, "Los parásitos a menudo se localizan en un sitio en particular dentro del huésped."

Dado que el parásito ha reducido sus objetivos de vida a un solo objetivo, el de permanecer en el huésped y alimentarse a su costa, debe elegir un lugar donde esto sea posible. El lugar debe ser tal que el huésped no pueda desalojarlo fácilmente, y debe permitir que el parásito se alimente sin esfuerzo. Como resultado, el parásito suele elegir un lugar dentro o cerca de los órganos reproductores o de los órganos excretorios del huésped.

A lo largo de la historia, el grupo de parásitos ha optado por localizarse cerca de los órganos reproductores o excretores del huésped. En la mayoría de los casos, esto ha significado el asentamiento en las grandes ciudades del pueblo anfitrión, aunque, en naciones que eran principalmente agrícolas, el grupo de parásitos logró dispersarse entre las aldeas.

El Tercer Diccionario Internacional de Webster define el parásito como "2a - un organismo que vive en o sobre otro organismo vivo, obteniendo de él parte o todo su nutrimento orgánico, y que comúnmente exhibe algún grado de modificaciones estructurales."

LA CAPACIDAD DE MODIFICAR

Esta es una característica importante del grupo de los parásitos en la historia de la humanidad. Ha exhibido una asombrosa habilidad para cambiar o modificarse a sí mismo con el fin de lograr su objetivo parasitario. Ha desarrollado técnicas extremadamente refinadas para permanecer en el hospedero, y métodos sofisticados para continuar alimentando a expensas del hospedero. Ha adoptado muchas formas y ha demostrado una enorme capacidad de adaptación para aparecer en diversas formas, con el fin de permanecer en su lugar.

Para continuar con el Tercer Diccionario Internacional de Webster – "Parásito 3. algo que se asemeja al parásito biológico en la dependencia de otra cosa para la existencia sin hacer un retorno útil o adecuado (ilustración. la gran ciudad es un parásito en el país - François Bondy)".

Esta es la última clave importante para la solución de nuestro problema, la decadencia de la civilización humana. El parásito depende de otra cosa para existir sin hacer un retorno útil o adecuado. A lo largo de nuestro estudio de la historia, encontramos que el grupo de parásitos nunca regresa o muestra gratitud por haber sido permitido alimentarse del anfitrión. El lema de los parásitos es "siempre tomar". ¿Debemos sorprendernos, entonces, de encontrar que este lema aparece realmente en la literatura escrita de un grupo de parásitos conocido?

Ahora preguntamos al lector - ¿qué grupo aparece y reaparece en la historia de una civilización tras otra? ¿Qué grupo siempre ha sido odiado activamente por sus pueblos anfitriones? ¿Qué grupo ha desempeñado un papel a menudo decisivo en la decadencia y el colapso de una civilización tras otra? ¿Qué grupo se entrega a todo tipo de degeneración? ¿Qué grupo siempre localiza ciertas posiciones entre los pueblos anfitriones? ¿Y qué grupo se niega a cumplir un papel constructivo en cualquier civilización, sino que se mantiene fiel a su lema de "Siempre tomar", mientras se niega a hacer un retorno útil o adecuado?

CONOCIDOS COMO LOS JUDÍOS

Este grupo, como el lector puede haber deducido ya de sus propios estudios, es conocido a lo largo de la historia como los judíos. Antes del presente estudio, los individuos o grupos humanos que vivían a expensas de otros eran a menudo llamados parásitos, pero este término se utilizaba únicamente en un sentido sociológico, sin ningún punto de referencia biológico. Se decía que los dueños de las plantaciones eran parásitos porque vivían a expensas de sus esclavos, los aristócratas porque vivían a expensas de las masas, los ejércitos porque vivían a expensas de los trabajadores.

Pero, en todos los casos, los supuestos parásitos estaban cumpliendo con ciertos deberes y responsabilidades en la sociedad. Así encontramos que en el sentido puramente sociológico, es posible nombrar a muchos grupos como parasitarios, como los niños y los que son demasiado viejos para trabajar. Ciertamente se alimentan a expensas de los demás, no realizan ningún trabajo útil y no obtienen un rendimiento adecuado. Pero estos grupos han hecho un trabajo útil en el pasado, o se espera que lo hagan en el futuro. Por lo tanto, no entran en el marco aceptado de la definición biológica de parásito. A lo largo de este trabajo, encontraremos que las referencias biológicas se mantienen fieles en un grado asombroso, al establecer la historia y la presencia de un grupo parasitario, y que en todos los casos, los registros de los judíos prueban que están cumpliendo el papel de parásitos biológicos.

OTROS ASPECTOS BIOLÓGICOS

En la naturaleza, encontramos que el parásito a menudo intenta disfrazar su ciclo de vida parasitario, y parecer ser como plantas y animales ordinarios. Así, una descripción de la planta biológica Krameria en *The Conditions of Parasitism in Plants*, de D. T. MacDougal y W. A. Cannon (Carnegie Institute of Washington, 1910):

"La Krameria del desierto del oeste de los Estados Unidos es parasitaria para una serie de huéspedes leñosos. A primera vista, Krameria no parece ser un parásito, pues no crece directamente sobre su huésped, sino que sus raíces se extienden por debajo de la tierra y tocan las raíces de su huésped, extrayendo nutrientes de ella. Su huésped favorito es Covillea tridentata, aunque también es parásito de la acacia y de otras plantas. Su condición de parasitismo fue descubierta después de que los científicos se preguntaran si no tenía una raíz de claqué profunda. Es un arbusto grisáceo, que da frutos y hojas en ciertas estaciones del año".

El parásito en la naturaleza a menudo encuentra conveniente disfrazarse a sí mismo y a sus objetivos, y convencer a otros de que es otra cosa, con el fin de llevar a cabo su misión parasitaria.

Además, el parásito no es una especie, sino una *forma de vida*, que se alimenta de muchas otras especies diferentes. En este sentido, el judío como especie biológica no es tanto una raza, sino un tipo que se alimenta de todas las demás razas. Como señala Geoffrey LaPage, en su obra definitiva, *Parasitic Animals* (Cambridge University Press, 1951, página 1),

"Un animal parásito no es una especie de animal en particular, sino un animal que ha adoptado una cierta forma de vida."

Con respecto a la incapacidad de Krameria para desarrollar una raíz de grifo profunda, que no es necesaria para su existencia parasitaria, podemos observar que el judío nunca desarrolla raíces profundas en ninguna cultura de un pueblo anfitrión, sino que se limita a los aspectos más superficiales y más rápidamente rentables de su existencia.

Por lo tanto, un judío no es tanto una especie en particular en el mundo civilizado, sino un tipo que ha adoptado cierta forma de vida parasitaria y se ha adaptado para existir sobre un huésped que puede proveer su alimento.

LaPage continúa,

"A diferencia de muchos otros términos biológicos, la palabra parásito y su adjetivo parásito han sido tomados en el lenguaje cotidiano de hombres y mujeres y, en el curso del uso común, han adquirido connotaciones emocionales y morales con las que la ciencia -y por lo tanto la biología- no tiene nada que ver. El punto de vista del biólogo es científico, y como es así, hace todo lo que está en su poder para eliminar de sus estudios todos los gustos y disgustos humanos y todos los juicios morales humanos. Ni desprecia ni admira, ni le gusta ni le disgusta, ni condena ni aprueba al organismo parasitario. Lo estudia, su forma de vivir tan desapasionadamente como puede, viendo a los parásitos como una de las diversas formas de vida que practican los diferentes tipos de animales."

EL ENFOQUE CIENTÍFICO

Estamos totalmente de acuerdo con la advertencia del profesor LaPage de ser completamente científicos y de seguir la resolución de no dejarse llevar por juicios emocionales. Fue precisamente por este método de estudio desapasionado que este escritor llegó a su definición del judío biológico. Sólo estudiándolo sin emociones como un fenómeno biológico podemos esperar aprender a combatir la influencia maléfica que el cuerpo parasitario ejerce inevitablemente sobre las civilizaciones humanas más avanzadas.

LaPage señala que encontramos, en general, dos tipos de asociaciones animales, las que pertenecen a una especie, como rebaños, colonias de coral, comunidades de abejas, etc., y dos, asociaciones de especies diferentes en la misma zona. A esta segunda categoría pertenece el parasitismo, pues encontramos grupos con raíces en un área que entretiene a parásitos que no tienen raíces en esa área. Una de las facetas más interesantes del parasitismo es que el parásito vive una existencia que a menudo va más allá de las leyes consuetudinarias de la naturaleza y del hombre. El parásito parece no estar limitado por factores limitantes de clima, geografía y otros elementos que juegan un papel dominante en la vida de la mayoría de los grupos. Así, encontramos que un parásito puede sobrevivir en una zona en la que no tiene raíces, mientras que su huésped tiene raíces en la zona y ha establecido su existencia allí durante un período de tiempo.

NO COMENSALISMO

LaPage también señala que el parasitismo es diferente del comensalismo, un término biológico que se encuentra con frecuencia y que significa "comer en la misma mesa". Cita como ejemplos de comensalismos a los pájaros bueyeros que se posan sobre los lomos de rinocerontes, elefantes y otros animales grandes en las llanuras africanas. Estas aves no sólo comen garrapatas, piojos y otros parásitos que infestan a los animales, sino que también advierten a los animales del peligro que se avecina.

En Inglaterra, encontramos que los estorninos y las ovejas tienen un arreglo comensal similar. También tenemos el fenómeno de la simbiosis, un término biológico que significa "vivir juntos". Este es un arreglo de vida algo más íntimo que el comensalismo, porque encontramos en la simbiosis una dependencia fisiológica de cada uno de los miembros de la pareja. Cada uno proporciona a los demás un alimento sin el cual la vida sería más difícil, o incluso imposible, y ninguno de los dos lleva una vida independiente.

El parasitismo, sin embargo, es definido por LaPage como similar al comensalismo y la simbiosis en el sentido de que la asociación se basa en la necesidad de un suministro adecuado de alimentos. Afirma que el parasitismo es una asociación entre un miembro de la pareja, llamado parásito, que obtiene su alimento del cuerpo del otro miembro de la pareja, llamado el huésped del parásito, por varios métodos diferentes. Pero, pregunta LaPage, ¿se beneficia el otro socio, el anfitrión? Él responde que nunca lo hace. El anfitrión siempre es herido por el parásito. Por lo tanto, el parasitismo difiere del comensalismo y la simbiosis en dos aspectos: en primer lugar, no ambos, sino sólo uno de los miembros de la pareja, el parásito, obtiene un suministro de alimentos, y en segundo lugar, no ambos, sino sólo uno de los miembros de la pareja se beneficia, mientras que el huésped siempre sufre alguna lesión.

MODIFICACIÓN DEL ORGANISMO

LaPage conjetura que el primer parásito puede haber sido un organismo no parasitario que penetró por alguna vía en el cuerpo de otro tipo de animal, y que encontró allí algún alimento, como la sangre, rica en nutrientes y fácilmente digerible, y que, en el curso de la evolución, a los descendientes de este primer parásito les gustó esta forma de vida, y que mantuvo tal asociación con algún otro animal. Eventualmente, estos tipos se volvieron totalmente dependientes del parasitismo como una forma de obtener alimentos y no podían sobrevivir sin seguirlo. Así se convirtió en un "parásito obligatorio", completamente dependiente fisiológicamente de su huésped. Como señala

LaPage, el huésped no tolera pasivamente esta asociación con el parásito, sino que reacciona ante la lesión que está sufriendo. Él dice,

"La lucha entre el huésped y el parásito continuó de acuerdo con las leyes de la evolución, y esta batalla se libra constantemente hoy en día.

El parasitismo es muy diferente de la relación entre presa y depredador, en la que un cuerpo se alimenta matando y absorbiendo el cuerpo de otro. Aquí el depredador es siempre más grande y fuerte que su presa, mientras que el parásito es siempre más pequeño y débil que su huésped".

VIOLA LA NATURALEZA

Así encontramos que aquí una vez más el parásito viola una ley fundamental de la naturaleza. Es una ley de la naturaleza que el más fuerte sobreviva a expensas del más débil, la supervivencia del más apto, ya que el más débil es comido para alimentar al más fuerte. En el fenómeno del parásito, sin embargo, encontramos que el más débil sobrevive a expensas del más fuerte, el menos preparado para sobrevivir se convierte en el vencedor, y el más fuerte es vencido.

Este también es un aspecto fundamental del ciclo de vida del judío biológico. A lo largo de la historia, siempre ha sido más pequeño y débil que su anfitrión gentil, pero a menudo ha logrado someterlo. El débil enclenque, como lo celebra el comediante judío Charlie Chaplin, siempre se las arregla para burlar y derrotar a su más grande y fuerte oponente gentil. Encontramos que esta celebración es un enfoque fundamental en todo el humor, la literatura y el arte judíos. El pequeño David se muestra derrotando al más grande Goliat, el astuto Mardoqueo se muestra derrotando al más fuerte oficial gentil, Aman. David, por supuesto, es el pequeño parásito, y Goliat es el gran huésped, que es derribado desde lejos, antes de tener la oportunidad de usar su fuerza superior contra el débil contrincante.

PARÁSITOS TEMPORALES

LaPage clasifica como "parásitos temporales" a aquellos insectos como los mosquitos y las sanguijuelas, que chupan la sangre del huésped. Los nombra ectoparásitos porque no entran en el cuerpo del huésped. Otros piojos, que viven debajo de la piel de sus huéspedes, se clasifican como endoparásitos. También hay hiperparásitos, que viven de otros parásitos (las dinastías rabínicas), y parásitos de cría o sociales, que se encuentran en familias de hormigas y abejas, y que viven de la comunidad.

EVOLUCIÓN Y PARÁSITOS

LaPage señala que cada animal, sea cual sea su modo de vida, es gradualmente alterado por los lentos procesos de evolución. Dice que el parásito, lejos de ser una excepción a esta regla, en realidad la ejemplifica.

"Desarrolla dientes con los que raspar los tejidos del huésped, chupando aparatos para chupar sus jugos, coagulantes para retener el cuerpo del huésped. La notable astucia con la que algunos tipos de murciélagos chupasan sangre acechan a sus víctimas y roban su sangre también debe contarse entre las modificaciones que han producido sus hábitos parasitarios temporales. Las especies de Desmodus atacan al ganado, los caballos y otros animales, incluyendo al hombre y las aves de corral, cuando duermen por la noche. Vigilan cuidadosamente a sus víctimas y, cuando duermen, caminan o se acercan a ellas y sacan un trozo de carne tan delicadamente que el animal dormido a menudo no se da cuenta de la mordedura hasta que se descubre la hemorragia por la mañana".

Una de las modificaciones especializadas del judío es su capacidad de chupar la sangre de la hueste gentil sin alarmar a su víctima, debilitándola sin ser descubierta, a través de los instrumentos y técnicas altamente sofisticados y refinados que el judío ha desarrollado a lo largo de un período de siglos para estos propósitos específicos, y que no tienen contrapartida en ninguna otra especie. En vista de estas técnicas, necesitamos sorprendernos de que algunos de los gentiles que han sido más debilitados por las sangrías del judío se encuentren entre sus defensores más vociferantes, y que lucharán hasta la muerte para proteger a sus 'benefactores' judíos. Son totalmente incapaces de reconocer su peligro, o la naturaleza insidiosa del ataque parasitario.

ESPECIALIZACIÓN ENTRE PARÁSITOS

LaPage describe un tipo de parásito llamado hagfish, que está clasificado como uno de los Ciclostomos, nombre cuyo origen se refiere a la apertura circular dentro de sus monturas. Él dice,

"Todos estos peces tienen una forma de gusano y quizás el más conocido de ellos es la lamprea. El hagfish tiene dos filas de dientes en su poderosa lengua y un diente mediano en el techo de su boca. Sus ojos son muy importantes y están enterrados debajo de la piel, probablemente porque el pez se entierra profundamente en los tejidos del pez al que ataca, por lo que sus ojos se han vuelto inútiles. Por la misma razón, sus aberturas branquiales están conectadas por tubos largos a una sola abertura en la superficie mucho más atrás que las aberturas branquiales de la lamprea, de modo que el pez puede respirar agua mientras que su extremo superior está enterrado en el cuerpo del pez sobre el cual está parasitado. Algunas especies de mariscos pueden adherirse tan firmemente a los peces vivos por medio de sus bocas sutoriales que estos peces rara vez pueden sacudirlos. Luego raspan la carne del pescado y chupan su sangre. Algunas especies consumen el músculo del pez hasta que poco queda del pez vivo, excepto sus espinas y vísceras, y el pez muere".

Así, LaPage ofrece una contradicción total con el artículo definitivo y erudito de la *Enciclopedia Británica* sobre el parasitismo, que sostiene que el parásito nunca es mortal para el huésped. Las actividades del marisco, al chupar la sangre de los peces vivos hasta que mueren, se corresponden estrechamente con el antiguo rito religioso judío de asesinato ritual, en el que la sana víctima gentil es atada a una mesa, se le hacen cortes rituales en la carne, y la sangre que fluye es bebida por los judíos que celebran en uno de los actos simbólicos más importantes de su existencia parasitaria. La ceremonia de beber sangre continúa hasta que la víctima gentil expira, en una recreación social de las actividades físicas de parásitos tales como el marisco. Aquí vemos la estrecha correlación entre las actividades de los parásitos en los reinos vegetal y animal y las que se han desarrollado a través de los siglos de la civilización humana.

LaPage afirma que muchas sanguijuelas combinan órganos de conexión con órganos de succión, pero otras sólo tienen órganos de conexión, tales como los ganchos desarrollados por muchos tipos de animales parásitos que están conectados ya sea al exterior o a los órganos internos del huésped. De la misma manera, cuando el pueblo anfitrión de una comunidad judía de parásitos intenta desalojarla, descubre que el parásito ha extendido tentáculos especializados de apego profundamente en cada faceta de la vida del pueblo anfitrión. Estos tentáculos están tan profundamente arraigados que el desprendimiento no sólo es difícil, sino que es una operación tan exigente y dolorosa que el desprendimiento en sí mismo puede ser fatal para el huésped.

El anfitrión se da cuenta de que sus hipotecas están en manos de banqueros judíos, sus hijos están siendo enseñados por maestros judíos, su gobierno está siendo administrado por "asesores" o "consultores" judíos, quienes, aunque no tengan un cargo electivo o de designación, todavía toman las decisiones importantes. Se vuelven en busca de consuelo para su religión, y descubren que los judíos conversos, ayudados por los dones apropiados de dinero, han entrado en las oficinas de sus denominaciones, y se han levantado rápidamente hasta que las creencias religiosas son alteradas para abrazar todos los principios de la comunidad parasitaria de los judíos. Entonces, ¿qué le queda al anfitrión gentil? La aparente fatalidad de morir desangrado lentamente, después de lo cual los parásitos abandonarán el cuerpo de su víctima y buscarán otro huésped.

FASES ADULTAS DEL PARÁSITO

LaPage señala que en muchos casos, las fases adultas del parásito no se mueven mucho por el cuerpo del huésped, porque están rodeadas de comida y pueden obtenerla sin la ayuda de los órganos locomotores. Así, encontramos que los judíos no están muy interesados en la industria del transporte, prefiriendo las ocupaciones más sedentarias. La comunidad parasitaria puede llegar a estar completamente inmóvil en el huésped durante largos períodos de tiempo, porque se caracteriza por la capacidad de dormirse, de mentir sin moverse a través de los años, sin perder nada de su potencia. Encontramos que las garrapatas portadoras de enfermedades infecciosas pueden permanecer en el suelo durante cien años, y cuando emergen, siguen siendo infecciosas.

Las comunidades judías se han establecido en naciones gentiles y han permanecido durante cientos de años sin mostrar signos de ser peligrosas para sus anfitriones, pero, si el anfitrión gentil intenta desalojarlos, inmediatamente se ponen a la altura del desafío y ponen en juego sus modificaciones especializadas para permanecer sobre el anfitrión. LaPage señala que los parásitos están naturalmente inclinados a llevar una vida sedentaria, "y a sufrir las modificaciones a las que conduce este modo de vida".

Como resultado de su modo de vida parasitario, las comunidades judías han desarrollado hábitos sedentarios, que a su vez han provocado ciertas enfermedades, directamente atribuibles a esta vida sedentaria, y que han sido conocidas por su alta incidencia entre los judíos. Por lo tanto, en muchos diccionarios médicos se hace referencia a la diabetes como 'la enfermedad judía'.

La diabetes se produce principalmente porque la vida sedentaria y parasitaria impide que los judíos quemen el exceso de azúcar en sangre que ingieren en su dieta, y que están destinados a ser utilizados en formas directas de energía. Esto causa un exceso de azúcar en el sistema, que se convierte en la enfermedad de la diabetes. Además, generaciones de personas sedentarias causan disfunciones o el debilitamiento gradual del páncreas y otros órganos que son responsables de controlar el nivel de azúcar en la sangre. Así, la diabetes se convierte en una enfermedad hereditaria entre generaciones de personas sedentarias.

La comunidad judía ha desarrollado una serie de tipos de enfermedades degenerativas, tales como trastornos de la sangre, cánceres de varios tipos y otras formas de degeneración física, que son directamente atribuibles a su modo de existencia parasitaria y a la degeneración física que produce. A medida que cohabitan con la comunidad gentil, y a medida que su modo de vida sedentario se hace más ampliamente practicado, estas enfermedades degenerativas comienzan a aparecer en toda la comunidad anfitriona.

En una de las correlaciones físicas más importantes entre la comunidad judía y los tipos conocidos de organismos parasitarios en los reinos vegetal y animal, dice LaPage:

"Entre otros órganos que a menudo se reducen o se pierden cuando se adopta la vida parasitaria está el sistema nervioso. Puede reducirse en su totalidad o la reducción puede afectar principalmente a los ojos y otros órganos. Los órganos de sentido especial se desarrollan mejor en animales activos que se alimentan de otros animales y necesitan defenderse de sus enemigos. No son requeridos por animales parásitos que viven una existencia relativamente protegida en o dentro de los cuerpos de sus huéspedes en medio de una relativa abundancia de alimento".

El efecto de un modo de existencia parasitario sobre el sistema nervioso, que puede observarse en muchos tipos de parásitos, es especialmente notable en el judío. La degeneración del sistema nervioso en un estado de enfermedad mental grave en un promedio del treinta por ciento de todos los judíos ha sido supuesta durante mucho tiempo por los sociólogos debido al mestizaje físico en la comunidad judía, pero la alta incidencia de enfermedades mentales en los judíos cuyas familias se han casado con gentiles es la misma tasa que la de aquellos que han permanecido dentro de la comunidad judía. Esto apunta a un origen estrictamente biológico de esta degeneración del sistema nervioso, y confirma la afirmación del profesor LaPage de que la conducción de un modo de existencia parasitario conduce inevitablemente a una reducción o degeneración del sistema nervioso.

CAMBIOS PRONUNCIADOS SOBRE LA ESTRUCTURA ESQUELÉTICA

Una de las observaciones más sorprendentes que LaPage ha hecho en este estudio de los parásitos animales es su descubrimiento de que, "Debido a que este modo de vida tiende a causar una pérdida de la estructura (esquelética) lo suficientemente resistente como para ser preservada como fósiles, tenemos poca evidencia geológica de la historia pasada de los animales parásitos. Sin embargo, se han descrito al menos seis especies de lombrices redondas fósiles, dos de ellas, Hydonius antiquus y H. matutinus en el lignito eocino, y las otras cuatro en el ámbar báltico".

La existencia sin esfuerzo del parásito no sólo afecta a su sistema nervioso, que como cualquier otro atributo físico, tiende a atrofia cuando no es utilizado o requerido por el animal, sino que también conduce, a lo largo del tiempo, a cambios esqueléticos extensos en la estructura del animal, tendiendo hacia una estructura ósea blanda y amorfa que pronto se desintegra tras la muerte del parásito. He aquí otra correlación notable entre los ciclos de vida de los animales parásitos y el ciclo de vida del judío. Debido a su modo parasitario de existencia, los judíos no han dejado artefactos que puedan ser descubiertos entre las ruinas de las civilizaciones antiguas, aunque se sabe que han estado presentes durante largos períodos de tiempo durante estas civilizaciones. A pesar de los registros históricos de su presencia, no podemos encontrar ningún artefacto concreto que signifique su existencia.

ARTEFACTOS CULTURALES

Debido a que hemos oído, y seguimos oyendo, tanto sobre las grandes culturas judías del pasado, los arqueólogos han hecho grandes esfuerzos para descubrir algunos ejemplos de arte, escultura y arquitectura judías en las culturas antiguas, las sólidas evidencias que sobreviven a los estragos del tiempo y a las catástrofes naturales. Sin embargo, no encontraron nada. El único resultado de estas búsquedas son algunas piezas de vasijas de agua crudas, hechas de barro, que un hombre de la Edad de Piedra podría haber producido con sus propias manos, ya que no conocía el uso de la rueda de cerámica que hizo su aparición entre las primeras civilizaciones. Estas escasas evidencias del gran pasado judío no son más que un testimonio más de la existencia biológica parasitaria que el judío siempre ha llevado como una criatura suave, amorfa y desarraigada que se alimenta a expensas de los demás, sin dejar artefactos concretos para memorizar su presencia.

LaPage dice: "Los escritos humanos sobre algunas especies de animales parásitos nos remiten a los primeros registros del hombre. El papiro egipcio de 1600 a.C. se refiere a tenias, gusanos de sangre y anquilostomas del hombre".

Así pues, el parásito biológico ha sido un problema del hombre desde los albores de la historia. Aunque los humanos han sido conscientes de la incomodidad física y el peligro que los parásitos animales siempre le han presentado, no han reconocido el peligro específico del parásito judío hasta que fue demasiado tarde.

LaPage dice: "El animal parásito tiene que enfrentarse a dificultades y riesgos a los que no están expuestos los no parásitos. Puede haber ganado refugio y abundancia de alimentos, pero los ha obtenido a costa de una dependencia parcial o total de sus huéspedes. El animal parásito debe encontrarlo y entrar en él o en su superficie y debe mantenerse en estas situaciones".

Por lo tanto, el judío se enfrenta a varios peligros que normalmente no ponen en peligro a otros tipos de comunidades. El más importante es el peligro de genocidio, de acciones contra su comunidad como grupo, cuando el anfitrión descubre que su presencia está poniendo en peligro su salud. El judío es el único grupo humano que ha sufrido repetidamente acciones masivas, o pogromos, contra él.

Debido a su modo parasitario de existencia, la comunidad judía no hizo ningún esfuerzo por desarrollar una nación o un estado independiente durante miles de años de historia registrada. Esto significaba que el judío no tenía un ejército permanente para defenderse de sus enemigos. Cuando finalmente se estableció un estado judío, Israel, el presupuesto de la nación lo identificó como una extensión de la comunidad parasitaria, ya que el setenta por ciento de su presupuesto nacional consistía en contribuciones del extranjero y el treinta por ciento en la venta de bonos que, por supuesto, no tenían valor y que nunca serían pagados.

ODIO

Debido a su total dependencia del huésped gentil, el parásito judío desarrolla un profundo odio y desprecio por los animales que le proporcionan alimento y refugio. Este odio es un marco protector que actúa como un escudo para la comunidad judía y le impide aceptar la vida y los objetivos del pueblo anfitrión por sí mismo. Es posible que Herbert Spencer se haya centrado en el fenómeno parasitario judío cuando escribió,

"Si un grupo prima la calidad de la enemistad, en contraste con la de la amistad, un tipo criminal evoluciona."

Puesto que el judío es el único grupo que valora la calidad de la enemistad, Spencer debe haber hecho una referencia indirecta al parásito judío. Desde el punto de vista del pueblo anfitrión, todo lo que hace el judío es una manifestación de un acto criminal, pero desde el punto de vista del parásito, sólo sigue los procedimientos de su ciclo vital, que han evolucionado y se han establecido a lo largo de un período de miles de años. El conflicto proviene de dos códigos de ética separados e irreconciliables, el del anfitrión, que prima la decencia, el honor y la autosuficiencia, y el del parásito, que opera desde un modus vivendi establecido de parasitismo.

El judío vive en constante temor de ser rechazado, de ser expulsado de la hueste, lo que significaría su hambre y muerte. Como resultado, el judío ve todo a la luz de cómo se "relaciona" con la hueste, o cómo mantiene su situación parasitaria.

MODIFICACIONES ADAPTATIVAS

Las modificaciones adaptativas del parásito son intentos de anticipar posibles cambios en el huésped. LaPage dice: "Otros parásitos correlacionan su historia de vida con la del huésped; la plaga monogenética, Polystoma integerrimum, que vive en la vejiga de la rana común, ignora a todos los renacuajos que no han alcanzado una etapa de desarrollo en la que puedan sobrevivir en ellos, pero cuando se encuentra con uno que sí lo ha hecho, su comportamiento sin rumbo cesa; parece que se detiene y espera su oportunidad para salir corriendo a través de la abertura en forma de pico dentro de la bolsa alrededor de las branquias internas. No sabemos cómo sabe que el renacuajo ha llegado a esta etapa de desarrollo interno, pero quizás le ayuden sus manchas oculares y su sistema nervioso o las sustancias químicas secretadas por el renacuajo en el agua que estimulan la larva miracida".

La capacidad extrasensorial del parásito para detectar a un huésped adecuadamente desarrollado siempre ha sido característica de los judíos. Desde la historia más temprana, ha hecho infaliblemente para las civilizaciones más avanzadas y prometedoras, ignorando a los pueblos más atrasados o subdesarrollados. Así, no encontramos al judío que comparte la existencia espartana de los pigmeos en el bosque lluvioso de Uturi; vive en un cómodo apartamento en Nueva York, comiendo caviar y champán.

FASES REPRODUCTIVAS

LaPage observa que el momento de la liberación de las fases reproductivas de los animales parásitos para que puedan infectar al huésped también se muestra en algunas especies de protozoos que viven en el recto de la rana. Aquí también notamos la afinidad del parásito por los órganos excretores, el ya mencionado Polystoma integerrimum, que reside en la vejiga de la rana, y los protozoos que prefieren el recto de la rana como el ambiente más adecuado para su vida.

LaPage afirma que la inactividad de los parásitos es un fenómeno que se observa continuamente, conservando su potencia durante muchos años de inactividad y aislamiento. Así, una comunidad de judíos puede vivir torpemente en su gueto durante siglos, aparentemente absorta en su propia existencia parroquial, y teniendo poco efecto sobre su huésped gentil, hasta que alguna combinación de factores le haga volverse furiosamente activa. En poco tiempo, impregna todos los aspectos de la existencia del pueblo anfitrión y lo lleva al punto de la destrucción. La comunidad de judíos en el ghetto de Frankfort de Alemania es un buen ejemplo de este tipo de letargo parasitario. Permaneció inactivo durante trescientos años, y en el lapso de una sola generación, produjo un grupo de banqueros y comerciantes que pronto ganaron el control de los destinos de la civilización occidental.

REACCIONES DE DEFENSA

LaPage señala que los parásitos causan reacciones de defensa en el huésped contra un invasor parasitario, tales como esfuerzos para localizar y neutralizar los efectos perjudiciales del parásito, intentos de reparar el daño causado, y esfuerzos para matar o eliminar el parásito. Describe estas reacciones como "reacciones tisulares", y son principalmente reacciones locales, pero el huésped puede desarrollar reacciones más avanzadas, como una inmunidad de resistencia, como la reacción de todo el organismo. Dice que las reacciones de los tejidos son inflamaciones causadas por bacterias, "virus y organismos inanimados, y pueden ser agudas o crónicas. Son el resultado de una lesión o irritación causada por órganos o dientes del animal parásito, por su migración a través de estos tejidos o por sustancias químicas que segrega o excreta en el cuerpo del huésped".

DAÑO PARASITARIO

LaPage continúa describiendo con cierta extensión los diversos tipos de daño que el parásito inflige al huésped. Dice que además de estos daños tisulares, los parásitos introducen otros tipos de parásitos en el huésped, así como virus peligrosos. Los parásitos pueden producir sustancias nocivas para el huésped, toxinas u otros tipos de venenos. En efecto, entonces, el parásito comienza a ejercer una influencia peligrosa sobre el ciclo de vida del huésped, que va mucho más allá del simple objetivo de permanecer unido al huésped y obtener alimento de él. Ya sea que el parásito lo intente conscientemente o no, gradualmente se convierte en la influencia más importante en la vida del huésped. La historia del negocio de los periódicos en los Estados Unidos es un ejemplo típico. Hace un siglo, los periódicos eran pequeños e insignificantes en este país, mientras que la profesión del periodismo se situaba sólo ligeramente por encima de las profesiones de cazador de ratas y recolector de basura. A medida que los judíos comenzaron a asumir un papel más prominente en la vida del anfitrión gentil, descubrieron que los periódicos eran un vehículo esencial para sus objetivos. Comenzaron a inundar a todo el mundo con periódicos, y los periódicos se convirtieron en portadores del virus de varias formas de venenos y toxinas mentales que estupefactaban, confundían o paralizaban al huésped gentil, poniéndolo en un estado de animación suspendida siempre y cuando estos venenos pudieran ser mantenidos.

OTROS PARÁSITOS

Como señala LaPage, el parásito introduce otros tipos de parásitos en el huésped. Encontramos que cuando los judíos obtuvieron el control del Servicio de Inmigración de los Estados Unidos en la década de 1890, a través de comisionados judíos como Straus y Cohen, se abrieron las puertas a una avalancha de inmigrantes judíos de los guetos de Europa, la mayoría de los cuales habían sido excluidos anteriormente por motivos de analfabetismo, antecedentes penales y diversas formas de contagio físico o enfermedades mentales.

LaPage también dice, "Los parásitos pueden causar cambios biológicos tales como especies que causan cambios en las glándulas reproductivas de los huéspedes, castración parasitaria, como el crustáceo Sacculina, que destruye los órganos reproductores del huésped, el nido de araña de cola corta, Inacus mauritanicus, que es atacado por la negligencia de Sacculina. Los efectos de Sacculina hacen que el setenta por ciento de los cangrejos machos adquieran algunas de las características sexuales secundarias de la hembra. El abdomen de estos machos se vuelve ancho, pueden adquirir, además de sus estilos de copulación masculina, apéndices modificados para dar huevos, y sus tenazas se vuelven más pequeñas al mismo tiempo".

Es inevitable que el enorme efecto que el parásito tiene sobre el huésped resulte en algunas alteraciones biológicas como el efecto de Sacculina sobre Inacus mauritanicus. Hemos visto en Estados Unidos durante el último cuarto de siglo, coincidente con el gran poder alcanzado por los judíos en todos los ámbitos de la vida, sorprendentes modificaciones en las apariencias y hábitos de los varones estadounidenses, así como un gran aumento en la práctica pública de la homosexualidad masculina. Los machos americanos han asumido algunas de las características sexuales secundarias de la hembra, y han mostrado una disminución asombrosa en características masculinas primarias tales como la energía, la agresividad y la fuerza física.

Los roles tradicionales de los sexos también han sufrido cambios radicales, debido principalmente a la agitación judía por la "equidad sexual".

Esta campaña no ha dado lugar a la igualdad de género, ya que esta igualdad sólo podría lograrse mediante la erradicación de todas las diferencias físicas entre hombres y mujeres. Sin embargo, ha resultado en una disminución de los rasgos masculinos en el hombre estadounidense, así como en una confusión psicológica en cuanto a su papel. Este desarrollo puede equipararse a la influencia perniciosa que el parásito ejerce sobre el huésped, como describe LaPage el encuentro de Sacculina con Inacus mauritanicus. Una vez más, observamos la notable actividad e influencia del parásito en relación con los órganos reproductores y excretorios del huésped.

REACCIONES CONTRA EL PARÁSITO

LaPage observa a lo largo de sus estudios definitivos de la relación parásito-huésped que la defensa del huésped contra el parásito es siempre de naturaleza activista o reaccionaria, como el ganado que cambia de cola, los peces que toman acciones evasivas en giros repentinos e impredecibles, y otras acciones salvajes que esperan que desalojen al parásito. Durante los cinco mil años que la historia ha registrado la presencia del parásito biológico en las comunidades civilizadas, no podemos encontrar ni una pizca de evidencia de que el pueblo anfitrión haya tratado el fenómeno del parásito de una manera que no sea activista, una acción irreflexiva e involuntaria para desalojar al parásito.

El huésped reacciona instintivamente contra la presencia del parásito, porque sabe que sufrirá en una lesión de esta extraña criatura, con su diferente ciclo de vida y objetivos. Por eso los judíos siempre llaman "reaccionarios" a los que se oponen a ellos, es decir, a los que reaccionan contra la presencia del parásito. Por consiguiente, una de las principales tareas del parásito es buscar a todos los posibles "reaccionarios" entre la población anfitriona y eliminarlos.

CONOCIMIENTO DEL PARÁSITO

Debido a esta reacción ciega e irreflexiva, que rara vez es efectiva para librar al huésped del parásito, dice LaPage,

"Lo esencial de cualquier campaña contra un animal parásito es un conocimiento profundo de cada fase de su historia de vida y también de sus relaciones con todos los huéspedes con los que puede vivir. Necesitamos conocer a todos los huéspedes porque algunos de ellos pueden ser huéspedes de reservorios que mantienen fuentes de los parásitos que pueden infectar al hombre. Con este conocimiento, podemos seleccionar para el ataque los puntos más débiles en la historia de la vida y la biología del animal parásito."

La investigación y la educación, por lo tanto, son las herramientas necesarias para contrarrestar la mala influencia del parásito. Sobre todo, debemos evitar la reacción ciega e instintiva, ya que el parásito ha aprendido desde hace mucho tiempo a anticipar y controlar dicha reacción, e incluso a utilizarla en su propio beneficio.

SIEMPRE UN ENEMIGO

LaPage señala que "el animal huésped y el parásito deben ser considerados siempre juntos, porque el animal parásito, como todos los demás seres vivos, está íntimamente relacionado a lo largo de su existencia con su entorno. El hecho de que el medio ambiente sea, durante una parte o la totalidad de su vida, la superficie o el interior de otro animal, no exime al parasitólogo de la práctica del biólogo de considerar al animal y al medio ambiente como un todo. Un segundo objetivo es la demostración de que algunas especies de animales parásitos están entre los enemigos más poderosos del hombre y su civilización".

La preocupación de los parásitos por su entorno arroja luz sobre uno de los desarrollos intelectuales más importantes del hombre moderno, la Ilustración, esa fuerza revolucionaria que ha encabezado el creciente control del parásito sobre el huésped. Los siglos anteriores a la Iluminación del pensamiento humano consideraban el medio ambiente del hombre como una consideración secundaria, debido a la fe en los poderes del individuo y a la creencia de que el individuo podía triunfar sobre su medio ambiente. Después de la repentina importancia dada a intelectuales franceses como Jean Jacques Rousseau, el hombre ya no era considerado tan importante como su entorno. De repente, nuestros principales pensadores decidieron que el medio ambiente era lo más importante en la vida. Y de hecho lo es, para el parásito, cuyo entorno es el huésped que lo alimenta.

Pero para el anfitrión, que está haciendo su propio camino en la vida, el medio ambiente no es el factor principal en su desarrollo. Pero para el parásito, el medio ambiente lo es todo. Todos los pensadores socialistas, y las diversas escuelas de pensamiento sociológico que han surgido de este desarrollo, dan una importancia primordial al medio ambiente del hombre, en lugar de a sus poderes para utilizarlo y crear una vida para sí mismo, a medida que logra sus objetivos de vida.

Cuando entendemos la teoría del parásito, somos capaces de entender, POR PRIMERA VEZ, toda la moderna escuela socialista de pensamiento, porque podemos reconocerla por lo que es, la psicología ambiental que el parásito ha desarrollado alrededor de su propio ciclo de vida. Como tal, niega todo el pensamiento, las metas y la cultura del anfitrión.

LaPage nos insta a recordar que el parásito está entre los enemigos más poderosos del hombre y su civilización. Una vez más, parece estar a punto de entrar en el problema judío, pero rehúye aplicar sus teorías a los problemas de la sociología humana. Ciertamente no podría haberse referido a los virus parásitos, o a los mosquitos chupadores de sangre, pues aunque dificultaron la construcción del Canal de Panamá, no se puede decir que hayan causado el colapso de ninguna civilización humana. ¿Qué podría significar sino el parásito biológico que ha infestado la civilización del hombre desde el comienzo de la historia registrada, y que ha provocado la caída de un imperio tras otro? Tal vez por eso nos insta a seleccionar para el ataque "los puntos más débiles, en la historia de la vida y en la biología del animal parásito".

CAPÍTULO DOS

EL JUDÍO BIOLÓGICO

Durante el siglo XX, el hombre ha comenzado a preocuparse por el problema del colapso de las culturas del mundo, grandes imperios que llegan a su cenit y luego declinan misteriosamente. Sabemos por qué se levantan. Crecen porque un pueblo se encuentra con una misión, o porque desarrolla técnicas para dominar su entorno. Un pueblo se aprovecha de las condiciones favorables, porque tiene la voluntad de llevar a cabo su misión. Durante el período en que la gente es capaz de canalizar sus energías de manera constructiva, una nación crece asombrosamente en tamaño y poder, en una proporción geométrica. Entonces, de repente, comienza a enfermarse y a morir. Un ejemplo fue la Inglaterra isabelina, que había expulsado a los judíos. Cuando Oliver Cromwell trajo de vuelta a los judíos, los ingleses perdieron su sentido de la orientación y, aunque su ímpetu era todavía suficiente para llevarlos hacia arriba a través del período victoriano, hoy encontramos que su aristocracia ha sido desposeída, y sus bienes, aunque muy reducidos, son administrados por extranjeros.

Dos eruditos han formulado teorías, desarrolladas a través de muchos años de estudio, para explicar este proceso de caída de las naciones.

El primero, Oswald Spengler,[4] era un erudito alemán de poder y energía únicos. Recopiló registros entrelazados de todas las

---

[4] *The Decline of the West*, por Oswald Spengler, edición en inglés, Knopf, NY 1926.

civilizaciones conocidas y llevó a cabo intrincados estudios comparativos que hoy en día sólo pueden ser realizados por una computadora electrónica, por lo que su dominio de la conjunción de factores entrelazados fue tan complejo.

Spengler concluyó que una civilización es un cuerpo como cualquier otro, que está sujeto a las leyes que gobiernan los cuerpos naturales. Vio que una civilización tenía su etapa de nacimiento, una etapa joven y vigorosa, y una vejez que la dejaba débil y presa de sus enemigos. En proponer este patrón biológico para las civilizaciones, Spengler estaba en el camino correcto. Tampoco fue insensible al hecho de que las civilizaciones desarrollan problemas internos que funcionan, como una enfermedad fatal. Sólo en un punto parecía estar ciego, el concepto del parásito. Esto no es demasiado extraño, porque Spengler estaba muy preocupado por los aspectos más finos de la cultura humana, los mayores logros del hombre, su arte, su música, su poesía, su arquitectura. Por supuesto, un erudito de este elevado giro de la mente no deseaba preocuparse por las cosas degenerativas que se arrastran y se entrelazan en torno a los órganos reproductivos y excretorios del hombre, esos organismos parasitarios que causan incomodidad, enfermedad y muerte.

UNA TEORÍA TARDÍA

Un segundo explorador de este terreno fue Arnold Toynbee, un inglés donador. Era igualmente reacio a enfrentarse al hecho omnipresente y desagradable del judío biológico. Se embarcó en un vasto estudio de la civilización, que cubrió esencialmente el mismo campo que Spengler, y agregó poco a los hallazgos de Spengler. Su única contribución original fue una teoría que inmediatamente se popularizó entre los pesos ligeros intelectuales de la época, ya que se ajustaba a sus propios prejuicios. Fue lanzado en la jerga pseudo-sociológica aceptada que los imbéciles universitarios emplean para desconcertar a sus estudiantes y a los demás.

Las civilizaciones caen, declaró Toynbee, debido a un "fallo de nervios", en algún momento de su desarrollo, una civilización, que vive de un sistema de "desafío y respuesta", no responde a algún desafío, y se hunde ante él.

Ahora, esto podría referirse al judío biológico, ya que el parásito es un desafío a la amenaza continua del huésped. Sin embargo, es un desafío que ningún anfitrión gentil ha estado nunca preparado para enfrentar. Es un germen que se derrota mejor por la inoculación, o por la limpieza personal y la atención cuidadosa a los asuntos de salud.

La historia de Spengler de la declinación y de la caída de civilizaciones no podría ser apoyada porque no tomó en la consideración el hecho obvio que pocas, si cualquiera, civilizaciones, habían muerto de viejo. Casi todos habían sido asesinados, de una manera u otra, pero Spengler estaba demasiado preocupado por las bellas artes como para interesarse por los problemas del crimen y la enfermedad.

Toynbee, por otra parte, no podía ser el detective en este caso porque había vivido la mayor parte de su vida con un subsidio de las clases criminales. Sus años de estudio se financiaron con generosas donaciones del Instituto Real de Asuntos Internacionales, una de las redes de organizaciones que los banqueros judíos internacionales crearon como peones útiles en sus operaciones. La organización hermana de la RIIA en los Estados Unidos es el Consejo de Relaciones Exteriores, que fui el primero en descubrir como la principal compañía holding de poder del Establecimiento parasitario en este país. En la primera edición de *Mullins en la Reserva Federal*, en 1952, una nota biográfica en la contraportada anunciaba que estaba completando una secuela del libro de la Reserva Federal que sería una exposición del Consejo de Relaciones Exteriores. Esta fue la primera vez que un nacionalista estadounidense llamó la atención públicamente sobre esta organización. Unos meses más tarde, un judío neoyorquino, a través de Hungría, el Dr. Emanuel Josephson, se apresuró a imprimir un libro sobre el Consejo de Relaciones Exteriores, que intentaba mostrar que era un instrumento de gentiles como los Rockefeller, y no un frente para la comunidad judía parasitaria. Lo visité y hablamos durante siete horas. Era bastante obvio que él sabía todo lo que yo sabía sobre el Consejo de Relaciones Exteriores, cuyas oficinas estaban a sólo unas pocas puertas de su casa, y también era obvio que había hecho una interpretación diferente de sus conclusiones.

Así como Emanuel Josephson se negó a enfrentarse a los hechos sobre el Consejo de Relaciones Exteriores, Arnold Toynbee, que vivía con las cómodas subvenciones de la familia Rothschild, no encontró ninguna prueba de debilitamiento parasitario de las civilizaciones en su vasta obra (*A Study of History*, de Arnold Toynbee, Oxford, 1934). En cambio, Toynbee estudió superficialmente los patrones nerviosos de las culturas y los estímulos que las afectaban, sin mencionar al enemigo más vicioso del sistema nervioso, el parásito. Cuando Toynbee dice que una civilización no respondió a un desafío, nos pide que creamos que un hombre que está parado en una esquina de la calle, y que es derribado por detrás por un camión desbocado, no ha respondido a un desafío. El hecho es que ha sido asesinado.

IMPORTANCIA DE LA BIOLOGÍA

¿Ha oído hablar Toynbee alguna vez de la biología? ¿Ha oído hablar de los parásitos? No encontramos evidencia de ello en sus estudios enciclopédicos. ¿Tiene la menor idea de que las civilizaciones permiten que cuerpos extraños se asienten en su medio, florezcan y operen sin supervisión ni control, por muy perniciosa que sea su influencia? ¿Cómo podría Toynbee pasar veinte años en el estudio de las civilizaciones antiguas sin saber que los judíos abrieron las puertas de Babilonia a los invasores persas, sin saber cómo los judíos pusieron a Roma de rodillas, sin saber cómo los judíos sometieron a Egipto a una terrible dictadura durante trescientos años, hasta que los egipcios se levantaron y los expulsaron? Sólo un gran pervertido intelectual, a sueldo de los parásitos, podría ocultar tal información después de haberla descubierto. Un hecho comparable sería que Pasteur destruyera los registros de su vacuna contra la rabia después de descubrirla, o que Jenner ocultara la fórmula para su remedio contra la viruela.

PATRÓN DEL PARÁSITO

El estudio del parásito biológico revela un patrón, un conjunto de hechos característicos y entrelazados de la naturaleza: 1. el parásito prefiere un organismo sano como zona de alimentación; 2. el ciclo de vida del parásito depende de que encuentre un huésped del que pueda alimentarse; 3. un organismo sano que es invadido por un organismo parasitario está inevitablemente herido y a menudo muere por el efecto maligno de la presencia del parásito. En la mayoría de los casos, el parásito hace que el huésped pierda el sentido de la orientación, de modo que se vuelve indefenso y es incapaz de defenderse de sus enemigos exteriores.

Este patrón abarca un conjunto de factores que han sido comunes a todas las grandes civilizaciones que han enfermado y muerto repentinamente. ¿Fue el Sr. Toynbee, en sus décadas de estudio concentrado, incapaz de discernir uno solo de ellos? Aparentemente, la respuesta es sí. Vemos una situación en la que un pueblo ha construido, con sus propios esfuerzos, un gran imperio, cuyos barcos comercian con tierras lejanas, cuyos ejércitos son invencibles. Este pueblo es fuerte, seguro de sí mismo y consciente de sus virtudes. ¿Por qué habrían de temer a unos cuantos alienígenas furtivos y destartalados que han venido de lugares desconocidos y que se han establecido en el corazón de la ciudad de forma tan discreta que parece que siempre han estado allí? Estos alienígenas están dispuestos a hacer cualquier cosa, realizan cualquier tipo de tarea desagradable que los nativos sientan que está por debajo de ellos. Los extraterrestres trafican con los cuerpos de las niñas, crean guaridas de juego, limpian los bienes robados, prestan dinero, establecen casas en las que se puede realizar todo tipo de degeneración sexual imaginable y ofrecen asesinos a sueldo.

LA INEXTRICABLE INFLUENCIA

En poco tiempo, los extranjeros conocen todos los secretos de los líderes de los pueblos, y han establecido su dominio sobre ellos. La colonia de extraterrestres se multiplica rápidamente, y pronto un pueblo una vez sano se encuentra desamparado, porque sus virtudes nativas de fuerza, coraje y honor, que lo han hecho grande, no sirven de nada contra los recién llegados. El anfitrión no entiende al parásito, que es como una criatura de otro planeta, porque no tiene los mismos objetivos, ni responde a los mismos estímulos que el pueblo anfitrión. Incluso parecen tener diferentes patrones nerviosos. A medida que crece la influencia perniciosa, el ejército se desmoraliza, los líderes nativos son asesinados o exiliados, y la riqueza de la nación pasa rápidamente a manos de los extranjeros. El pueblo es saqueado de todo, y sobre todo de su autoestima. A ningún miembro de un pueblo anfitrión se le permite preservar su autoestima o su privacidad, una vez que el parásito ha tomado el mando.

Una mañana, los barcos de una nación rival aparecen en el puerto. A cambio de ciertas garantías, los parásitos les dan la bienvenida. El pueblo anfitrión no se resiste, un imperio se ha ido. Ahora bien, este proceso no es un patrón de vida típico de una cultura a la Spengler; tampoco es un desafío y una respuesta a la Toynbee. El pueblo anfitrión pudo haber repelido cualquier otro ataque de un invasor armado, pero no pudo luchar contra la aparición de un parásito furtivo y la inevitable descomposición que trajo consigo, una enfermedad que afectó y paralizó todo el organismo del pueblo.

CUERPOS EXTRAÑOS

La teoría del parásito biológico explica por primera vez la caída de Egipto, de Babilonia, de Roma, de Persia y de Inglaterra. Un pueblo próspero y sano permite que un cuerpo extraño se establezca en su medio. El cuerpo extraño los paraliza y destruye. Este nuevo concepto de la historia pone al día tanto a Spengler como a Toynbee. También ofrece a una civilización, por primera vez, una oportunidad de escapar del destino de sus predecesores.

El estudiante serio puede sentirse horrorizado por los aspectos más repulsivos del estudio del parásito biológico. Encuentra que un tipo de pez en los Mares del Sur tiene un cuerpo largo y afilado, y que entra en la parte posterior de los peces más grandes, y se alimenta de las heces dentro de ellos. El hombre está plagado de una tenia que entra en su cuerpo, se engancha al intestino grueso con un gancho que ha desarrollado únicamente para ese propósito, y comienza a absorber el alimento de la comida que come el hombre. Varias formas de piojos se segregan alrededor de los órganos reproductivos o excretorios del hombre y le causan una incomodidad extrema.

Los parásitos encuentran que los desechos excretados por los seres humanos son un caldo de cultivo fértil para ellos, porque el ser humano es una forma de vida superior que utiliza grandes cantidades de alimentos y excreta gran parte de ellos con los valores alimentarios intactos. Estas excreciones proporcionan alimentos ricos para el parásito, pero su apego a ellas plantea problemas de salud para los seres humanos. En consecuencia, los seres humanos intentan eliminar sus residuos para que no se conviertan en un caldo de cultivo para varias formas odiosas de parásitos. El parásito considera que esto es muy cruel e injusto, y se esfuerza por alcanzarlo por todos los medios. Si pone en peligro la vida del ser humano, ¿qué importa? Una mosca en una pila de estiércol no se preocupa de si representa una amenaza para la salud de los seres humanos.

ACTITUD DEL PARÁSITO

De ello se deduce que al parásito que se ha establecido sobre el huésped gentil no le importa cuánto le duele al huésped. Su único objetivo es llevar una vida parasitaria a expensas del huésped, y sus objetivos naturales suelen ser los órganos reproductivos y excretorios. A lo largo de la historia, encontramos al judío entrelazado en torno a los órganos reproductores de la hueste gentil como una vid parasitaria que lentamente estrangula un árbol sano. El judío siempre ha funcionado mejor como un proxeneta, un pornógrafo, un maestro de la prostitución, un apóstol de la perversión sexual, un enemigo de las normas sexuales prevalecientes y de las prohibiciones de la comunidad gentil. Cuando el título de "el mayor pornógrafo de Estados Unidos" fue otorgado por los investigadores de la policía, ¿quién era el titular del título? Un tal Irving Klaw de Nueva York, que se dedicaba a la fotografía de desnudos y a otros objetos del oficio.

EL JUDÍO BIOLÓGICO

Otros judíos, de grandes aspiraciones intelectuales, se han convertido en escritores, transformando nuestra literatura en aburridos recitales de actos sexuales, y haciendo imposible la publicación de cualquier cosa que no cumpla con sus normas de depravación. Otros judíos intelectuales han creado una nueva profesión, tan característica de ellos que es conocida en todas partes como una profesión judía. Esta es la profesión de psiquiatría, una consecuencia de la obsesión del parásito por los hábitos reproductivos y excretorios del huésped. ¿Cuál es la base de la "ciencia" de la psiquiatría, tal como ha sido formulada por su fundador y patrón judío, Sigmund Freud? La base de la psiquiatría es el "complejo anal", la teoría de que la obsesión con el ano es la principal influencia en nuestro desarrollo emocional. Se han escrito muchos millones de palabras sobre este tema, a pesar de sus connotaciones desagradables, y los eruditos pronuncian discursos aprendidos sobre la compulsión anal ante los cuerpos eruditos de hombres distinguidos del mundo.

EL COMPLEJO ANAL

Con el complejo ajuste anal del tono de gusto de las obsesiones del parásito, el judío ha desarrollado otras teorías sobre los procesos de la excreción humana. La influencia más importante en la escuela moderna de educación progresiva es la ciencia del entrenamiento para usar el baño, mientras que gran parte del arte moderno se basa, y es fácilmente reconocible en sus orígenes, en el complejo de heces, o en el manejo de sus heces por parte del niño en edad preescolar. Otras contribuciones importantes del pensamiento psiquiátrico judío, que han sido aclamadas como importantes desarrollos intelectuales de enorme profundidad y alcance, son demasiado sucias para ser repetidas aquí.

Cuando uno contempla el espectáculo de una gran sala, llena de hombres y mujeres bien vestidos y educados de muchos países, que están escuchando atentamente, y ocasionalmente aplaudiendo, a un pequeño judío en esmoquin que está entregando una docta disertación sobre los hábitos anales y excretorios de la humanidad, nos damos cuenta de otro aspecto del judío. No importa lo que haga, el judío es tan fantástico que se convierte en una figura cómica. Cuando el ex primer ministro de Francia, Mendes-Francia, anunció que su nación estaba entregando la enorme inversión francesa en Vietnam a los comunistas, uno apenas sabía si reír o llorar, así que la imagen de un comerciante de harapos aullando "O-o-o-l-l-d-d-d-r-a-a-a-a-a-g-g-z-z-uh" por las calles era tan cómica.

El poeta Ezra Pound me observó una vez que cuando empezó a sugerir a la gente que los judíos estaban ejerciendo un poder indebido en el mundo gentil, nadie lo tomó en serio, porque todos sabían que los judíos eran sólo payasos. Como de costumbre, el judío usó esta impresión para fijar su posición sobre la hueste gentil. Charlie Chaplin, con sus gestos racialmente característicos, empleó sus movimientos típicamente obscenos para ser aclamado como un gran genio del cómic por la infatigable claque judía internacional. Ganó millones de dólares moviendo el trasero hacia el público, rascándose frenéticamente las nalgas, y exhibiendo el recorrido habitual de las preocupaciones ancestrales del parásito con los órganos reproductivos y excretorios.

Por derecho propio, Sigmund Freud es un comediante aún mayor que Charlie Chaplin, porque las teorías freudianas del comportamiento humano, como nos recordó el gran psicólogo gentil Carl Jung, se basan en las enormes ideas erróneas del parásito biológico sobre la naturaleza de su huésped gentil, y las teorías de Freud son aún más cómicas que las de Charlie Chaplin. Sin embargo, nos reímos de Chaplin y estudiamos seriamente las teorías de Freud.

PARÁSITOS EN MUCHOS ASPECTOS DE LA VIDA

Otra obsesión del parásito es que debe abrirse camino en todos los aspectos de la existencia del huésped. No puede soportar el pensamiento de un grupo de gentiles discutiendo nada sin que el parásito o uno de sus agentes shabez goi estén presentes para tomar notas. Por lo tanto, el judío hace campaña para entrar a la fuerza en toda organización gentil, ya sea social, religiosa, una escuela privada, un club o un vecindario, en cualquier lugar donde los gentiles puedan reunirse y hablar sobre cosas que el judío desea saber.

Esta obsesión se debe al hecho de que el judío nunca puede conocer ninguna seguridad real en su existencia parasitaria. Vive diariamente con el terrible temor de que el huésped lo eche, e incluso cuando ha obtenido el control en todos los niveles de la vida del gentil, el judío todavía se siente inseguro. Si el gentil logra mantenerlo alejado de algo, el judío se vuelve loco de rabia.

EL CASO DREYFUS

Esta obsesión por la seguridad fue la verdadera fuerza detrás del furor por el caso Dreyfus en Francia durante el siglo pasado. Un judío llamado Capitán Dreyfus había logrado penetrar en el anteriormente gentil Alto Mando francés. Poco después, fue acusado de vender secretos militares franceses al mejor postor. Aunque fue un caso abierto y cerrado, como de costumbre, los judíos lanzaron una frenética campaña internacional para liberarlo. Parecía extraño que se hiciera tanto ruido sobre el destino de un oficial francés, pero la teoría del parásito biológico explica el misterio. El parásito había penetrado en uno de los últimos bastiones de la hueste gentil. Ahora conoce todos los secretos militares, y también está en condiciones de informar a su pueblo si el ejército se involucra en una reacción contra la presencia de los parásitos. Pero el parásito fue arrestado y acusado de traidor, lo que era, porque su lealtad principal era hacia la comunidad parasitaria. La tragedia no es que sea condenado, sino que los judíos hayan perdido a su hombre en el consejo de seguridad de la nación. Inmediatamente, toda la comunidad de parásitos acusa a su defensa, mostrando un miedo y una ira terribles. Este rechazo o exclusión es el destino que acecha al parásito, porque para él es una cuestión de vida o muerte. Si es rechazado por el anfitrión, no puede llevar una existencia parasitaria, y morirá. De ahí el gran furor por el caso Dreyfus.

NUESTROS PROPIOS CASOS DE DREYFUS

Las administraciones democráticas en los Estados Unidos han tenido una plétora de casos de Dreyfus en los últimos años, en los que un parásito que se había metido en los consejos de seguridad de la nación fue acusado de deslealtad. Uno de ellos era el Dr. Oppenheimer, un judío cuyo círculo social estaba compuesto por dedicados agentes comunistas, la mayoría de los cuales eran conocidos como tales mientras trabajaba en los secretos de defensa más vitales de nuestra nación. Finalmente se le negó una autorización de seguridad, debido a la alarma pública sobre sus antecedentes, y un terrible clamor surgió de la comunidad judía internacional, que duró años. Todavía no sabemos cuánto daño le hizo a la nación.

Un caso más celebrado fue el de un judío de origen ruso, Walt Rostow. ¡Él es sólo la persona a cargo de nuestra seguridad nacional! Sin embargo, hace unos años, los leales empleados del Departamento de Estado rechazaron a Rostow una autorización de seguridad, no una vez, sino tres veces, debido a sus notorias asociaciones. Sin embargo, cuando John F. Kennedy se convirtió en Presidente, puso a Walt Rostow a cargo de nuestra seguridad nacional.

Drew Pearson reveló recientemente que fue este judío quien tomó la decisión personal de emplear tropas estadounidenses en grandes fuerzas en Vietnam, una de las mayores victorias del comunismo desde 1917. Mientras los americanos eran masacrados en Vietnam, Rusia podía sentarse y vernos morir desangrados sin que el mundo comunista se debilitara en absoluto. En este caso de Dreyfus, los judíos han ganado todos los asaltos, mientras que el gentil que lo expuso, Otto Otepka, sigue siendo perseguido por "nuestro" gobierno.

OPORTUNISTAS GENTILES

En Francia, unos pocos gentiles inteligentes percibieron hacia dónde soplaba el viento en el caso de Dreyfus, aunque no entendieran la teoría de los parásitos. Un oscuro escritor llamado Emile Zola escribió algunos artículos ardientes, como "J'Accuse", exigiendo que Dreyfus fuera liberado, y la máquina internacional de propaganda judía inmediatamente comenzó a soplar a Zola como un gran escritor. Disfrutó de gran fama y fortuna durante el resto de su vida, aunque sus novelas son ahora ignoradas.

Un pomposo y pequeño abogado de campo, Clemenceau, también encontró su carrera en el caso Dreyfus. Intervino en favor de Dreyfus y los judíos lo nombraron Primer Ministro de Francia. El camino del shabez goi puede ser alisado.

La amenaza de rechazo siempre provoca un torrente de miedo y rabia en el parásito. Este escritor encontró un ejemplo de esto cuando compró un colchón de segunda mano en Jersey City. A altas horas de la noche, fue despertado por una presencia indeseable. Encendió la luz, y allí sobre su estómago había un chinche de la cama gordo, hinchado con su festín, y reacio a abandonar a su huésped incluso a la luz de la exposición.

Cuando la luz se encendió, el chinche dio un grito furioso de ira y se perdió de vista. En ese momento, el escritor no relacionó inmediatamente ese episodio con la teoría del parásito biológico, pero más tarde reflexionó que esa ira del chinche de la cama, que continuaba con su actividad habitual, era comprensible. No podemos esperar que el judío aprecie ningún esfuerzo de la hueste gentil para desalojarlo y sacarlo de la fiesta. Por eso trabaja día y noche para evitar tal cosa.

NECESIDAD DE CONTROL

Es por eso que el judío DEBE controlar nuestras comunicaciones; es por eso que DEBE controlar nuestra educación; es por eso que DEBE controlar nuestro gobierno; y lo más importante, es por eso que DEBE controlar nuestra religión. Si no lo hace, en cualquier área, pone en peligro su existencia como parásito biológico. Incluso en la Unión Soviética, con su lema idealista de "De cada uno según sus medios; a cada uno según sus necesidades", el parásito gana el control sobre los trabajadores gentiles y los pone a producir bienes que vende, y se embolsa las ganancias. Los judíos gordos y sus amantes rubias se pasean desde sus lujosas villas en el Mar Negro, mientras que comisarios gentiles dogmáticos e intensos como Mikhail Suslov se sientan en el Kremlin tratando desesperadamente de idear un sistema que el judío no puede tergiversar para su propio beneficio. No pueden tener éxito, porque el parásito siempre ha pensado un paso por delante de ellos.

AGRESIÓN

Cuando los judíos se apoderaron de las tierras de los pacíficos granjeros árabes por medio de la agresión en 1948, muchos gentiles de todo el mundo supusieron que había comenzado una nueva era. Estos gentiles se aseguraron unos a otros, ahora que tienen su propio país, los judíos irán allí y dejarán de explotarnos. En cambio, las comunidades de parásitos de todas partes del mundo intensificaron la explotación de sus anfitriones gentiles, a fin de satisfacer las vastas necesidades del nuevo Estado de Israel. El judío de sangre fría David Dubinsky, el dictador fascista del sindicato de la confección, extorsionó a los trabajadores de la industria de la confección en Nueva York, la mayoría de ellos mujeres y niños negros y puertorriqueños, y les arrebató gran parte de sus ingresos. Estos fondos fueron entregados al Estado de Israel.

Esto ilustra la facilidad del judío para estar en todos los lados, y para estar siempre en el lado ganador. Chaim Weizmann, el fundador del Estado de Israel, cita una frase repetida a menudo de su madre, en su autobiografía, *Trial and Error*, Harper, Nueva York, 1949, página 13,

> "Pase lo que pase, estaré bien. Si Shemuel (el hijo revolucionario) tiene razón, todos seremos felices en Rusia; y si Chaim (el sionista) tiene razón, entonces me iré a vivir a Palestina".

PRESUPUESTO DE PARÁSITOS

El 17 de abril de 1950, el *New York Times* anunció que el presupuesto anual del Estado de Israel había sido publicado. Estaba compuesto por un setenta por ciento de donaciones del extranjero y un treinta por ciento de la venta de bonos israelíes, que nunca tendrían valor redimible y que sólo podrían describirse como contribuciones. Ninguna otra nación del mundo podría prever un presupuesto de este tipo, ya que incluso la India, el eterno mendigo entre las naciones, con su población hinchada y mestiza, sólo puede recaudar el uno por ciento de su presupuesto desde el extranjero, y eso es donado en su totalidad por los Estados Unidos. Sin embargo, el Estado de Israel prevé con confianza un presupuesto nacional para los próximos años que consistirá en obras de caridad y el comercio de papel dudoso. Este es el presupuesto de una nación de parásitos, que todavía depende de los anfitriones gentiles.

TENDENCIA A LA DEGENERACIÓN

La extraña e insana existencia del parásito, con su tendencia a la degeneración y su sistema nervioso en descomposición, lo sitúa fuera de todo sistema conocido de moralidad y decencia humana. Ahora ha perfeccionado una bomba infernal judía, que amenaza con destruir al huésped y a sí mismo también. Cuando Alechsander Sachs, de la firma bancaria judía internacional de Lehman Brothers, Nueva York, y Albert Einstein, "sugirió" al presidente Roosevelt que invirtiera cientos de millones de dólares en la producción de una bomba infernal, ¿cómo podría Roosevelt negarse? Ahora necesitaban un frente gentil para su proyecto. Se le pidió al general de división Leslie Groves que dirigiera el proyecto, pero cuando descubrió que la mayoría de los científicos eran judíos, pidió que se le excusara, con la salvedad de que creía que un director judío sería más eficiente en este ambiente.

"Para nada", le aseguraron. "Necesitamos a un gentil como jefe ostensible del proyecto. No te preocupes, nosotros nos encargaremos de toda la responsabilidad".

Sabemos que el gentil nunca puede esperar misericordia del judío. La horrible práctica del asesinato ritual es prueba suficiente de ello. El asesinato ritual de niños gentiles al desangrarlos y beber su sangre es la revelación simbólica más alta de la teoría del parásito biológico.

SÍMBOLO DE LA VICTORIA

El hombre primitivo a veces bebía la sangre de los enemigos caídos como símbolo de victoria, y para absorber parte de la fuerza del enemigo, pero otra práctica de beber sangre, la del asesinato ritual, es la única que ha sobrevivido hasta los tiempos modernos. Esta ceremonia religiosa de beber la sangre de un niño gentil inocente es básica para todo el concepto del judío de su existencia como parásito, viviendo de la sangre de la hostia. Por eso se niega a abandonar esta costumbre, a pesar de que le ha llevado muchas veces al borde de la extinción.

Cuando el judío ya no puede simbolizar su papel secuestrando a un niño gentil perfectamente formado, llevándolo a una sinagoga, y perforando ritualmente su cuerpo en los lugares de los que se jactaban de haber herido el Cuerpo de Cristo, y bebiendo la sangre del niño moribundo, entonces, según la creencia judía, está condenado. Sus profetas le han advertido que cuando esta costumbre ya no pueda ser observada, el aferramiento del parásito judío a la hueste se aflojará, y él será desechado. Aunque esta ceremonia es tan horrible que la mayoría de los judíos se niegan a participar en ella, y todos niegan su práctica, sigue siendo el método final por el cual los líderes judíos significan y retienen su control sobre este pueblo. Si abandonaran la práctica del asesinato ritual, tal vez habría una posibilidad de que el judío fuera destetado de su papel histórico como parásito biológico, y se convirtiera en un miembro constructivo de la comunidad gentil, dando la espalda a un registro de cinco mil años de derramamiento de sangre, traición y asesinato, que es toda su historia. Decimos tal vez, porque no lo sabemos.

EL PATRÓN BIOLÓGICO

Viendo esta perspectiva desde las realidades biológicas, parece poco probable que el judío pueda renunciar a su pasado y unirse a la sociedad gentil como miembro contribuyente. Ciertamente no encontramos evidencia de ello en los escritos de los propios judíos, ni siquiera en la actualidad. Desde los más religiosos hasta los más mundanos, su actitud hacia la hueste gentil es la misma, un odio feroz e inmortal. Considere lo que la gran sacerdotisa de los judíos modernos, los intelectuales, Susan Sontag, tiene que decir en el órgano de la casa judía, la *revista Partisan Review*, en 1967:

"La raza blanca es el cáncer de la historia. Es la raza blanca y sólo ella -sus ideologías e invenciones- la que erradica la civilización autónoma dondequiera que se propague".

Estas veintisiete palabras encapsulan una enorme cantidad de información sobre la relación parásito-huésped. En primer lugar, es una expresión del odio eterno que el parásito siente por su anfitrión de raza blanca. Segundo, revela que el judío nunca se ha considerado y nunca se considerará a sí mismo como parte de la raza blanca, a la que considera como una especie separada. Tercero, este pasaje atribuye el salvajismo sólo a la raza blanca - no a las tribus sanguinarias del Congo, no a los asesinatos en masa en China, ni a nadie excepto a la civilización altamente desarrollada del norte de Europa en Europa y América. Y cuarto, Susan Sontag revela toda la situación en su frase "civilización autónoma". ¿Qué quiere decir con civilización autónoma? Se refiere a la comunidad de parásitos, que exige total libertad para adherirse al huésped, para gobernar al huésped y para evitar que el huésped lo expulse. Y dice aquí que la raza blanca, porque en el pasado ha reaccionado contra la "civilización autónoma" del parásito judío, es totalmente salvaje y malvada.

CAPÍTULO TRES

EL SHABEZ GOI

Hemos comentado la extraña omisión de obras que cabría esperar en nuestras bibliotecas, obras que tratan del fenómeno de las comunidades parasitarias en las civilizaciones humanas. Y hemos sugerido que estas obras no han sido escritas porque el parásito ejerce control sobre la vida académica y académica del anfitrión. ¿Es una conclusión fantástica? En absoluto.... Como el huésped es físicamente más fuerte que el parásito, obviamente el parásito no puede controlarlo a través de la fuerza física. Entonces debe ejercer control mental.

¿Cómo se hace esto? El parásito judío controla a la hueste gentil a través de toda una clase de gentiles que él ha creado, y que le sirven manteniendo el control sobre la hueste gentil. Esta clase es conocida como el shabez goi.

LAS CIVILIZACIONES AVANZADAS

Hemos señalado que el parásito judío es una enfermedad de las civilizaciones más avanzadas. Uno no encuentra al judío compartiendo el desierto hostil con el aborigen australiano. El hombre primitivo no tenía experiencia con los parásitos. Había poca comida y menos refugio. Pero los que sobrevivieron comenzaron a dominar su medio ambiente, a labrar la tierra, a domesticar animales, y comenzaron a haber excedentes de comida. Ahora aparecieron ratas y cucarachas, festejando con estos excedentes (uno de los héroes del movimiento intelectual judío, Franz Kafka, escribió una obra en la que un hombre se imaginaba a sí mismo como una cucaracha, escribiendo a partir de una antigua memoria racial que ha dejado perplejos a miles de estudiantes universitarios que se la habían tirado por la garganta por sus profesores, sin ninguna explicación de sus connotaciones).

Con estos excedentes, también apareció un nuevo tipo de persona, una variante de la especie, una que existía sin producir bienes ni servicios, pero que se hizo experta en producir la ilusión de que estaba dando bienes y servicios. Este fue el judío, que hizo su aparición en el escenario de la historia como mago, adivino, ladrón o, en campo abierto, como bandido traidor y de sangre fría. Se convirtió en médico, maestro, acólito en cualquier tipo de grupo religioso. Desde la historia más temprana, practicó el préstamo de dinero, y siempre a tasas de interés usurarias.

Todas estas vocaciones judías tienen una cosa en común, la oportunidad de fraude. El judío siempre operaba con base en el fraude, y se deslizaba fácilmente de una vocación a otra. Un judío practica la medicina en una ciudad y, dejando un rastro de cadáveres, aparece en otra ciudad como adivino. Después de que algunas viudas son estafadas de sus ahorros de toda la vida, él vuelve a tomar el camino, asistido, como siempre, por la comunidad judía internacional. En otra ciudad, se convierte en sacerdote estudiante, y pronto ofrece nuevas y audaces interpretaciones de las creencias religiosas, hasta que sus superiores descubren que está transformando sigilosamente cada principio de su fe en un extraño y bárbaro dogma. Sigue adelante y se presenta en otra ciudad como un funcionario de gobierno de alta confianza, respetado por todos, hasta que, una noche, las puertas de la ciudad se abren a un invasor, y el judío se convierte en el Gran Visir de los conquistadores.

UNA DEFINICIÓN

¿Pero es esto parasitismo, o es simplemente un crimen? Es un crimen, sí, porque cada uno de estos eventos aislados es un crimen, pero el todo no es simplemente un crimen, es parasitismo. Traición, fraude, perversión, todos los sellos de la vida judía entre los gentiles de la Diáspora. Y es parasitismo. Todas estas cosas no son simplemente crímenes en sí mismos, son crímenes que se cometen como partes esenciales de la relación parasitaria del judío con la hueste gentil. Debemos recordar que no existe un crimen judío per se, ya que la existencia del parásito judío sobre el huésped es un crimen contra la naturaleza, porque su existencia pone en peligro la salud y la vida del huésped. Por lo tanto, todo lo que el judío hace en relación con esta existencia parasitaria es un acto criminal, y parte de una existencia criminal en general.

CONDENAS Y EXPULSIONES

Un gobierno gentil que tenía como preocupación la salud de la nación condenaría al parásito judío y lo echaría. Esto ha ocurrido cientos de veces en la historia. Por lo tanto, el judío sabe que su primera tarea, al llegar a una comunidad gentil, es subvertir y tomar el control de su gobierno, y paralizar al pueblo con sutiles inyecciones de veneno, para que se vuelva indefenso e incapaz de defenderse. Así, el judío comienza la agitación para establecer un gobierno "progresista", también conocido como un "frente popular", un gobierno "democrático", un gobierno "popular", un gobierno "liberal", y todos estos son sinónimos del gobierno judío, que protegerá la presencia del parásito y lo protegerá contra la ira de los gentiles explotados.

Cuando ha establecido este gobierno, generalmente por subversión, el judío se propone exterminar a todos los antiguos líderes gentiles, a quienes califica de "reaccionarios", es decir, aquellos que podrían reaccionar contra la presencia del parásito. En primer lugar, se les impide ejercer un empleo remunerado. Luego, a ellos y a todos los miembros de sus familias se les confiscan sus tierras, cuentas bancarias y otros bienes. Finalmente, después de una agitación extensiva contra ellos, el judío despierta a la población contra ellos y son perseguidos y asesinados, porque podrían ser capaces de establecer un gobierno "reaccionario" si se les permite sobrevivir. Así, el judío ha introducido la costumbre sanguinaria del genocidio, o exterminio de grupos, en los asuntos mundiales.

¿No les suena esto familiar, la confiscación de bienes, los asesinatos en masa? Oh, sí, Rusia, 1917, la victoria de los bolcheviques, la realización del programa de comunismo de Marx, cuando se instaló un gobierno que creía en el principio de "solidaridad" para esclavizar al gentil pueblo ruso. El zar y su esposa e hijos fueron asesinados a sangre fría, porque el judío biológico no se preocupa por la caballerosidad en su lucha por mantener el control sobre la hueste gentil. Sólo tenemos que leer el libro sádico de Ester en la Biblia para ver la costumbre judía de los asesinatos en masa en detalle.

DEBILIDAD DEL HUÉSPED

¿Es la impotencia del huésped gentil ante el ataque del parásito una debilidad esencial? Sólo tenemos que pensar en el hombre fuerte y sano sometido por el virus de la gripe para obtener la respuesta. La salud en todos los aspectos es la principal defensa contra el ataque del virus parasitario. Durante siglos, el huésped gentil más grande y fuerte ha caído derrotado ante el virus parásito más pequeño y débil, pero más mortal. La supervivencia del huésped gentil es cuestión de entender las leyes biológicas. La comunidad gentil ha establecido códigos elaborados por los cuales vive, códigos de honor, códigos de leyes, y la confianza que la observancia de estos códigos genera en los miembros de la comunidad. Respetan la ley, respetan a las familias de los demás, respetan la propiedad de los demás y defienden a la nación cuando es atacada.

LIMITADO POR NINGÚN CÓDIGO

Es el código de honor el que le da al parásito judío su primera apertura en la armadura de la hueste gentil, ya que este código es vinculante para la hueste gentil, y sus miembros alcanzan estatus en la comunidad sólo si lo observan. Pero el parásito sólo está obligado por su determinación de alcanzar el estatus de parásito en el huésped. El código del gentil es en sí mismo un fenómeno biológico, ya que surge de su actitud hacia toda la vida, y es una manifestación de su coraje innato, su honor y su industria, las virtudes sobre las que construye su nación.

El código del judío es muy diferente: es un código que anula todos los demás códigos. Acepta pagar un precio y más tarde sólo paga la mitad de él; comparece ante el tribunal con hechos y testamentos falsificados, paga a testigos perjurados y mantiene a los jueces, apoderándose así de las propiedades de los gentiles. Se aprovecha de las esposas gentiles mientras sus maridos trabajan, avergonzándolas así, y en tiempos de guerra, el judío evita el servicio militar y perturba la vida civil en el hogar. En los momentos de mayor peligro, hace tratos con el enemigo y traiciona a la nación.

PARADOJA DEL PARÁSITO

Puesto que el parásito depende del huésped para su alimento, suponemos que hará todo lo que esté a su alcance para ayudar a la comunidad gentil a enriquecerse y hacerse más poderosa. Pero, por encima de cualquier otra consideración, está la determinación del parásito de mantener su posición sobre el huésped. Durante cinco mil años, la historia ha registrado los esfuerzos de los anfitriones gentiles para expulsar a sus parásitos judíos.

Los imperios se levantan y caen, se descubren los continentes, se exploran y se establecen los espacios naturales, y el hombre progresa a través de nuevos inventos. Sin embargo, a pesar de todo, un factor permanece constante. La hueste gentil, temerosa del daño que está sufriendo por la presencia del parásito judío, trata de desalojarla. El parásito se ha preparado para tales esfuerzos, que siempre prevé, adhiriéndose de manera tan segura al huésped que éste sólo se daña a sí mismo en sus salvajes luchas. En algunos casos, el huésped gentil se destruye a sí mismo en estos esfuerzos. El anfitrión judío prefiere ver a la hueste gentil destruida en vez de salir pacíficamente de una hueste que aún vive. Si el huésped muere, el parásito busca otro huésped. No tiene ningún tipo de sentimiento para el anfitrión que le ha proporcionado comida. Esta actitud cruel es típica de la filosofía del judío, y se ejemplifica con la frase actual tan popular en el Hollywood judío: "¿Quién la necesita?"

Como otros dichos judíos, esta frase se ha convertido en parte de la vida estadounidense contemporánea, pero los gentiles no saben lo que significa. Significa que el judío no necesita al anfitrión gentil, porque siempre puede encontrar otro.

TRABAJO DURO

Millones de estadounidenses gentiles trabajan duro toda su vida, criando a sus familias y alimentándose a sí mismos. Cuando mueren, apenas queda suficiente para pagar los gastos del funeral. A pesar de que han vivido vidas útiles y productivas, ninguna de las ganancias les ha correspondido a ellos o a sus familias, no han podido acumular ninguno de los bienes del mundo. Sin embargo, millones de judíos, que no producen nada, acumulan grandes fortunas y mueren con una parte desproporcionada de la riqueza de la nación, que luego va a parar a la comunidad de parásitos. ¿Por qué es esto? ¿Es porque el trabajador gentil es perezoso? No, ha trabajado duro toda su vida. ¿Apostó sus ganancias? No, nunca ha apostado. Son los judíos los que constituyen la mayoría de los jugadores de la nación.

LA TEORÍA DEL PARASITISMO BIOLÓGICO

La respuesta a esta pregunta la encontramos en la teoría del parasitismo biológico. El trabajador gentil ha pasado su vida proveyendo sustento para el parásito judío, permitiendo que el parásito viva en el lujo mientras que el trabajador gentil trabaja largas horas cada día para sobrevivir en un mero nivel de subsistencia. Las ganancias del trabajador gentil desaparecen ante sus ojos en el sistema monetario judío, a medida que las leyes monetarias calculadas y abstractas entran en vigor. Mientras tanto, el sistema educativo judío instruye a los hijos de los obreros gentiles que pueden esperar el privilegio de trabajar toda su vida para apoyar al Pueblo Elegido de Dios, que vive en el estilo al que se han acostumbrado.

El sistema monetario judío es una serie de variaciones en el juego de los casquillos en la feria del condado. El gentil está seguro de que el guisante está debajo de la cáscara a la izquierda, pero cuando apuesta, la cáscara a la izquierda no tiene nada debajo. El gentil pone su dinero en otros guisantes judíos, pero lo que compra de repente se deprecia. Los bonos que compra bajan de valor y vende con pérdidas para no perder todo lo que tiene.

Mucha gente emigró a América porque los Rothschild habían subido repentinamente al poder en Europa, y ahora estaban saqueando el continente. A medida que estos gentiles huían, los codiciosos parásitos judíos imponían impuestos más altos a los que se quedaban, reclutaban a los jóvenes en ejércitos que eran alquilados a otras naciones, e invadían todos los niveles de la vida con su perniciosa influencia.

Ahora, una característica del parásito es su movilidad. Cuando el huésped se mueve, el parásito lo sigue, lo alcanza y restablece su apego. Los pioneros americanos resentía los esfuerzos de los parásitos por seguirlos, y uno de los debates más largos en el Congreso Continental se refería a una propuesta de exclusión permanente de los judíos. Finalmente fue derrotado por el curioso argumento de que, como los judíos no eran actualmente un problema, era poco probable que lo fueran en el futuro. Esto ciertamente iba en contra de todo lo que se sabía sobre los judíos y sus métodos. Las actas de estos debates sólo han sobrevivido en unas pocas notas tomadas por algunos de los delegados. Todos los proyectos de Constitución que contienen la propuesta de exclusión de los judíos han sido destruidos. Una de las vocaciones judías es la de comerciante de libros antiguos y documentos raros. En estas transacciones, los registros que contienen referencias desfavorables al pasado pueden ser secuestrados y destruidos. Otros documentos raros, que no contienen referencias desfavorables a los judíos, se venden a coleccionistas gentiles con grandes ganancias. Como de costumbre, el judío lo tiene en ambos sentidos, protegiendo sus flancos destruyendo todas las referencias a sus actividades, y financiando esta tarea con el dinero del gentil.

LA FUNCIÓN DEL GOBIERNO

¿Cuál es la función del gobierno? La función del gobierno es proporcionar al pueblo los servicios esenciales, guiar la defensa de la nación y promover la justicia y la libre empresa. Ahora bien, ¿cuál es la función de un gobierno gentil que ha caído bajo la dirección del parásito? La función principal de un gobierno controlado por el parásito es garantizar su derecho a alimentarse del huésped, protegerlo de ser expulsado y permitir que otros parásitos entren y se alimenten del huésped. Por lo tanto, la función principal de tal gobierno está ligada a las campañas por los derechos civiles de las minorías, liberalizando todas las leyes de inmigración y atacando a otros anfitriones que amenazan con deshacerse de sus parásitos. Todas las demás consideraciones del gobierno son dejadas de lado en el desempeño de estas funciones, que son tan esenciales para el bienestar del parásito.

Así, en los Estados Unidos, encontramos a la Oficina Federal de Investigaciones ignorando la creciente tasa de criminalidad mientras sus agentes pasan todo su tiempo luchando contra esos gentiles "reaccionarios" que están reaccionando contra la presencia dañina del parásito. Encontramos que el gobierno estadounidense se ha convertido en una vasta agencia de recaudación de impuestos para el beneficio de los parásitos, y que el ochenta y cuatro por ciento de las ganancias de los gentiles son tomadas a la fuerza de ellos y entregadas a los parásitos. Encontramos que cada departamento del gobierno se ha interesado en la función adicional de garantizar la seguridad continua del parásito en su posición sobre el anfitrión. Han establecido muchas nuevas subsidiarias económicas cuya tarea es canalizar todos los recursos económicos de la nación en manos de los parásitos. Encontramos que el Departamento de Defensa, en lugar de proteger nuestra nación, está castigando a la nación con una tremenda sangría al enviar a miles de nuestros mejores jóvenes a ser masacrados en las selvas a miles de kilómetros de nuestras costas, en guerras que los parásitos judíos han conjurado con este único propósito.

¿QUÉ JUSTICIA?

En lugar de proporcionar justicia igualitaria para todos, los tribunales de la nación se han convertido en Cámaras Estelares de sellos de goma para la persecución de aquellos gentiles que reaccionan a la presencia del parásito. Estos gentiles "reaccionarios" son arrestados con un pretexto u otro, o agentes del FBI colocan pruebas en su contra, y son sentenciados a largas condenas en prisión.

¿Qué hay de la educación? Encontramos que el parásito judío hace un fetiche de la educación. Debe haber educación universal, educación para todos. Pero, ¿qué tipo de educación recibe el anfitrión gentil en un estado dominado por el parásito judío? Primero, se le enseña que nunca debe pensar por sí mismo, porque este es el pecado original. Se le instruye cuidadosamente en cómo ser un esclavo dócil por el resto de su vida, un zombi parecido a un robot que nunca será capaz de usar su mente para su propia protección o progreso.

¿Por qué el parásito judío tiene que controlar la inteligencia nativa de los gentiles? Primero, el judío no es invisible, tiene alta visibilidad. Sabe que el gentil está obligado a verlo, a irritarse por su presencia y a querer echarlo fuera. El gentil sólo tiene que mirar calle abajo en cualquier calle principal de Estados Unidos para ver que la mayoría de los negocios son propiedad de judíos. El lugar donde trabaja es propiedad de un judío. Paga el alquiler cada mes, o una hipoteca de por vida, a un banco judío. Sabe que está siendo explotado sin piedad por un cuerpo extraño conocido como el Reino de Israel. Por lo tanto, el parásito biológico comienza su instrucción del niño gentil, incluso antes del alfabeto, con la definición del pecado prohibido. ¿Cuál es el pecado prohibido? Uno nunca debe mostrar "prejuicios" hacia otro ser humano. Los niños escuchan esta amonestación diariamente desde el momento en que entran al kindergarten. Les desconcierta, porque los niños son naturalmente abiertos y generosos, no odian a nadie. Nunca se dan cuenta de que si el maestro no les da esta lección diaria sobre el "prejuicio", ella será despedida de su trabajo.

INFLUENCIA DIRECTA

En la escuela secundaria y en la universidad, el gentil está bajo la influencia más poderosa de los maestros judíos. Encuentran que los maestros judíos son interesantes, porque parecen tener carta blanca para decir o hacer lo que quieran en clase, mientras que los maestros gentiles parecen estar atados de pies y manos en todo lo que hacen. Los maestros judíos recomiendan libros pornográficos a los niños, discuten en detalle las perversiones sexuales y con frecuencia arengan sus clases durante horas sobre los males del nazismo. Como no hay gobierno nazi en ninguna parte, los niños gentiles están desconcertados por esto. No entienden el terrible miedo y odio que llena al pueblo judío en la memoria de un pueblo gentil que reaccionó contra ellos y los echó fuera.

En casa, el niño gentil ve programas de televisión que se dedican en gran medida a temas antinazis. Esto no es sorprendente, ya que los parásitos judíos son los dueños de las tres cadenas de televisión, y no se puede ver ningún programa que no esté sujeto a su perversa censura. En las universidades, al gentil se le enseña que toda la cultura del mundo proviene de los escritos de tres parásitos judíos, Marx, Freud y Einstein. Los artistas y escritores gentiles ya no son mencionados.

EL MAYOR PELIGRO

"¿Cuál es el mayor mal que ha existido en esta tierra?" Responderá con prontitud y energía: "¡Nazismo!"

Él da esta respuesta porque es lo que se le ha enseñado. De hecho, *es todo lo que* se le ha enseñado, y es el único resultado de cuatro años de educación superior. No le preguntes POR QUÉ el nazismo es el mayor mal que se ha conocido, porque él no lo sabe. Sólo lo desconcertarás y lo confundirás, y lo harás enojar contigo, porque no sabe el PORQUÉ de nada. Sólo ha sido adoctrinado con respuestas condicionadas, repitiendo la lección que se le ha dado hasta que la ha aprendido de memoria, a manos de sus profesores judíos y shabez goi. En todos los cientos de libros que se han escrito sobre el nazismo, allá no encontrará una definición de lo que es el nazismo. Esto es bastante comprensible. Los judíos no quieren que nadie sepa lo que es el nazismo. El nazismo es simplemente esto: una propuesta de que el pueblo alemán se deshaga de los judíos parásitos. El anfitrión gentil se atrevió a protestar contra la presencia continua del parásito e intentó despistarlo. Fue una reacción ineficaz, porque fue emocional y mal informada, como lo fueron todas las reacciones gentiles que la precedieron durante cinco mil años. Y lo inútil que fue todo esto, porque hoy en día, los banqueros judíos poseen el sesenta por ciento de la industria alemana, y sus propiedades están protegidas por el ejército de ocupación de Estados Unidos.

¿QUÉ ES SHABEZ GOI?

Como el parásito es más pequeño y débil que el huésped, debe controlarlo principalmente por astucia. Y debido a que es superado en número, debe depender de los agentes activos entre los gentiles. Una vez que ha destruido el liderazgo nativo del pueblo anfitrión, crea una nueva clase dominante, un grupo reclutado entre los más débiles y depravados de los gentiles. Esta clase se conoce como "la nueva clase" y está compuesta por los funcionarios del gobierno, los educadores, los jueces y abogados, y los líderes religiosos. Esta "nueva clase" es conocida por el judío como su *shabez goi*, o su "ganado gentil del sábado".

La creación de la clase shabez goi establece que la religión judía es básicamente una ritualización de las técnicas del parásito para controlar al huésped. Un principio clave de la religión judía es que no debe realizar la más mínima tarea en su día de reposo. No puede comenzar su servicio religioso hasta que las velas estén encendidas, pero su religión le prohíbe encender las velas, porque esto sería trabajo. Debe encontrar un gentil que le encienda la vela. Este gentil se llama "shabez goi". Por lo tanto, la religión judía no puede ser promulgada hasta que el judío encuentre a un gentil que haga su trabajo por él.[5] La religión judía

---

[5] Drew Pearson describió el proceso en una columna, *Washington Post*, 5 de julio de 1968, cuando citó al alcalde de San Francisco, Joseph Alioto, un católico, de la siguiente manera: "Me han criado a la sombra de la sinagoga de enfrente, y mi párroco ha sido el rabino Fine. Cada semana enciendo una vela

también prohíbe que el judío trabaje para un gentil, aunque está permitido por períodos cortos de tiempo si el judío encuentra necesario tomar tal posición durante el período que está tramando para robarle el negocio del gentil.

Esos gentiles que se convierten en shabez goi para los judíos llevan vidas cómodas a expensas de sus semejantes, pero nunca podrán superar su vergüenza, sin importar cuán ricos y poderosos sean los judíos. La clase explotadora que los judíos crean de los más serviles y despreciables de los gentiles son los seres humanos más despreciables que han infestado la tierra. Aunque comprenden las clases educadas y adineradas de una nación anfitriona que ha caído presa de los parásitos judíos, los miserables shabez goi nunca llevan una vida feliz. En los Estados Unidos, encontramos que los banqueros gentiles, jueces, presidentes de universidades y líderes de denominaciones religiosas cuya misión es loro en Pavlov, entrenados como perros de moda cada capricho de los judíos, son también las personas que tienen los índices más altos de alcoholismo, el índice más alto de divorcio, el índice más alto de suicidio, y el índice más alto de delincuencia juvenil entre sus hijos.

DEGENERACIÓN SEXUAL

Esta "sociedad acaudalada" de los shabez goi también ha engendrado una ola masiva de homosexualidad y degeneración en Estados Unidos. ¿Esto es sorprendente? Basta recordar la descripción del profesor LaPage del efecto que el parásito Sacculina tiene sobre su huésped, el centollo de cola corta, Inacus mauritanicus. LaPage dice que sus investigaciones mostraron que el setenta por ciento de los cangrejos araña machos adquirieron algunas de las características sexuales secundarias de la hembra y que sus órganos reproductivos fueron destruidos por el ataque de la negligencia de Sacculina. También afirmó que "el abdomen de estos machos se ensancha, pueden adquirir, además

---

en la sinagoga, y Cyril Magnin enciende una vela en mi catedral". El éxito político de Alioto se debe a su operación como shabez goi, encendiendo velas para los judíos.

de sus estilos de copulación masculina, apéndices modificados para dar huevos, y sus pinzas se hacen más pequeñas al mismo tiempo".

¿Qué mejor descripción podríamos tener de un profesor universitario de mediana edad sonriendo tras la estela de un jugador de fútbol americano musculoso? Una de las características de las naciones controladas por los judíos es la erradicación gradual de la influencia y el poder masculino, y la transferencia de la influencia a formas femeninas. Esto es comprensible. La fuerza masculina es naturalmente agresiva y autoafirmante, independiente y autosuficiente, valiente y dispuesta a luchar por sus derechos. La fuerza femenina, por otro lado, es más pasiva, dispuesta a aceptar órdenes y evita la acción directa. Así, Rusia y América, las dos potencias más influyentes del mundo actual, un mundo controlado por los parásitos judíos, son básicamente potencias femeninas, pero las dos potencias que eran más masculinas en sus atributos, Alemania y Japón, y que no dieron poder a los parásitos judíos, son pequeñas y de menor influencia. Sin embargo, como fuerzas masculinas, conservan la voluntad de volver a ejercer fuerza sobre el mundo, mientras que Rusia prefiere usar su influencia en siniestras intrigas, una red mundial de agentes y asesinos, aquellos que apuñalan por la espalda. Ahora Estados Unidos ha seguido los pasos de Rusia con la fuerza mundial de la Agencia Central de Inteligencia, y en su país, las operaciones furtivas del FBI están dirigidas únicamente a controlar a los "reaccionarios" entre este pueblo anfitrión.

SUAVE Y TRAICIONERO

En un ambiente controlado por los judíos, los hombres gentiles se vuelven blandos y capaces de cualquier traición, porque su nueva clase, los shabez goi, son el epítome de la mentira viviente, con sus insidiosas conspiraciones en nombre del gobierno secreto de los parásitos. En este tipo de mundo, la hombría, la fuerza y el honor son despreciados.

La característica más importante de los miserables shabez goi, como representantes liberales y sin rostro de los intereses judíos, es que nunca resuelven un problema. Si hoy tenemos un problema nacional, podemos estar seguros de que será peor dentro de diez años, y aún peor dentro de veinticinco años. *Todos los problemas se intensifican,* esta *es* la ley básica del gobierno de Shabez Goi.

Sólo tenemos que ver el problema de la raza en Estados Unidos, como una ilustración típica. Hace cien años, libramos una guerra sangrienta que asoló gran parte de la nación, con el fin de resolver el problema de la minoría negra en Estados Unidos. Cien años después, la nación está a punto de ser desgarrada una vez más por este problema, ya que los miserables shabez goi han trabajado incesantemente desde 1900 para intensificar este problema, que había estado inactivo desde el período de 1870 hasta 1900. De Tocqueville dijo todo lo que había que decir sobre el problema de la raza en Estados Unidos hace más de un siglo, pero nadie le prestó la más mínima atención.

UNA VIDA SIN ESPERANZA

Uno de los puntos más llamativos de identificación de la nueva clase de los shabez goi es su completa erosión de todo sentido de la responsabilidad. Puesto que la vida de los shabez goi significa que viven para sí mismos, como enemigos de su pueblo, es comprensible que piensen poco en el futuro, pero va más allá, como resultado biológico directo del efecto del parásito judío sobre el más débil y mezquino de los anfitriones. Hoy en día, el principal grupo en América que ha resistido este efecto biológico es la clase obrera. Esto se debe a varios factores, primero, porque la clase obrera ha tenido menos efecto que los años de "educación superior", que, en esta nación, es simplemente una instrucción extendida sobre cómo ser un shabez goi, y segundo, como trabajadores que producen su propia vida, tienen mayor autosuficiencia y menos erosión de su sentido de la responsabilidad y del respeto a sí mismos.

Aunque he pasado más allá de cualquier posible efecto deletéreo que el parásito judío o el shabez goi pudieran tener sobre mí, conozco la desesperanza de la vida de mi pueblo. Fui liberado de esta parálisis, que el judío influye sobre los miembros sanos de una nación anfitriona, de dos maneras, primero, a través de mi vida en el arte, y segundo, a través de mi vida en Cristo.

LA ALEGRÍA DE UNA VIDA SANA

En 1948, cuando fui a San Miguel de Allende, un hermoso pueblo de México, comencé a vivir mi vida en el arte. A la edad de veinticinco años, esta fue mi primera experiencia de gozo, porque mi vida había pasado en la oscuridad que el paño del parásito judío había arrojado sobre América. Comencé a entender lo que D. H. Lawrence había experimentado durante sus años de vagabundeo desesperado en busca del sol y buscando una vida saludable. D. H. Lawrence no sólo estaba muriendo de tuberculosis, sino también del terrible malestar que se había instalado en la civilización europea, la pérdida de la voluntad de vivir, que había sido erosionada por siglos de esclavitud bajo los judíos y el desgobierno de los shabez goi.

En las luminosas y soleadas calles de San Miguel de Allende, por primera vez, supe lo que era la luz. La gente, aunque pobre, era fuerte y autosuficiente, no se parecía en nada a los americanos que había dejado en casa. Aunque no me di cuenta en ese momento, no había judíos aquí, ni shabez goi. Ahora empecé a conocer la alegría de la vida creativa, mi vida en el arte, la vida de la mente y los talentos dados por Dios a los que todos nosotros nacemos y de los que somos robados por los judíos y los shabez goi.

Ahora, no había nada egoísta en lograr este gozo, porque no se lo estaba quitando a nadie más, y desde entonces, no he deseado nada más que llevar este gozo a todo mi pueblo. Desde que este deseo se convirtió en la dirección principal de mi vida, comencé a vivir mi vida en Cristo, porque quería llevar alegría a los demás. Como estos esfuerzos no me trajeron más que pobreza y lo que habría sido desesperación, si hubiera estado desesperado, encontré a Cristo y conocí una alegría mayor que mi vida en el arte.

Si el pueblo americano no sabía nada de la alegría de mi vida en el arte, ¡cuánto menos sabían de la alegría de mi vida en Cristo! La pregunta ahora era cómo liberarlos de dos mil años de servidumbre mental. Durante estos siglos, los judíos habían denunciado continuamente la institución de la esclavitud física, y aunque se quejaban de la posibilidad de libertad física para todos, habían impuesto sutilmente su propia marca de servidumbre mental a los gentiles. Y si la esclavitud física es un crimen, ¡cuánto mayor es un crimen es la esclavitud mental, el apoderarse de la mente de un ser humano nacido libre!

Uno de los mayores problemas que enfrenta nuestra nación hoy en día es la privación del derecho al voto del trabajador estadounidense y de la clase media. Su voto no tiene sentido, no tiene valor, porque, no importa por quién vote, su posición personal en la vida se deteriora. Sus impuestos aumentan, las presiones comerciales se intensifican, y su vida familiar está sometida al terror y la vergüenza de las minorías agresivas, alentadas por los miserables goi shabez y los señores judíos.

Con el shabez goi a cargo de los departamentos de nuestra vida religiosa, nuestra vida académica y nuestra vida cultural, los trabajadores estadounidenses y la clase media encuentran que dondequiera que van, se enfrentan con el judío. Un judío dirige la orquesta sinfónica, el noventa por ciento de las galerías de arte son operadas por judíos, de modo que los artistas gentiles no pueden obtener una muestra de su trabajo a menos que acepten los objetivos degenerados del judío. Las tres cadenas de televisión son propiedad y están operadas por judíos, mientras que los estudios, los productores y los escritores, que son casi todos judíos, nos traen programas en los que los gentiles se abalanzan sobre la melodía judía. De hecho, una minoría del cinco por ciento ha ganado el control de todos los aspectos de la vida estadounidense.

PROFUNDA ALIENACIÓN

Ahora, esta comprensión inconsciente hace que el trabajador estadounidense y la clase media se desanimen, debido a un profundo sentimiento de alienación, un abrumador sentido de pérdida. Sabe que este no es su arte, no es su cultura, no es su religión, y ya no es su país, porque un extranjero se ha apoderado de todos los aspectos de su vida. Como resultado, el trabajador estadounidense y el miembro de la clase media pierde su poder de concentración, ya no puede pensar en nada, porque su educación, su vida cultural y su gobierno están todos en manos del extranjero, y como no puede pensar en sus problemas, pierde la resolución de actuar, se hunde en las actitudes desesperadas de esclavitud mental de por vida que el parásito le ha impuesto.

SUFRIENDO INTENSAMENTE

Pero, a pesar de que el trabajador estadounidense o el miembro de la clase media ha perdido su poder para pensar las cosas y actuar desde su voluntad, sigue siendo un ser humano, puede sentir. Así, sufre un intenso sufrimiento mental, porque todo ha sido cortado de su vida excepto la tarea de trabajar para alimentar al parásito judío. Y aunque he pasado más allá de este sufrimiento, no puedo descansar porque sé lo que este sufrimiento le está haciendo al pueblo estadounidense. No siento este sufrimiento, por la alegría de mi vida en el arte, y la alegría de mi vida en Cristo, y conociendo esta alegría, no necesito a América, y menos aún necesito una América judía. Pero América es una creación de Dios, y como tal, no puede ser abandonada a los parásitos judíos, el sufrimiento de la hueste gentil debe ser aliviado.

LA TAREA QUE TENEMOS POR DELANTE

Aunque vivo en alegría y paz, sé que Estados Unidos debe ser restaurado a Cristo. Me gustaría liberarla de su esclavitud a Satanás, en la esfera metafísica, y de su esclavitud a los judíos, en la esfera biológica. Aunque he sido liberado del sufrimiento por el conocimiento de Cristo, sé lo que el sufrimiento está haciendo a mi pueblo, que ha sido despojado de todo, y que se ha convertido en robots sin sentido que realizan tareas mecánicamente de acuerdo a las instrucciones implantadas en ellos por una programación judía, y que responden a cada pregunta con una respuesta judía.

Me molesta el hecho de que mi nación y mi pueblo se hayan convertido en un país de perros condicionados por Pavlov, y estoy decidido a verlos convertirse en hombres una vez más. Debido a que están aislados de la vida creativa, debido a que están aislados de la vida de su nación por el parásito judío, sus vidas son vacías y sin sentido.

NO HAY HÉROES

Uno de los problemas de este condicionamiento de Pavlov es que ya no tenemos héroes. Ahora, una nación no puede crecer en salud sin héroes. Durante los últimos cincuenta años, nuestros héroes han sido los productos sintéticos del liberalismo judío, esos estadounidenses que han explotado con éxito a su pueblo en beneficio de los judíos, y que han acelerado la mestizaje del pueblo estadounidense. Estos héroes sintéticos están hechos de plástico, no tienen ninguna de las cualidades humanas. Un típico héroe sintético es Hubert Humphrey, Vicepresidente de los Estados Unidos, a quien se puede presionar en cualquier forma, como una muñeca de goma, porque no tiene una estructura esquelética. Ha aceptado todos los aspectos del papel de shabez goi, y no tiene cultura ni objetivos, excepto los que le han sido implantados por los programadores judíos.

EL INFORME MULLINS

En 1957, alarmado por la publicación de un informe conocido como el Informe Gaither, que insistía en que todos los aspectos de la vida de shabez goi y el liberalismo judío debían intensificarse en Estados Unidos, algunos de mis asociados me instaron a dar una respuesta formal. Como esta petición encajaba con algunos proyectos en los que estaba trabajando en ese momento, pude elaborar una respuesta general en unas pocas semanas. Este informe se reproduce aquí exactamente como fue publicado en agosto de 1957 por M & N Associates, en Chicago, Illinois:

(Debido a la alarma pública por el Informe Gaither, que admite que Estados Unidos se está convirtiendo rápidamente en una potencia de segunda clase, pero no se atreve a admitir por qué es inevitable, M & N Associates ha decidido publicar el confidencial Informe Mullins, preparado en agosto de 1957 para un grupo de industriales estadounidenses. Publicamos este informe como un servicio público de una organización de investigación imparcial. Ya se ha convertido en historia.)

PARA 1980, LOS ESTADOS UNIDOS OCUPARÁN LA MISMA POSICIÓN EN LOS ASUNTOS INTERNACIONALES QUE LA QUE OCUPA HOY LA INDIA. Estados Unidos será entonces un país superpoblado y empobrecido con un nivel de vida un 50 por ciento inferior al de 1957.

En consecuencia, no hay necesidad, y pocas posibilidades, de que Rusia haga la guerra contra los Estados Unidos. El rápido declive de Estados Unidos como potencia mundial permitirá a Rusia convertir los continentes americanos en satélites comunistas en 1980, si así lo desea, pero esta perspectiva es poco probable. Desde el punto de vista geopolítico, los continentes de América del Norte y del Sur serán de poca utilidad práctica para Rusia. Sus políticas europeas y asiáticas seguirán siendo primordiales para su seguridad nacional, pero los continentes americanos tendrán menos importancia geopolítica que África.

Debido a esta perspectiva, el Informe Rockefeller y otras demandas del gobierno para aumentar el gasto de "defensa" pueden ser evaluados adecuadamente como intentos de último momento para apuntalar una prosperidad artificial y condenada. ¿Cómo es posible que Estados Unidos, que en 1945 era la potencia mundial suprema, pudiera declinar tan rápidamente? Para entender esto, es necesario hacer un breve repaso de la historia de la nación. El país fue colonizado por valientes y enérgicos europeos del norte que estaban dispuestos a arriesgar sus vidas en un desierto para poseer sus propios hogares y tierras. Se necesitaba mano de obra barata, pero los indios se negaron a convertirse en sirvientes, por lo que fueron asesinados o puestos en reservas. Los neo-ingleses importaban negros, pero resultaron ser menos productivos que el costo de su manutención, por lo que fueron vendidos a los dueños de las *plantaciones del sur, donde el clima era más adecuado y sus dueños menos exigentes. Aún así, su importación pronto se interrumpió por impracticable.*

Mientras tanto, los colonos originales del norte de Europa prosperaron y crecieron. Con un amplio espacio y abundantes recursos naturales, pronto se convirtieron en las personas más capacitadas y productivas que el mundo haya conocido. Nuevos inventos surgieron de ellos, y disfrutaron de la mayor prosperidad en la historia de la humanidad.

Oleadas sucesivas de mano de obra barata vinieron de Europa. Una oleada sustancial de Irlanda produjo muchos ciudadanos deseables, pero después de 1860, poco más inmigración vino de Europa del Norte. La mayor parte era de Europa Central y del Sur, con algunos asiáticos. Junto a los colonos del norte de Europa vivían las familias de los ciudadanos más oscuros. Limitados en número en sus propias tierras debido a su menor productividad, se reproducen en mayor número aquí debido a la mayor productividad de sus huéspedes.

A pesar de que estos ciudadanos más oscuros disfrutaban de un nivel de vida más alto aquí, gracias a la tecnología superior de los europeos del norte, no sintieron gratitud alguna. En cambio, estaban consumidos por el odio y la envidia de los europeos del norte, muchos de los cuales habían acumulado grandes fortunas y vivían como príncipes. Para 1900, los ciudadanos estadounidenses más oscuros habían formado un bloque de voto para combatir el liderazgo político de los europeos del norte. Ya se había formado un profundo cisma racial que condenó a la joven república en la cúspide de su promesa. Los europeos del norte pronto concentraron su fuerza en el Partido Republicano, mientras que los ciudadanos más oscuros se convirtieron en demócratas, un partido que también representaba a los sureños blancos como resultado de la Guerra entre los Estados. Esta extraña alianza logró su primera gran victoria política en 1912 con la elección de Woodrow Wilson, un idealista equivocado que aclamó la Revolución Comunista Rusa de 1917 como una "victoria de la democracia sobre las fuerzas del despotismo". Wilson puso a la nación en una política exterior suicida causada por el cisma racial de su pueblo. Esta política pretendía acabar con toda la injusticia racial, expiar los pecados del imperialismo británico, reprender al imperialismo francés, detener al imperialismo alemán y establecer un protectorado mundial para los pueblos de color. Los norteeuropeos americanos no tenían idea de lo que esta política pretendía, y estaban demasiado ocupados y prósperos para preocuparse. La nación ganó en riqueza y poder al entrar en la Primera Guerra Mundial. Unos años más tarde, el crack de 1929 acabó con la fortuna y la propiedad de más de la mitad de los norteamericanos de Europa. El escenario estaba preparado para el régimen de Roosevelt, que debía establecer el gobierno de los ciudadanos más oscuros sobre los estadounidenses blancos empobrecidos y desanimados, un gobierno llevado a cabo por las direcciones de Truman y Eisenhower. Nuestra entrada en la Segunda Guerra Mundial pretendía detener a la Alemania "racista", como si todos los grupos del mundo no fueran "racistas" y estuvieran interesados en su auto-engrandecimiento. En 1945, un Estados Unidos victorioso reafirmó su papel como protector del mundo de los negros. Pero la Rusia soviética también afirmó ser la protectora del mundo de color, y señaló que los estadounidenses blancos se negaban a casarse con los ciudadanos más oscuros. La mayoría de los estadounidenses blancos mantenían comunidades, escuelas, clubes y lugares de culto homogéneos, al igual que todos los demás grupos en Estados Unidos. Sin embargo, los herederos del régimen de Roosevelt ahora declararon ilegal que los estadounidenses blancos se separaran, aunque a todos los demás grupos se les permitió hacerlo sin obstáculos por parte del gobierno. Ahora el gobierno comenzó a aplicar una política de amalgama racial, aunque ninguna otra nación del mundo, especialmente la Rusia soviética, siguió esa política. En gran medida a través de la Corte Suprema, un instrumento que opera con poderes usurpados del Congreso, los estadounidenses blancos fueron despojados de sus instituciones privadas y forzados a ingresar a escuelas y viviendas racialmente integradas. Los matrimonios mixtos eran inevitables, sobre todo por la avalancha de propaganda de "integración".

Todos los grupos religiosos en los Estados Unidos declararon como un deber religioso el amalgamarse racialmente, aunque ninguno de sus líderes podía citar un solo principio de dogma que lo requiriera. A los niños blancos se les enseñó en las escuelas e iglesias que era su deber casarse con los ciudadanos más oscuros, y la prensa, la radio, la televisión y las películas presionaron la campaña de mestizaje. El gobierno continuó con las acciones legales contra las últimas privaciones de los ciudadanos blancos, aunque no se tomaron medidas contra los negros, los judíos u otras instituciones de grupos. Sin embargo, en el mismo momento en que los estadounidenses blancos se veían obligados a amalgamarse racialmente, sus habilidades técnicas estaban más solicitadas que nunca. Los científicos alemanes importados desarrollaban misiles guiados porque los estadounidenses blancos empobrecidos trabajaban como obreros, incapaces de educar a sus hijos en escuelas técnicas. Pero la escasez de ingenieros se debió al hecho de que no nos habíamos aprovechado de nuestros talentos negros finos; una gente que se puso en cuclillas en los polvorientos kraals de la selva durante 20.000 años sin la menor mejora en sus condiciones fue ahora declarada los herederos legítimos de la tecnología estadounidense! Nuestras universidades estaban inundadas de estudiantes de color, su matrícula pagada por becas del gobierno y fundaciones "racistas" sólo para estudiantes de color. Los americanos blancos que podrían haber salvado nuestra tecnología en declive continuaron como trabajadores manuales.

Todo esto era inevitable. El estadounidense de ascendencia norteeuropea, aunque se dio cuenta de que poseía habilidades superiores, no tenía mala voluntad hacia los ciudadanos más oscuros. Pero el hombre de color no podía ver a un hombre blanco sin odiarlo, porque su cara blanca le recordaba al hombre de color que era moreno. O el hombre de color debe volverse más claro o el hombre blanco debe volverse más oscuro. Ningún otro remedio lo tranquilizaría. Cualquiera que haya visto los anuncios de "blanqueadores de la piel" en la prensa negra sabe lo básico que es este impulso entre la gente oscura. El voto fundamental de los negros hizo que el hombre blanco fuera legislado para que no existiera en la nación que él había creado, y la Corte Suprema declaró: "Todos los estadounidenses son negros". M & N Associates no hace ningún comentario sobre la justicia o injusticia de este desarrollo. Sólo evaluamos los hechos. El resultado inevitable fue que al destruir el deseo del estadounidense blanco de preservarse a sí mismo como manifestación de la Santa Voluntad de Dios, y al obligarlo a casarse con los de color, la nación fue condenada a seguir el camino de otras grandes potencias mundiales, India, Egipto, Grecia y Roma, cuyo liderazgo blanco desapareció en el matrimonio mixto con pueblos más oscuros.

El paso de una gran nación de la etapa de la historia mundial no es una ocasión para la tristeza o el regocijo. Es simplemente un acontecimiento histórico. El proceso iba a ser mucho más rápido en los Estados Unidos debido al ritmo de la vida moderna y a la tremenda presión detrás de la voluntad de la gente oscura de casarse con los blancos. Al mismo tiempo, la élite gerencial blanca de la Rusia soviética, que no mostraba ninguna intención de casarse con los pueblos más oscuros, continuó especializándose. La cría selectiva se convirtió en una política de Estado y, por lo tanto, Rusia se aseguró el futuro, ya que hace tiempo que se sabía que el futuro pertenecía a esa nación que podía producir el tipo más alto de élite tecnológica.

En esta última etapa, se le pidió a M & N Associates que averiguara si los ciudadanos de color podían ser refrenados en su agresión contra los estadounidenses blancos. La respuesta es no. Nunca se contentarán con disfrutar de su mayor nivel de vida aquí, porque no puede compensar el hecho de que constantemente se recuerden a sí mismos que son inferiores. Una vez más, los blancos más audaces emigrarán, esta vez a Australia y Nueva Zelanda. En el mejor de los casos, Estados Unidos puede convertirse en una especie de Guayana Británica, una colonia de color del Canadá blanco, cuyo dólar ya vale más que el nuestro.

Es demasiado tarde para que las acciones del norte de Europa, una minoría de 50.000.000, reafirmen su liderazgo sobre 120.000.000 de personas de sangre mixta. No se puede apelar a los de color por razones patrióticas, porque nunca pueden conocer el sentimiento de nación, sino que sólo tienen raza. Sólo un pueblo capaz de defender su tierra puede conocer el patriotismo. Típico fue el consejo de A. Philip Randolph a los negros para que se negaran a servir en el Ejército de los Estados Unidos. M & N Associates no cree que un movimiento de blancos pueda ganar poder. Ya no existe un mercado blanco en Estados Unidos, ni comercial ni políticamente. En el mejor de los casos, los blancos podrían separarse de nuevo como una república blanca del sur, dejando que el Norte mulato siga su propio camino, pero el resultado sería el mismo, la desaparición de los Estados Unidos como potencia mundial. Nuestros nietos mulatos observarán plácidamente la decadencia de la nación que heredaron, mientras que el resto del mundo, incluida la Rusia soviética, no nos presta más atención de la que se presta actualmente a los comentarios de los habitantes mulatos de la India. El mundo es realista.

PRESCIENCIA

Cuando se elaboró este informe hace más de una década, dije que ya era historia. Desde entonces, la posición americana ha empeorado en las líneas precisas que he trazado. Dije que no había mercado blanco, y todos los políticos estadounidenses desde entonces me han confirmado. En un solo punto me equivoqué; no permití la posible reclamación de América a través del conocimiento de Cristo, porque en ese momento no había progresado tanto, no preveía esta única posibilidad de reclamación para América.

Algunos de los patrocinadores de este informe consideraron que era excesivamente pesimista. Sin embargo, en menos de una década, muchas de nuestras grandes ciudades, incluida la capital de la nación, quedaron en ruinas, mientras que nosotros habíamos entrado en una crisis económica que parecía imposible de resolver. Ahora, incluso el Informe Mullins no predijo la bancarrota nacional en un contexto de ciudades quemadas y saqueadas, en menos de diez años. ¿Quién se atreverá a ser suficientemente pesimista sobre los próximos diez años?

Recapitulemos cómo se produjo todo esto. En 1945, Estados Unidos era la única potencia militar suprema del mundo, la única nación industrializada cuyas plantas no habían sido destruidas por la Segunda Guerra Mundial. Militar y económicamente, Estados Unidos era el amo del mundo, y el mundo esperaba nuestra orden. Sólo teníamos que levantar la mano, y nuestra orden sería obedecida.

Inglaterra, Francia, Italia, Rusia y Alemania, y en Asia, Japón, estaban en ruinas, sus fábricas pero llenas de escombros.

PARALIZADO POR PARÁSITOS

Pero no dimos ninguna orden. Por qué? Porque los parásitos y sus desgraciados shabez goi sólo tenían un deseo: reconstruir la Rusia comunista. El decano Acheson propuso que se otorgaran nuevos préstamos a Rusia, a través de su bufete de abogados, Covington y Burling, que tan hábilmente representó a nueve naciones comunistas en nuestra depresión federal. La economía estadounidense de la posguerra estaba paralizada por judíos comunistas como David Niles, un notorio homosexual que alardeaba de que Harry Truman nunca tomó una decisión sin consultarlo, y que tenía una hermana en la Inteligencia israelí en Tel Aviv y otra hermana en la Inteligencia soviética en Moscú. Harry Dexter White, un judío lituano y agente comunista de toda la vida, también supervisó las decisiones de Truman como presidente de los Estados Unidos.

En la cima de este montón de gusanos se retorcía el parásito maestro, Bernard Baruch, un ágil especulador judío que ganaba hasta un millón de dólares al día gracias al conocimiento previo de las decisiones gubernamentales que afectaban al mercado de valores. No es de extrañar que Harry Truman llamara a Bernard Baruch "el mejor americano viviente"! Este parásito maestro movió los hilos de una horda de desgraciados políticos conspiradores, y reunió a senadores de los Estados Unidos como un hombre menor podría atrapar una jaula de hámsteres. Se jactaba públicamente de tener en su bolsillo a senadores como Harry Byrd, James Byrnes, Harry Truman y muchos otros.

UNA ECONOMÍA ATADA DE PIES Y MANOS

Ahora la conversión de Estados Unidos a una economía en tiempos de paz se vio frenada por estos judíos, con el fin de dar a Rusia un tiempo precioso para reconstruir su economía destrozada. Estados Unidos no sólo estaba paralizado por los "planificadores económicos" judíos, cuyo único objetivo era detener la construcción de una economía próspera, sino que los comunistas también encontraron el instrumento ideal para debilitar a Estados Unidos desde dentro, una guerra racial planificada. Con la guerra racial y la economía paralizada en Estados Unidos, los comunistas compraron tiempo, una década preciosa, para que Rusia construyera una bomba atómica, con la ayuda de los Rosenberg y una vasta horda de espías judíos, mientras que otros agentes lanzaron a las masas negras contra las barricadas en una guerra racial imprudente y destructiva. Ahora el gobierno de Estados Unidos prácticamente dejó de funcionar, ya que la "demanda" "espontánea" y cuidadosamente ensayada del pueblo negro por sus "derechos civiles" tenía prioridad sobre todo lo demás en Washington. Los desdichados de Shabez goi saltaban a la batalla del lado de los negros, gritando con respuestas precisas a cada orden de los parásitos judíos, sus patas agitando el aire mientras se esclavizaban por su tajada de carne cruda, cuando los judíos llamaban "derechos civiles" o "paz".

TRIBUNAL SUPREMO

Como los sumos sacerdotes de los miserables shabez goi, la Corte Suprema dio estatus oficial a todas las demandas de las turbas de inspiración comunista en 1954, cuando dictaminó que todas las escuelas debían ser integradas. Ninguna otra decisión de la Corte Suprema ha sumido a la nación en tal caos. Los estadounidenses se quedaron horrorizados mientras ejércitos de soldados estadounidenses marchaban hacia las ciudades estadounidenses, atacando con bayonetas y disparando a ciudadanos blancos que trataban de reclamar sus derechos. Pero, una década más tarde, cuando vimos a los soldados estadounidenses marchar de nuevo a las ciudades estadounidenses, fue para proteger a las turbas negras que saqueaban y quemaban con impunidad.

Ahora, en 1945, como ya hemos mencionado, los Estados Unidos eran preeminentes en el mundo, como la nueva Roma. Pero en 1955, Rusia estaba en camino de restablecerse como potencia mundial, mientras que Estados Unidos era más débil que en 1945. Y en 1965, el péndulo ya se había inclinado a favor de Rusia, pues en esta década, los agentes soviéticos habían implementado con éxito una guerra racial a gran escala en los Estados Unidos, y también habían logrado comprometer a los soldados estadounidenses en el interminable holocausto de una guerra terrestre asiática. Atrapados en una lucha hombre por hombre con los miles de millones de Asia, los Estados Unidos se desangrarían lentamente hasta morir mientras Rusia se fortalecía cada día, sin perder un solo hombre. Y Rusia, en casa, estaba tranquila, mientras que Estados Unidos se veía arrastrado a una guerra racial, el gobierno estaba paralizado, el sistema educativo estaba paralizado y el pueblo estadounidense no tenía ni un solo representante que defendiera sus intereses.

LA ESCORIA DE LA TIERRA

El oro judío había comprado el lote más triste de mendigos y ladrones que jamás habían infestado la capital de nuestra nación, hombres que, al entregar miles de millones a los judíos, se habían vendido a sí mismos por unos miserables miles de dólares cada uno. Nuestros senadores y representantes ni siquiera pidieron por sus almas el precio de un esclavo negro sano en los niveles anteriores a la Guerra Civil. El Informe Mullins, al poner una fecha límite de 1980 para ver a Estados Unidos reducido a la condición de otra India, había cometido un error de diez años. Ahora parece que 1970 es la fecha más probable.

¿EL FINAL DEL CAMINO?

Los geopolíticos han dicho durante años que Estados Unidos se estaba agotando. Todo lo que nuestra nación ha logrado se ha hecho a costa de enormes derramamientos de energía e inteligencia instintiva. También ha habido mucha avaricia y crueldad por parte de los nativos, el despiadado robo de trabajadores inmigrantes, las masacres masivas de la Guerra Civil y la destrucción sistemática de la única cultura nativa de Estados Unidos, la gentileza del renacimiento griego en el Sur. Estos son capítulos oscuros en la historia de Estados Unidos. Pero también hay páginas brillantes, cuando Estados Unidos cumplió toda su promesa de libertad y sus ofrendas de esperanza a una civilización europea enferma y podrida, que poco a poco iba expirando debido a los excesos cometidos contra ella por los parásitos judíos. Y ahora le toca a Estados Unidos tambalearse al borde del abismo, mientras su economía se tambalea del ataque de las turbas revolucionarias en su país y de las locas aventuras judías en el extranjero. Pero todavía hay científicos que están abriendo nuevos caminos para el mundo, quizás el uno por ciento de la nación sigue siendo constructiva frente a estos desastres.

En 1957, no podía predecir la quema de ciudades americanas mientras la policía y la Guardia Nacional estaban a la espera, bajo las órdenes de "mostrar toda la cortesía posible a los alborotadores". No podía predecir que un judío al que se le había negado tres veces la autorización de seguridad enviaría tropas estadounidenses a gran escala a Vietnam para sabotear nuestra economía nacional, un esfuerzo que se anunció como un esfuerzo para "detener el comunismo" mientras la CIA planeaba la ejecución del líder anticomunista de la nación, Ngo Diem. No es de extrañar que su viuda dijera a los periodistas: "Con Estados Unidos como amigo, no necesitas enemigos".

¿SE DETENDRÁN LOS COMUNISTAS?

El esfuerzo de trescientos mil millones de dólares para detener el comunismo en Vietnam sería más creíble si no hubiera sido inaugurado por los mismos marxistas dedicados de toda la vida en el Departamento de Estado que sabotearon el gobierno de Chiang Kai-Shek y entregaron a China a los comunistas. ¿Podemos creer realmente que estos traidores, que habían obsequiado al mundo comunista con un regalo de seiscientos millones de personas, estaban ahora dispuestos a hacer un gran esfuerzo para salvar a unos cuantos vietnamitas de la misma suerte? Mostraron su mano rechazando la oferta de Chiang Kai-

Shek de enviar tropas a Vietnam, al igual que habían rechazado su oferta de enviar tropas a Corea, porque los planificadores del Departamento de Estado tenían que seguir su plan de mostrar a Asia que eran los "imperialistas blancos" los que estaban impidiendo a los vietnamitas establecer pacíficamente un estado comunista. Si los asiáticos fueran enviados a luchar contra el comunismo, los marxistas en Washington perderían una tabla importante en su programa para destruir nuestra nación.

Mientras tanto, en casa, a medida que el producto nacional bruto alcanzaba nuevos máximos (debido principalmente a la inflación galopante), los marxistas continuaban saqueando alocadamente el Tesoro de los Estados Unidos. Típico fue el establecimiento de más de cien "fábricas de ideas" en las que los parásitos judíos cobraban enormes salarios por sentarse a pensar en nuevas formas de explotar al anfitrión gentil. Encontramos que el Instituto Hudson de Herman Kahn expuesto en la *Nación*, el 13 de mayo de 1968, fue revisado por la Oficina General de Contabilidad y su contrato de un millón de dólares al año demostró no haber producido nada de valor. La Oficina General de Contabilidad caracterizó el trabajo del Instituto Hudson como "sus ideas un refrito", "superficial", "sin valor". La *Nación* señaló que "prácticamente no se llevaba ningún registro, ni en el Instituto Hudson ni en la Oficina General de Contabilidad, de cómo se gastaba el dinero, ni del progreso de los programas", ni de otros procedimientos comerciales habituales.

Encontramos que hay un centenar de preocupaciones similares en este país, derivadas del Instituto Rand, que gastan un promedio de $50,000 por hombre por año. Este es un salario de mil dólares a la semana para que un judío se siente en una oficina fumando un cigarro, una especie de despilfarro que fue inspirado por la ganancia inesperada de veinte millones de dólares de Mortimer Adler de la Fundación Ford para "estudiar filosofía", con el habitual refrito sin valor de ideas superficiales como único resultado tangible. Estos fondos provienen de fundaciones exentas de impuestos o de agencias gubernamentales, principalmente el Departamento de Defensa, y nunca una palabra de crítica de nuestros Senadores y

Representantes, quienes no se atreven a criticar este método del parásito judío que explota al anfitrión gentil.

EL EFECTO RUINOSO

El rápido deterioro de Estados Unidos de una posición de fuerza a un rango de poder de segunda clase, sacudido en casa por los disturbios y la bancarrota, es un ejemplo clásico del efecto que el parásito judío tiene sobre el anfitrión gentil. Escribiendo en el *Washington Post* el 5 de abril de 1968, Drew Pearson expuso a Walt Rostow como el hombre que envió tropas a gran escala a Vietnam. Rostow es un judío cuyo padre es un socialista declarado, y el propio Rostow, después de que se le negara tres veces la autorización de seguridad, fue puesto a cargo de nuestra seguridad nacional. El hombre que le negó la autorización de seguridad debido a sus antecedentes es un leal estadounidense llamado Otto Otepka, que ha sufrido una persecución continua desde entonces. Los archivos del Departamento de Estado fueron destruidos, se sobornó a testigos y se cometió perjurio para evitar que Rostow se convirtiera en otro Dreyfus, un judío que había sido admitido en los más altos consejos de seguridad de la nación y que ahora iba a ser rechazado debido a su pasado.

Más tarde, como director de nuestra seguridad nacional, Walt Rostow y un pequeño grupo de judíos de alto rango del gobierno se reunieron en el Pentágono a primera hora de la mañana para animar el ataque furtivo israelí contra sus vecinos, y se brindaron entre sí mientras los aviones israelíes masacraban a marineros estadounidenses en la Liberty de Estados Unidos en aguas neutrales.

PLANIFICACIÓN DE LOS DISTURBIOS

Los disturbios que han devastado ciudades americanas durante tres años y han dejado a secciones enteras en ruinas humeantes, notablemente parecidas a la destrucción que los bombarderos dirigidos por judíos habían visitado las ciudades de Francia y Alemania hace unos años, tuvieron su inspiración inicial en los escritos de un pequeño estafador negro en un panfleto llamado "The Fire Next Time". Se publicó en un órgano de la casa de los parásitos judíos, la revista New Yorker Magazine, y más tarde se publicó como libro. En esta obra, James Baldwin prometió que los negros quemarían las ciudades de Estados Unidos. Baldwin ha sido conocido por mucho tiempo como una mascota domesticada de los parásitos judíos, y vivió durante dos décadas de las efusiones liberales que le dieron de varias fundaciones exentas de impuestos. Se concedieron algunas becas a cambio de sus favores, otras para alentar sus actividades revolucionarias, pero ninguna de ellas pudo decirse que fuera una apreciación sincera de su débil talento literario. Desde que comenzaron los incendios, ha permanecido prudentemente en París, riéndose de una serie de fiestas gays en la Orilla Izquierda, mientras que las ciudades de Estados Unidos están devastadas por las turbas negras que lo consideran su inspiración. En sus entrevistas, que siempre se muestran en el *New York Times*, se refiere a Estados Unidos como "el Cuarto Reich", un chiste de moda entre los parásitos.

INFLUENCIA COMUNISTA

Si James Baldwin dio un impulso intelectual a los disturbios, la planificación real fue hecha por los comunistas chinos. La historia interna de la quema de Washington es que los comunistas chinos idearon un plan por el cual la ciudad de Washington se convertiría en una "ciudad libre", divorciada de Estados Unidos y administrada por una Comisión del Poder Negro. Esta Comisión cobraría entonces a los Estados Unidos diez millones de dólares anuales de alquiler para el Capitolio de los Estados Unidos, la Casa Blanca y otros edificios gubernamentales. Cuando el alcalde Washington se acercó al presidente Lyndon Johnson con este plan, le dijeron que era imposible. Unos días después, la ciudad de Washington estaba en llamas. El escenario se había establecido tres días antes, en una reunión de células comunistas en la que los dirigentes del Partido decidieron la muerte del Dr. Martin Luther King. Un profesional norvietnamita, Nuy Ti Ganh, fue llevado en avión para el trabajo, mientras que un "Oswald" o chivo expiatorio estadounidense, como su nombre ya ha entrado en la lengua americana, fue asesinado y su cuerpo enterrado esa misma noche.

En esta reunión del Partido Comunista, uno de los conspiradores, un miembro del personal del alcalde Washington, mencionó que "nuestro hermano del alma, Walter" había garantizado la seguridad de saqueadores e incendiarios durante la próxima quema de Washington. No se les dispararía ni un solo tiro, ese era el compromiso. La promesa se cumplió. Durante tres días de saqueo y quema en Washington, ni un solo alborotador resultó herido por los miles de policías y soldados que se mantuvieron al margen con órdenes de no disparar.

El alcalde Washington declaró, al comienzo del motín, que cualquier policía que disparara a un alborotador sería acusado de asesinato. Luchó amargamente contra las órdenes de la Guardia Nacional, y sólo lo permitió después de extraer el increíble compromiso del comandante de la Guardia Nacional de que las tropas mantendrían sus armas descargadas, y que sólo se les permitiría cargar y disparar después de obtener un permiso por escrito de un oficial superior! Esta fue la orden más ridícula que jamás se haya dado a las tropas que entran en una situación de combate! Estas condiciones fueron leídas en las estaciones de televisión WTOP y WTTG en Washington, para que los manifestantes supieran que podían saquear y quemar sin que se les disparara un solo tiro.

DESTRUCCIÓN MASIVA

En el punto álgido de la quema del viernes por la noche, después de que los comunistas hubieran asesinado al Dr. Martin Luther King según lo previsto, el presidente Lyndon Johnson llamó al alcalde Washington y le rogó que permitiera la entrada de la Guardia Nacional. El alcalde Washington se negó bruscamente y le colgó, así que la arrogancia del líder negro fue tan grande.

A la tarde siguiente, cuando la mayor parte de Washington estaba en llamas, el alcalde Washington permitió que la Guardia Nacional entrara sólo para proteger a los saqueadores, porque algunos de los policías de la ciudad de Washington, a quienes los alborotadores habían disparado y golpeado, amenazaban con contraatacar. Los comerciantes vitorearon la llegada de la Guardia Nacional, porque suponían que esto significaba un alto al saqueo y a la quema. Se quedaron atónitos al ver a los soldados de pie mientras los negros conducían Cadillacs desde Newark y Filadelfia hasta sus tiendas, cargaban televisores de color, la ropa más cara y otros botines en los autos, y se alejaban, mientras los soldados no hacían nada para detenerlos. Cuando las tiendas fueron saqueadas, fueron incendiadas, y de nuevo los soldados no hicieron nada.[6]

GARANTÍA DE SEGURIDAD

A las 3:15 p.m. del sábado por la tarde, el alcalde Washington hizo leer las instrucciones a la Guardia Nacional en las estaciones de televisión WTOP y WTTG. Aseguró a los saqueadores que "1. Los soldados llevaban armas descargadas y que sólo se les permitiría cargar y disparar después de recibir el permiso escrito de un oficial superior, y 2. que se había ordenado a los soldados y a la policía que mostraran toda la cortesía posible a los saqueadores". Con esta tranquilidad, los alborotadores intensificaron su actividad, y la revuelta se extendió a Baltimore, donde las mismas condiciones estaban en vigor. Las instrucciones del alcalde Washington resultaron en otra noche salvaje de saqueo y quema. Quinientos cincuenta y ocho edificios fueron quemados hasta los cimientos en la ciudad de Washington después de haber sido saqueados, a un costo de ochenta millones de dólares en bienes robados y diez millones de dólares en daños a la propiedad. Como explicó un alborotador, cuando fue entrevistado por un camarógrafo de televisión mientras tenía los brazos llenos de ropa cara por valor de cientos de dólares,

---

[6] *El Washington Post*, 14 de julio de 1968, señaló una investigación del gobierno que había establecido que los negros habían sido persuadidos de quemar las tiendas porque los comunistas chinos les prometieron que una vez que los mercaderes judíos se hubieran quemado, la ayuda del gobierno permitiría a los negros abrir negocios en su lugar, y que los judíos tendrían miedo de regresar.

"¡Hombre, es maravilloso! No pueden molestarnos porque tenemos un hermano del alma allá arriba".

SAQUEO SEGÚN EL PLAN

Durante el apogeo de los disturbios, el periodista de WTTG Hal Walker, un negro al que se le permitió moverse libremente por la ciudad durante los disturbios, entrevistó a un comerciante judío, John Hechinger, que era presidente del Consejo de la Ciudad de Washington.

"¿No ves un patrón en este saqueo?" preguntó Walker. "Oh, no, es indiscriminado", contestó Hechinger.

"¿Pero no sólo se queman ciertos tipos de tiendas?", persiguió Walker. "No", murmuró Hechinger, y la entrevista se cortó repentinamente del aire.

Hal Walker se refería al mapa que se había preparado antes de los disturbios en Washington, en el que estaban marcadas todas las tiendas judías, y del que se distribuyeron trescientos ejemplares en la ciudad la mañana anterior al asesinato de Martin Luther King. Los comunistas chinos habían persuadido a los líderes del Poder Negro para que organizaran un levantamiento antisemita masivo contra los comerciantes judíos que los habían explotado. El objetivo principal de la quema fue la destrucción de los registros de crédito, y este objetivo se logró. Ahora Hechinger y otros comerciantes judíos comenzaron una frenética campaña para ocultar la naturaleza del levantamiento antijudío. Un comerciante de Washington, Irv Weinstein, se negó a aceptar el encubrimiento, y declaró abiertamente que la quema de Washington fue el mayor levantamiento antijudío en el mundo desde el final de la Segunda Guerra Mundial. Señaló que la atroz Noche de Cristal en Alemania durante el régimen nazi, en 1938, en la que se destruyeron tiendas judías, sólo había causado daños por un total de cien mil dólares, mientras que el levantamiento de Washington había costado a los judíos cien millones de dólares.

PETICIONES A LOS ESTADOS UNIDOS

En contra de los deseos de sus compañeros judíos, que estaban tratando desesperadamente de encubrir la historia, Irv Weinstein trató de presentar una petición a las Naciones Unidas, acusando al alcalde Washington y al Consejo de la Ciudad de genocidio, porque habían alentado a los negros a atacar tiendas judías, y habían rechazado a los judíos la protección de la Policía de la Ciudad y la Guardia Nacional.

El embajador Arthur Goldberg, nuestro representante ante las Naciones Unidas, se negó a aceptar la petición y aseguró a Irv Weinstein que el Gobierno de los Estados Unidos recuperaría cada dólar perdido por los comerciantes judíos. Cuando regresó a Washington, Irv Weinstein recibió la visita de dos líderes del Poder Negro que le dijeron que le quedaban tres días de vida. Cuarenta y ocho horas después, desapareció y desde entonces no se sabe nada de él. Mientras tanto, otros comerciantes judíos, que reabrieron sus tiendas en Washington, eran visitados diariamente por líderes del Poder Negro que les cobraban el diez por ciento de sus ingresos brutos para que permanecieran en el negocio, una táctica que habían aprendido de la Mafia. Un traficante de licor judío que los rechazó, Ben Brown, fue asesinado a sangre fría en su tienda, y el alcalde Washington aún rechazó la protección de los comerciantes. Mientras tanto, otros negros asesinaban a los conductores de autobús cada noche, lo que causaba que los conductores de autobús fueran más despacio. El propósito de estas tácticas, para arruinar la vida económica de la ciudad y su sistema de transporte, había sido planeado por los líderes comunistas chinos con el fin de paralizar las conversaciones de paz de Vietnam. Ellos razonaron correctamente que con nuestra capital en llamas y su vida económica destrozada, perderíamos prestigio y seríamos incapaces de hacer una fuerte presentación en las conversaciones de paz de París. El asesinato del Dr. Martin Luther King había sido programado para este propósito.

Mientras tanto, se descubrió que agentes de la Agencia Central de Inteligencia también habían desempeñado un papel en el fomento del motín de Washington.

Cuando se reveló su papel, los funcionarios de la CIA declararon que los edificios quemados seguían exactamente un plan para una autopista de Washington a través de la ciudad, que se había propuesto durante más de veinte años, pero que no se pudo implementar debido al costo de adquirir los edificios comerciales y derribarlos. Ahora que se habían quemado, la autopista podía construirse a un costo razonable.

PROGRAMA DE MESTIZAJE

Los disturbios que devastaron las ciudades estadounidenses representaron una nueva etapa del programa de mestizaje que los parásitos judíos habían ideado para debilitar a Estados Unidos y, si judíos como Irv Weinstein parecían ser los perdedores en esta nueva fase, fue porque se negaron a considerar el programa a largo plazo que habían ideado para Estados Unidos los comunistas chinos y sus herramientas, los militantes del Poder Negro.

Este programa había sido forzado sobre América durante la Segunda Guerra Mundial, cuando el pueblo vivía bajo la ley marcial, y tuvo que aceptar sin protestar cada nuevo decreto dictatorial del Gobierno Federal. Al final de la guerra, el programa comunista chino pasó rápidamente a implementar un programa de mestizaje forzado en tres frentes:

1. Integración forzada de todas las unidades del ejército, para evitar la existencia de cualquier unidad armada como una guardia blanca de élite que pudiera luchar contra el comunismo en casa.

2. Integración forzada de las escuelas, para educar a los niños desde la más tierna edad y aceptar mansamente los decretos de integración del gobierno.

3. Integración forzada de iglesias, clubes privados y vecindarios, para evitar que los adultos blancos estadounidenses tengan un lugar donde reunirse para discutir posibles reacciones contra las actividades de los parásitos judíos.

UN ANUNCIO SALE MAL

Durante la campaña por la integración forzada de todas las unidades del ejército estadounidense, los comunistas chinos descubrieron que había escasez de negros en las fuerzas armadas, y comenzaron un programa apresurado para atraer a más negros al ejército. Uno de estos intentos fue un cartel que se distribuyó ampliamente en zonas comerciales y residenciales negras, y que se exhibió de manera prominente en tabernas y peluquerías negras. El cartel decía:

JÓVENES NEGROS!

¿Son víctimas de prejuicios raciales? ¿Las chicas blancas se niegan a ir a casa contigo? Como soldado de los Estados Unidos, usted puede viajar al extranjero y ser destacado en las tierras de nuestros aliados, donde su alto sueldo lo hará rico a los ojos de la gente. Tu dinero vale cinco veces más que el de ellos. ¡Negros-americanos! Las chicas blancas de Alemania e Inglaterra esperan ansiosamente ver sus sonrisas sanas. ÚNETE AL EJÉRCITO DE LOS ESTADOS UNIDOS HOY!

Este plan se interrumpió abruptamente cuando se enviaron copias del cartel a Europa, donde se inauguró una campaña de prensa para poner fin a la perversión planeada de las niñas blancas europeas por parte de soldados negros, un objetivo favorito de los comunistas que comenzó poco después de la Primera Guerra Mundial, cuando destacamentos de tropas senegalesas negras del ejército francés fueron destacados en Alemania y se les dieron órdenes de violar al mayor número posible de niñas alemanas.

El Gobierno Federal retiró todas las copias del cartel y las destruyó. Un periódico europeo ofreció mil dólares por un ejemplar, pero no se encontró ninguno. Una táctica de los comunistas había salido mal.

PARÁLISIS LENTA

Una característica prominente de las técnicas del parásito judío de parálisis lenta de los centros de pensamiento superiores de las masas gentiles es la eficacia continua de los métodos antiguos. El impulso biológico judío de destruir la civilización gentil a través de la infiltración y el control de los centros nerviosos se ha centralizado en las técnicas para fomentar las revoluciones comunistas en las naciones industrializadas.

En 1848, hubo manifestaciones callejeras contra las políticas gubernamentales en muchos países europeos, disturbios que la policía no pudo controlar. Algunos gobiernos europeos cayeron antes del ataque comunista de 1848. Ahora encontramos, un siglo después, que las mismas técnicas de manifestaciones callejeras funcionan igual de bien, porque los manifestantes se vuelven más agresivos, y cada departamento del gobierno se pone a prueba y se esfuerza hasta que cede.

El ímpetu inicial de los disturbios proviene de los estudiantes que son agitados por sus instructores. Se hacen planes, los estudiantes son adoctrinados por miembros de la facultad y por "estudiantes mayores". En Berkeley, California, se descubrió que los organizadores de los disturbios estudiantiles eran "estudiantes" de veintitantos o treinta y tantos años, y muchos de los manifestantes no eran estudiantes en absoluto, sino personas que se habían establecido cerca del campus con el propósito de fomentar disturbios.

EL PAPEL DE LAS IGLESIAS

Las iglesias en los Estados Unidos juegan un papel vital en la provisión de "santuario" para los conspiradores comunistas, recaudando dinero para las manifestaciones y sirviendo comidas a los alborotadores, quienes están demasiado ocupados con su trabajo de interrupción planeada como para preocuparse por proveerse de comida para ellos mismos. Los dedicados organizadores marxistas, que investigan cada debilidad de la comunidad con toda la habilidad de cirujanos altamente capacitados, han reconocido desde hace mucho tiempo que las iglesias y el aire de piedad proporcionan la cobertura ideal para sus operaciones revolucionarias.

Infiltrarse en los grupos eclesiásticos no es problema, porque ya están llenos de disensiones sobre asuntos teológicos, y la administración está compuesta por personas con educación universitaria que han sido completamente adoctrinadas con las probadas técnicas de shabez goi para controlar a las masas gentiles. Así, los comunistas se infiltran en los seminarios (Josef Stalin comenzó sus actividades revolucionarias como sacerdote estudiante), y con la ayuda de otros comunistas, ascienden a puestos de mando en todas las confesiones religiosas.

LA ADMINISTRACIÓN DE LA IGLESIA EXPUESTA

Rosemary Reuther, una de las eruditas católicas más destacadas del país y profesora de la Universidad George Washington y de la Universidad Howard, expuso los orígenes de las oficinas de nuestra iglesia en *La Iglesia contra sí misma*, Herder and Herder, NY, 1967, página 134,

"El primer concepto del oficio eclesiástico fue tomado prestado, no es de extrañar, de la sinagoga judía. El Sanedrín, el consejo de ancianos que gobernaba cada comunidad judía, proporcionó el primer modelo para el cargo en la iglesia. Este modelo se estableció primero en Jerusalén, donde, en tiempos de Pablo, había logrado reemplazar a la comunidad original de los seguidores de Jesús y sustituirla por una estructura presbiteral basada en el sanedrín de Jerusalén".

Así encontramos que la administración de la iglesia, poco después de que el sanedrín exigiera la crucifixión de Cristo, echó a los seguidores de Jesús y adoptó la administración dictatorial de sus asesinos. Este es uno de los descubrimientos más asombrosos jamás revelados sobre el extraño papel de las iglesias en negar a Cristo y tratar de destruir a sus seguidores! Léelo una y otra vez, hasta que entiendas por qué las iglesias de hoy en día abrazan cada principio del comunismo y rechazan cada principio de Cristo.

TONTOS DESORIENTADOS

Los miembros más valiosos de la iglesia que promueven la lucha de clases son aquellos que no son comunistas en absoluto, pero que son tontos desorientados que no pueden aceptar a Cristo, que están insatisfechos con su vida, y que desean provocar el Armagedón por cualquier medio a su disposición.

Lo que más sorprende es la continua credulidad de los estudiantes de nuestras universidades, que todavía están cautivados por una "ola del futuro" comunista que está inmersa en la atmósfera de 1848. El marxismo va a la par con el mismo conjunto de conceptos deprimentes con los que se enfrentó al inicio de la Revolución Industrial. El comunismo no ha presentado una sola idea nueva desde hace más de un siglo, pero trata de hacer frente a la Era Espacial con una teoría que estaba obsoleta incluso cuando fue expuesta por primera vez por Karl Marx.

LOS ESTUDIANTES ESTÁN DESINFORMADOS

A nuestros estudiantes nunca se les informa que los maestros ideológicos del comunismo, Marx y Lenin, eran hombres que estaban completamente fuera de contacto con la vida de las sociedades que los produjeron. Hablaban de la "revuelta del campesinado" en un momento en que los campesinos se trasladaban a las ciudades para trabajar en las fábricas, pero entonces, ¿qué podía saber Marx, sentado en una habitación polvorienta del Museo Británico y retorciéndose de un lado a otro mientras sus hemorroides lo atormentaban, del mundo cambiante fuera de las estanterías de libros? ¿Y qué podía saber Lenin del mundo durante los años que pasó leyendo tranquilamente en una biblioteca suiza, llevando la vida de un vendedor de seguros jubilado, hasta que el siglo XX lo alcanzó y lo arrastró de vuelta a Rusia, donde se convirtió en la herramienta voluntaria de un maníaco homicida llamado Lev Bronstein, o Trotsky? Sin embargo, los profesores estadounidenses presentan hoy a estos dos remanentes intelectuales, Marx y Lenin, como los dos pensadores más originales de todos los tiempos.

LOS ESTUDIANTES SON ENGAÑADOS

Una de las razones por las que los estudiantes estadounidenses son tan propensos a abrazar las doctrinas de la revuelta es porque saben que están siendo robados, que no están recibiendo la educación por la que están pagando, porque la "traición de los *clérigos*", la *traición de los clérigos* que Julien Benda, un erudito francés, expuso, les impide recibir una educación. Los profesores de shabez goi, los empleados traidores, atiborran las filosofías anticuadas de Marx y Freud por las gargantas de los estudiantes cuando necesitan una educación para la Era Espacial!

EL SÍNDROME DE MACLEISH

Una de las principales razones de la rebeldía estudiantil es el omnipresente Síndrome MacLeish que se encuentra en nuestras mejores universidades, particularmente en las escuelas de la Ivy League.

El síndrome de MacLeish tiene dos principios firmes de los que nunca se desvían:

"1. Toda cultura debe ser presentada como de origen judío.

2. Todo pensamiento humano debe ser atribuido a Marx, Freud o Einstein, y debe ser claramente etiquetado como originario de estos 'genios' judíos". Prohibido conocer el trabajo de grandes mentes gentiles como Ezra Pound, Werner von Heisenberg, y cientos de otros, los estudiantes se inquietan, y después de dos o tres años de esta aburrida educación rabínica estrictamente en las líneas del Talmud, están maduros para cualquier doctrina de rebelión. Sin embargo, en vez de rebelarse contra sus profesores enfermos, permiten que los profesores los envíen a destruir las instituciones sobrevivientes de su civilización gentil.

El Síndrome MacLeish se caracteriza por un individuo de tipo tweedy, Scot terrier, que ha sido una mascota de por vida de los liberales non compos mentis. Debido a los ingresos heredados, este tipo afecta un aire genial de superioridad nativa, y entretiene a los líderes estudiantiles en un estudio alineado con las primeras ediciones de las obras de los antiguos alumnos, ni se muestra reacio a describir cómo se las arregló para su publicación.

Un hombre negro servil sirve un buen jerez a los estudiantes mientras que los maclecinos hablan fácilmente sobre la necesidad de la igualdad humana. A menudo tonto, y siempre deshonesto, el MacLeish se sienta regalmente en una vasta butaca de cuero español, soplando una rara mezcla de tabacos importados en su pipa y usando una chaqueta de seda roja de Sulka, mientras que las zapatillas negras de charol de Peele de Londres cuelgan de sus dedos de los pies. Los estudiantes literalmente se posan a sus pies, mientras que los MacLeish venden una versión diluida del evangelio según Karl Marx.

Aturdidos por el síndrome de MacLeish, los estudiantes se levantan y salen al mundo para proveer de marxismo clásico a las masas a quienes esta filosofía pretende esclavizar. De los cargos que obtienen, ascienden rápidamente en las esferas de la educación, el periodismo, la religión y el gobierno, y sus ascensos dependen únicamente del grado en que son eficaces en la difusión del evangelio marxista. Cualquier duda que los estudiantes puedan tener sobre este evangelio pronto se desvanece cuando descubren cómo les abre las puertas en sus profesiones elegidas. Aquellos cuyos sistemas rechazan la infección descubren que veinte años después, están enseñando en el salón de estudio de la Escuela de Gramática Podunk, o cuidando una biblioteca desierta en East Gowatchee, Pennsylvania.

CREDULIDAD

Lo que es desconcertante es la continua credulidad de los estudiantes, que aceptan ciegamente como "la ola del futuro" una filosofía de Marx que ya estaba obsoleta hace cien años. ¿Cómo pueden ser tan obtusos? En primer lugar, un estudiante debe comenzar con lo que está expuesto, la luz del sol y el aire y el agua que está disponible para él. Ahora bien, si sólo recibe el pensamiento de shabez goi de sus maestros judíos, ¿qué más puede saber? Alejado de su cultura occidental nativa, el estudiante estadounidense es hoy en día un rodador sin raíces, impulsado por el viento de una teoría marxista tonta a otra, e inconsciente de su herencia, de su pueblo y de su nación. Su enojo al descubrir que la educación que paga es una farsa vacía es comprensible, pero su falta de reacción contra los verdaderos culpables sugiere que sus instintos nativos han sido destruidos, ya que reacciona contra su sociedad, en lugar de contra los propios pervertidores del sistema educativo.

¿UN DESPERTAR ESTUDIANTIL?

Los recientes disturbios en la Universidad de Columbia pueden presagiar un despertar por parte de los estudiantes, ya que el desalojo del presidente Grayson Kirk de su oficina parecería ser una señal de conciencia estudiantil, pero los mismos lemas marxistas aburridos que aparecen en las paredes indican que no han aprendido nada. Los estudiantes que defecaron en el escritorio del Dr. Kirk pueden haber demostrado un resentimiento legítimo, pero también revelaron su propia falta de juicio. En lugar de atacar el marxismo lechoso de sus pervertidos, fueron dirigidos por agitadores judíos que criticaron a los profesores por no ser más marxistas! ¿Queda algo de inteligencia en esos estudiantes, o sus mentes han sido totalmente destruidas por activistas judíos como Mark Rudd en la Universidad de Columbia, hijo de un judío lituano llamado Jacob Rudnitsky, y en Francia, el líder estudiantil que arruinó el régimen de DeGaulle, un agitador judío pelirrojo llamado Daniel Cohn-Bendit, también conocido como "Danny el Rojo"?

ESCLAVITUD MENTAL

La difícil situación de los estudiantes refleja la infeliz situación de todas las masas gentiles, una condición de servidumbre mental. Ahora, cuando decimos que los estadounidenses están siendo mantenidos en esclavitud mental, ¿qué queremos decir? Queremos decir que cada periódico, estación de radio, estación de televisión, revista y teatro y guion ha sido editado por agentes judíos para eliminar cualquier referencia a sus crímenes y mantener a las masas gentiles en una condición de sueño. Sería una declaración fantástica si no tuviéramos a mano los informes anuales de las organizaciones que realizan esta censura. La más importante es la Liga Antidifamación de B'nai B'rith, con el Comité Judío Americano y el Congreso Judío Americano como otros importantes agentes de censura.

Estos grupos emiten informes anuales en los que documentan el hecho de que sus agentes controlan cada presentación pública de cualquier tipo, escrita o escenificada, y eliminan cualquier referencia a las fechorías judías. Como escritor, he seguido de cerca las operaciones de ADL durante veinte años. Si presento una historia al *Saturday Evening Post*, cualquier miembro del personal de ADL, cuyo salario es pagado por la revista, revisa la historia en busca de cualquier referencia a las actividades judías, y también revisa una lista negra para ver si mi nombre está allí como crítico de los judíos. Incluso si la historia no contiene ninguna referencia a los judíos, es rechazada porque mi nombre está en la lista negra judía, y se me debe impedir, en primer lugar, que gane dinero con mis escritos y, en segundo lugar, que llegue a una audiencia.

Si presento un manuscrito a una editorial, se revisa primero para ver si hay referencias a los judíos, y segundo, para ver si su autor está en la lista negra judía. De esta manera, los judíos impiden que cualquier escritor gentil llegue al público si se sabe que es indiferente u hostil a sus objetivos, si se ha negado a convertirse en miembro de la clase goi shabez. Cualquier publicación que rechace la censura judía es expulsada del negocio o tomada por los intereses financieros judíos. Un libro que es publicado por gentiles que no son de la clase shabez goi es ignorado por los departamentos de revisión de libros de las publicaciones masivas, y las librerías se niegan a almacenarlo, ya que sus acciones son revisadas mensualmente por agentes de la ADL que viajan y entran a la tienda de incógnito, inspeccionan las acciones, y si se encuentra alguna publicación que mencione a los judíos, el propietario es amenazado con varias armas, demandas, acciones del gobierno o venganzas financieras.

DESASTRES EN LA INDUSTRIA EDITORIAL

Muchas publicaciones gentiles, como el *Literary Digest*, *Liberty Magazine* y otras, han sido expulsadas del negocio por la ADL, no porque publicaran artículos "antisemitas", sino porque se negaron a permitir que los inspectores de la ADL controlaran sus operaciones. Otras revistas, como la *de Collier*, eran publicaciones prósperas, pero los judíos se apoderaron de sus redacciones y llenaron sus páginas con invectivas histéricas contra cualquiera que se les opusiera, hasta que los suscriptores disgustados dejaron de leerlas.

El *Saturday Evening Post* está ahora recorriendo este camino sin retorno. Una vez una publicación viril que alcanzó un porcentaje respetable de la clase media estadounidense, se ha convertido en un órgano vicioso e irresponsable de propaganda judía, y se enfrenta a la bancarrota por esta única razón. Tan importante se ha vuelto para los judíos que Martin Ackerman, un empresario judío, se apresuró recientemente con un préstamo de cinco millones de dólares. Una semana después, anunció que había recuperado su préstamo vendiendo la lista de suscriptores del *Saturday Evening Post* a la *revista Life*, una operación típica. Sin embargo, el *Saturday Evening Post* está condenado a seguir el camino de *Collier's*, ya que, según sus editores actuales, es una publicación enferma y vil. Los agentes de ADL llenan sus páginas con su basura mientras tratan de lavarle el cerebro al pueblo estadounidense. Típico fue un ataque vicioso y no provocado contra el hombre de negocios estadounidense, H. L. Hunt, en un número reciente del *Saturday Evening Post*, escrito por un payaso profesional llamado William Buckley. Este artículo se refería al Sr. Hunt como un "pecho con malos modales", un "bufón" y otros epítetos judíos burlones. Una razón aparente del ataque de Buckley puede haber sido la negativa del Sr. Hunt a contribuir a las asombrosas pérdidas sufridas por la aventura de Buckley de publicar el *National Review*, que no era ni nacional ni una revista.

¿EXISTE BUCKLEY?

William Buckley, un "portavoz conservador" bien publicitado, ha sido descrito como un producto de la imaginación de George Sokolsky. Provocador judío, Sokolsky decidió utilizar el dinero de Buckley para lanzar una revista de "derecha" que vendería técnicas judías aprobadas de "anticomunismo". Sokolsky y un escritor de chistes de Hollywood llamado Morrie Ryskind elaboraron el formato de la *Revista Nacional*, que sigue siendo el mismo hasta el día de hoy. Aunque Sokolsky murió, la *Revista Nacional* fue condenada a vagar para siempre por el mar de sus oscuras ideas, en las que sólo se podían distinguir tres principios. El primero era que los judíos no son comunistas, el segundo era que el antisemitismo era el peor mal del que podía ser culpable el hombre (un tablón que Sokolsky tomó prestado de la Constitución soviética) y el tercero era que todos los estadounidenses son tontos.

LAS PAYASADAS DE SHABEZ GOI

Una de las técnicas de control de ADL es mantener a los gentiles en la garganta del otro a través de métodos probados y comprobados de provocación. Cuando Robert Welch fundó un grupo anti-comunista gentil, la Sociedad John Birch, un provocador de la ADL, convenció a Buckley de que atacara a Welch por ser "antisemita". Aguijoneado por la acusación, Welch contrató apresuradamente a editores judíos para que supervisaran sus publicaciones, pero Buckley continuó sus ataques, y el supuesto objetivo de la Revista Nacional y de la Sociedad John Birch, anti-comunista, desapareció en una avalancha de honda de lodo, un típico embrollo de shabez goi, mientras los judíos se reían a carcajadas. La moraleja es que cada vez que golpeas una pelota a través de la red, un judío gana un punto, porque el condicionamiento de shabez goi, la esclavitud de Pavlov de los perros entrenados, ocurre a tiempo cuando el judío pronuncia la palabra clave, "antisemitismo". Pero los perros adiestrados, por muy divertidos que sean en un circo, no pueden construir una nación, ni pueden administrar una que otros han construido.

¿POR QUÉ NO?

Mirando esta situación superficialmente, como hemos sido entrenados para hacer por los judíos, podemos preguntarnos: ¿Por qué no deberían los judíos hacer todo lo que pensamos por nosotros, censurar nuestros libros y quemar todo lo que no quieren que leamos? Pero esto va en contra de la leyenda americana de la libertad y la autoexpresión, nos niega el derecho a examinar y resolver nuestros problemas nacionales. Estados Unidos enfrenta una grave crisis económica, una grave crisis racial y una grave crisis militar, pero el judío se niega a permitirnos discutir estos problemas, por temor a que podamos criticar el papel del parásito en la explotación del anfitrión.

Más importante aún, estamos frustrados en nuestra búsqueda de sabiduría. Tan crucial como el mantenimiento de la vida misma es la búsqueda de la sabiduría por parte del hombre, fruto de una vida sana, a fin de aportar más beneficios a su pueblo. Ezra Pound me dijo una vez: "Un hombre debe estudiar filosofía alemana desde los cuarenta hasta los sesenta años, griego desde los sesenta hasta los ochenta, y después de haber cumplido los ochenta años, está listo para abordar la filosofía china". Pero todo lo que tenemos es filosofía judía, desde la cuna hasta la tumba. Esta filosofía no sólo está dedicada al mantenimiento de la ascendencia del parásito sobre el huésped, sino que también nos impide conocer a Cristo. Una gran república se está hundiendo en el polvo, pero ¿qué les importa a los judíos? Como dice su eslogan: "¿Quién lo necesita?" Viajarán a otro anfitrión, y América se unirá a los fantasmas de Babilonia, Egipto, Persia y Roma.

TÉCNICAS PROBADAS

La ADL tiene un vasto arsenal de armas para usar contra los gentiles que se oponen a ellas. He experimentado lo siguiente: que me despidan de puestos profesionales; que me impidan encontrar un editor establecido para mis artículos y libros; una campaña de propaganda continua para impedir que establezca un grupo de seguidores entre los estadounidenses conservadores.

Aunque no sabía nada de la ADL cuando empecé a escribir artículos y libros anticomunistas, pronto me topé con ellos. Un importante editor de Nueva York le dijo a mi agente: "Mullins cometió un gran error al ir contra nosotros. Es versátil y prolífico, podríamos haber hecho mucho por él. Mira lo que hicimos para otros escritores gentiles, Hemingway, Steinbeck, Faulkner, eran sólo talentos de la escuela secundaria, pero en Estados Unidos los convertimos en palabras comunes. Ahora Mullins nunca tendrá un centavo, porque sus libros nunca encontrarán una salida en este país".

Cuando esta historia me fue transmitida, no me afectó en absoluto, porque en ese momento, en 1952, tenía una audiencia creciente para mi trabajo, y algunas personas influyentes de Nueva York comenzaron una campaña para recaudar fondos para poder dedicar todo mi tiempo a la escritura anticomunista. Mis fondos propios ascendían en ese momento a ciento cincuenta dólares, con los que podría sobrevivir, con abstinencia y ahorro, otros tres meses. De repente, los recaudadores de fondos cesaron sus esfuerzos. Comencé a escuchar un rumor tan increíble que lo ignoré. Esta historia, ampliamente difundida entre los patriotas neoyorquinos, era que yo poseía grandes propiedades en Virginia y que los ingresos de estas propiedades me permitían vivir la vida de un caballero erudito, viajar y escribir a mi antojo. En realidad, nunca he tenido nada más que la ropa que llevo puesta, y no tengo perspectivas de heredar nada, pero la historia hizo su trabajo, y la ADL puso fin a la campaña para respaldarme en mi trabajo.

EL TRATAMIENTO SILENCIOSO

En 1954, mi nombre desapareció de las publicaciones "anticomunistas" en América, aunque algunas de ellas continuaron anunciando mi libro de la *Reserva Federal*, ¡con el nombre del autor cuidadosamente tachado! Hoy en día se sigue anunciando de esta manera. Sólo una patriota, la Sra. Lyrl Clark Van Hyning, continuó dándome espacio en su periódico, *Women's Voice*. Este tratamiento silencioso demostró la eficacia del control de ADL sobre los periódicos y revistas supuestamente "anticomunistas" de este país, porque me había convertido, en pocos años, en el principal erudito de este grupo, con mis exposiciones sobre el Sistema de la Reserva Federal, el Consejo de Relaciones Exteriores y otras operaciones de shabez goi. Agentes del FBI visitaron las oficinas de estas publicaciones y les advirtieron que no imprimieran mi trabajo ni mencionaran mi nombre. Durante casi quince años, trabajé tranquilamente en casa, desarrollando mis teorías sobre el parásito biológico, mientras que la mayoría de los patriotas suponían que estaba muerto o que ya no estaba activo.

HIJOS DE LOS SHABEZ GOI

Con la degeneración de todos los niveles de la vida en América, la decadencia más pronunciada apareció en los niños de la sociedad acomodada, las familias shabez goi. Estos niños formaron una clase desilusionada que se conoció como "hippies".

The *Saturday Evening Post* entrevistó a un gran grupo de hippies en San Francisco. Un joven gentil dijo: "Se supone que mi padre es un gran hombre en nuestra ciudad, pero vi que siempre estaba recaudando dinero para organizaciones benéficas judías, firmando peticiones para los judíos, cosas así. Le pregunté:'¿Cuál es la idea? No te importa un bledo nadie, mucho menos los judíos. Me dijo que si se negaba a hacer esto, sería aniquilado en pocos días. Vivimos en una buena casa, tenemos tres coches, un televisor a color, lo que sea. Pero le dije: "No vale la pena, y me fui".

UNA REACCIÓN CORRECTA

Esta juventud americana expresó una reacción correcta contra la influencia perniciosa del parásito judío. Sólo cuando nuestra juventud comience a expresar su desprecio por cada miembro del shabez goi, cada educador que entrena a los jóvenes para que se conviertan en esclavos gentiles, cada líder religioso que le dice a su congregación que es su deber trabajar para los judíos, cada funcionario del gobierno que cobra impuestos a los gentiles para el beneficio de los judíos, sólo entonces podremos esperar una "reacción" contra los parásitos.

Es esta "traición de los clérigos", la traición del pueblo por parte de la clase media educada, la que hace posible el mantenimiento del parásito. Sin esta ayuda activa, sería desalojado inmediatamente. Todos los aspectos de la existencia gentil están envenenados por los gentiles mezquinos, viciosos y baratos que se han convertido en los agentes pasivos del poder del parásito. Sin embargo, son ellos los que se presentan como modelos para la juventud de la nación. Son ellos los presidentes de nuestros colegios, los directores de nuestros museos, los directores de nuestras editoriales, los presidentes de nuestras confesiones religiosas. Sólo desafiándolos en cada paso puede el gentil comenzar el proceso de expulsar a los parásitos. Puesto que estos gentiles ya se desprecian a sí mismos, no se sorprenderán al descubrir que son despreciados por el resto de la población, incluyendo a sus amos judíos. El siguiente paso es echarlos de todas las oficinas y reemplazarlos con personas que tengan "bondad", es decir, que respondan a las necesidades de su propia especie, y que no vendan a su gente por cincuenta monedas de plata.

VIVEN EN LA OSCURIDAD

Sería un error para el erudito suponer que toda la comunidad de shabez goi entiende la relación parásito-huésped, o que nuestros educadores, funcionarios del gobierno y líderes religiosos son agentes activos en una conspiración para esclavizar a los gentiles. No hay conspiraciones en la naturaleza. La gente lleva las vidas que sus genes trazan para ellos, y estas leyes sólo pueden ser evadidas de dos maneras, siguiendo a Cristo, o siguiendo a Satanás. El parásito busca automáticamente seguir una existencia parasitaria, y los más mezquinos, viciosos y baratos de los gentiles encuentran su única realización en la vida de un shabez goi. Ellos educan mal, gobiernan mal y confunden a las masas gentiles porque ese es el único papel que pueden conocer en la vida. Sin el apoyo de los judíos, nuestros presidentes universitarios tendrían la suerte de encontrar empleo como conserjes, nuestros funcionarios del gobierno sólo calificarían como porqueros.

En los Estados Unidos, muchos de los shabez goi se encuentran en la tercera y cuarta generación de sus profesiones de shabez goi. Las familias de Adlai Stevenson y Dulles van y vienen entre altos cargos del gobierno y puestos en bancos y bufetes de abogados judíos. Estos, según se nos dice, son los aristócratas americanos, que dirigen a las masas gentiles en gestos de Pavlov de aprobación de cada acción de los judíos.

APLAUDIR LA TRAICIÓN

Así encontramos a las masas americanas aplaudiendo las atrocidades que los israelíes cometen contra los árabes. Sin embargo, estos pueblos árabes siempre han sido amigos y aliados de Estados Unidos. Un líder árabe preguntó: "¿Cómo pueden los estadounidenses aplaudir las atrocidades de sus peores enemigos, los judíos en el estado bandolero de Israel, y animarlos en sus agresiones contra nosotros?

La respuesta es que los shabez goi, en sus posiciones dominantes como editores, educadores y funcionarios del gobierno, han entrenado a las masas estadounidenses en respuestas grupales como perros entrenados. Sólo cuando algunos de nuestros jóvenes se rebelen contra el papel del perro adiestrado y se nieguen a ladrar cuando los shabez goi se lo ordenen, habrá esperanza para nosotros. Sólo cuando luchemos contra la chusma bien vestida que hace posible el dominio del parásito tendremos una oportunidad. Sólo entonces podremos eliminar los tentáculos del parásito de nuestro cuerpo.

A lo largo de la naturaleza, el parásito busca un huésped. El anfitrión intenta desalojarlo. Si tiene éxito, el parásito pronto regresa. Los judíos han sido expulsados de las naciones europeas cientos de veces, y sin embargo están allí hoy. Cada vez que el parásito es expulsado, aprende una lección, mejorará su agarre la próxima vez. Aprende a anticipar y controlar las reacciones del anfitrión, y a medida que convierte sus naciones en vastas y destartaladas prisiones, afecta sus impulsos más fundamentales y distorsiona toda su existencia.

NO HAY LIBERTAD

Este es el estado de las civilizaciones occidentales hoy en día. Sólo las máquinas tienen libertad. Las masas gentiles de las democracias occidentales ya están muriendo. Muchos de ellos son zombis, los muertos vivientes. ¿Qué podemos decir a estos muertos vivientes? ¿Les queda suficiente energía nerviosa para responder a un llamado para expulsar a sus parásitos, o el veneno judío ha paralizado sus cuerpos?

¿Cuál es la ética de la relación parásito-huésped? ¿Es inmoral? No, es natural que el parásito busque un huésped del que pueda alimentarse, y es natural que el huésped intente desalojarlo. El judío obedece a su Dios cuando cumple su misión de vida de ser un parásito, de encontrar y controlar un huésped. Es el sentido de su propia rectitud histórica, tal como Trotsky la formuló en el comunismo, lo que llevó al judío a creer que en realidad era un pueblo elegido, nacido para vivir del trabajo de otros, y para tomar sus bienes y tierras.

ES EL DUEÑO DE TODO

Hoy en día, el judío cree que todo lo que posee el gentil proviene del parásito, que el parásito ha traído la buena vida al ganado gentil ignorante, le ha dado una cultura, un sistema monetario y una religión. El judío cree que ha dado propósito y dirección a la vida de los gentiles, entrenándolos para que se conviertan en sus esclavos, porque el judío cree que su único papel en la vida es servirle. Por esta razón, el judío cree que toda la historia es historia judía, como afirma el historiador Dubnow. Puede que tenga razón, en la medida en que gran parte de la historia registrada es una serie de variaciones sobre el tema del parásito huésped.

Sin embargo, Dubnow y todos los demás historiadores judíos se niegan a admitir una cosa: la dañina influencia del parásito sobre el huésped.

Sin embargo, esto se ha demostrado en todos los casos, ya sea por el colapso que ha sufrido el huésped debido a la presencia del parásito, o por un gran renacimiento de la cultura, el aprendizaje y el poder del huésped cuando se las arregla para deshacerse del parásito, incluso durante un período de tiempo comparativamente corto. Mira la Inglaterra isabelina, después de la expulsión de los judíos. En pocos años, el pueblo inglés tuvo un florecimiento tal como el mundo nunca había visto, tremendas producciones de poesía, drama, exploración del mundo y descubrimientos científicos. La Coca-Cola nos dio la Ley Común durante este período, que se convirtió en la base de la Constitución de los Estados Unidos.

Miren a Estados Unidos antes de 1860, cuando el país estaba en gran medida libre de la plaga de parásitos, una nación joven que era la esperanza del mundo civilizado. Veamos la Alemania de hoy, donde es un delito por ley en los estatutos mencionar el parásito por su nombre, y compararlo con la Alemania de 1800. Alemania es hoy una nación desesperada, porque el parásito ha vuelto a clavar sus tentáculos en lo profundo de su anfitrión, con la ayuda de ejércitos de ocupación extranjeros, y ha envenenado todos los aspectos de la vida alemana. Sin embargo, en 1800, toda Alemania estaba viva, los grandes compositores escribían las sinfonías que escuchamos hoy, y el conde von Humboldt asombraba al mundo con sus descubrimientos científicos, mientras que Goethe era conocido como la figura más grande de la filosofía mundial.

UNA LEY DE LA NATURALEZA

Por lo tanto, debemos admitir una ley fundamental de la naturaleza. Si el huésped no puede desalojar el parásito, se hunde en un trauma lento y degenerado de enfermedad y muerte. Si puede desalojar al parásito, rápidamente se eleva a nuevas alturas de logro y prosperidad.

Pero si el huésped gentil es siempre presa de la astucia del parásito, ¿cómo puede sobrevivir? Sólo hay una manera, el gentil debe volverse sereno en el Amor de Jesucristo.

Ahora, sereno en ese Amor, y conociéndote a ti mismo, prepárate para una vida de dedicación a tu pueblo, y trabaja para el día en que el anfitrión se libere una vez más del parásito, cuando cada miembro de una comunidad excitada coopere para sacar a los despreciables educadores de shabez goi, funcionarios de gobierno y líderes religiosos de sus posiciones como herramientas de los parásitos. Entonces podremos vivir en una comunidad de bondad y amor, porque habremos rescatado a nuestra nación de los mendigos ladrones y chacales que buscan instalar al Anticristo como nuestro amo. Entonces podemos cumplir nuestros roles en la vida como Dios nos lo pidió.

BIBLIOGRAFÍA

El material para este libro se obtuvo de las siguientes fuentes:

LA BIBLIA (versión autorizada de la Biblia King James)

ENCICLOPEDIA BRITÁNICA (Undécima edición)

DICCIONARIO INTERNACIONAL DE WEBSTER (1952)

QUIÉN ES QUIÉN EN LA JUDERÍA MUNDIAL (1939)

HISTORIA Y DESTINO DE LOS JUDÍOS, por Josef Kastein

GREAT AGES AND IDEAS OF THE JEWISH PEOPLE, editado por Leo Schwartz

EL MUNDO DE JOSEPHUS, por G.A. Williamson

LA CAÍDA DE NÍNEVEH, de E.J. Gadd

LUZ DE PAPYRI EGIPCIO, por el Rev. Chas. H.H. Wright

LOS JUDÍOS ENTRE GRIEGOS Y ROMANOS, de Max Radin

JUDÍOS DE LA ANTIGUA ROMA, por Harry J. Leon THE CONSPIRACIÓN DE LA RESERVA FEDERAL, por Eustace Mullins

OTROS TÍTULOS

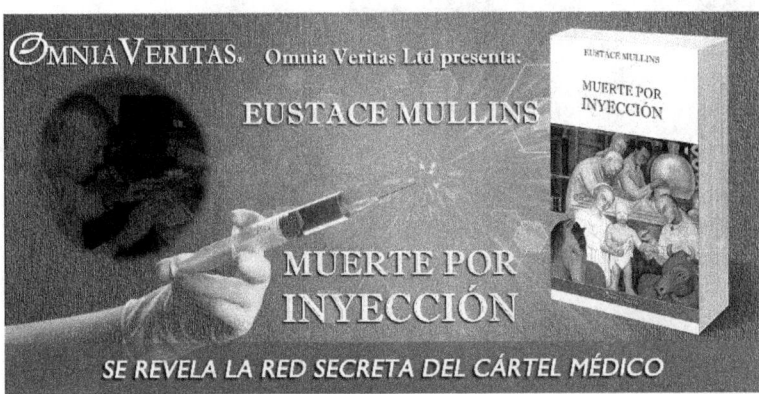

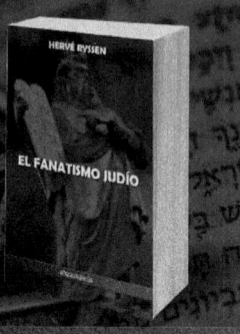

www.ingramcontent.com/pod-product-compliance
Lightning Source LLC
Chambersburg PA
CBHW050132170426
43197CB00011B/1801